A beleza e seus mistérios

AMADEU RIBEIRO

VOLUME 2

*Dedico este livro às duplas Zibia Gasparetto
e Lucius, e Marcelo Cezar e Marco Aurélio.
Seus livros ensinaram-me a viver.*

Prólogo

Seu nome era Sebastian. Sua função era servir à Igreja. Seu prazer era exterminar pessoas que interferissem em seu caminho. Seu objetivo era caçar bruxas.

Há tempos estava à sua procura, seguindo pistas falsas e recebendo informações errôneas. Agora ele finalmente a encontrara. Isso custara seu tempo e a vida de outras pessoas. Não estava preocupado com aqueles que morreram sob a lâmina de sua espada. Para que ele alcançasse seus ideais, sempre haveria mortes e derramamento de sangue.

Naquela noite, ele, por fim, a descobrira. Angelique, a bruxa, estava escondida em um pequeno povoado de camponeses. Momentos antes, ele perseguira aquelas pessoas simples, montado em seu cavalo negro como ébano. Depois, ocultara-se entre as árvores nos arredores do povoado. Capturara um camponês, arrebatara seu arco e flecha e fizera várias outras vítimas. É certo que muitos haviam conseguido fugir, mas duas pequeninas crianças ficaram para trás. Olhavam para o cavaleiro com olhos assustadores e no momento em que Sebastian se preparava para possuir a inocente e frágil garotinha, ouviu atrás de si:

— Pare — a voz feminina em tom imperativo era fria e doce ao mesmo tempo.

Sebastian já sabia o quanto ela era bonita, pois a vira anteriormente quando nem sequer desconfiava que Angelique pudesse ser uma herege. No entanto, agora ela parecia ainda mais linda. Sua beleza era impressionante e sua boca carnuda, um convite ao pecado. Vestia-se inteiramente de vermelho e seus cabelos, longos e cacheados, eram negros como o cavalo de Sebastian. Usava na cabeça um diadema de brilhantes e um pingente de esmeralda preso em uma corrente no pescoço.

Embora tivesse os olhos azuis trasbordantes de ódio e repulsa por aqueles que ele considerava seres inferiores ou medíocres, Sebastian também não era um homem feio. Seu rosto era rígido como se fosse entalhado em pedra. Seus lábios eram finos e mantinham-se apertados devido ao ódio que sentia por Angelique. Nas mãos, ele segurava firmemente sua espada mortífera, cujo cabo trazia um crucifixo entalhado.

Sebastian viajara por muitos quilômetros para encontrar Angelique e agora a tinha em sua frente finalmente. Naquele instante, seus olhos cruzaram com os olhos de sua "caça", e ele compreendeu que não poderia capturá-la viva, para que ela lhe revelasse os mistérios de suas magias místicas. Ele imaginava que Angelique usaria todos os seus poderes contra ele, portanto teria que ser rápido. Num golpe certeiro com a espada, lhe arrancaria a cabeça.

— Você matou meu povo! Vou me vingar de você — jurou ela, sentindo a fúria crescer dentro do corpo.

— Eu a mato antes disso, bruxa! Já matei outras antes de você.

— Veremos, inquisidor — desafiou Angelique, erguendo ambas as mãos para o céu, enquanto Sebastian levantava sua espada.

Seria um golpe fatal, pois ela estava de pé, à sua frente, a menos de dois metros de distância. Sebastian não entendeu o que ela pretendia fazer ao levantar as mãos para o alto, mas provavelmente invocaria sua magia. Por isso, ele teria que ser bastante ágil, se quisesse ganhar aquele duelo.

Nesse exato instante, uma forte ventania começou a soprar. Sebastian não se abalou. Num gesto veloz, ele empunhou a espada para frente. A força do vento, contudo, intensificou-se de uma maneira espantosa e a arma fora arrebatada de suas mãos.

— Lute como um homem — tornou Angelique.

Os olhos da moça, de uma linda tonalidade castanho-claro, estavam fixos em Sebastian.

— Use apenas suas mãos!

Aquilo era uma afronta à sua postura de guerreiro, o que deixou Sebastian ainda mais revoltado. Ele enfiou a mão na armadura e sacou um pequeno punhal. Angelique nem se abalou. Apenas continuou a encarar o inquisidor, como o fizera desde o momento do encontro.

Sebastian não conteve um grito sufocado, quando sentiu as vistas arderem. Parecia-lhe que estava ficando cego. Num instante, tudo se tornou negro, e ele acreditou que, de alguma forma, estivesse morrendo. Em seu desespero, não soube por quanto tempo ficou sem enxergar. Finalmente, sua visão começou a clarear e as imagens, apesar de estarem distorcidas e nebulosas, reapareceram.

Para seu ódio e espanto, Angelique havia desaparecido, levando consigo as duas pequenas crianças. Sebastian revistou todas as casas mais próximas, que agora estavam vazias ou continham os corpos das pessoas que ele assassinara. No entanto, não havia sinal da bruxa. Como era possível que ela tivesse sumido como fumaça, carregando as duas crianças?

Sem tempo para reflexão, com a fúria apertando-lhe a garganta e toldando-lhe os sentidos, Sebastian retornou ao cavalo, montou no animal com brusquidão e partiu a pleno galope, incerto sobre a direção que deveria seguir.

Capítulo 1

Um par de olhos azuis escuros abriu-se e fixou o teto. As costas de uma mão grande e firme enxugaram o suor que empapava a testa. O ritmo dos batimentos cardíacos foi diminuindo aos poucos. As imagens do sonho, no entanto, permaneciam vivas em sua mente, como se tivesse acabado de assisti-las em um filme.

Nicolas Bartole sentou-se em sua cama e esfregou o rosto mais uma vez. Consultou o relógio na mesinha de cabeceira, que marcava sete horas da manhã. Se fosse um dia comum, ele já teria se levantado e ido para a delegacia. Porém, como era um domingo e ele não estava chefiando nenhuma investigação importante, não via motivos para levantar-se tão cedo. O sonho, no entanto, praticamente lhe tirara todo o sono.

Espreguiçando-se, Nicolas se levantou. Ao abrir a janela, a luz do sol invadiu a penumbra de seu quarto. Apesar de ser inverno, o domingo prometia manter a mesma temperatura amena dos dias anteriores. Morar no centro do estado de São Paulo, longe dos ventos úmidos do oceano, tinha suas vantagens.

Nicolas caminhou até o banheiro, apanhou uma toalha, tirou a bermuda e enfiou-se debaixo da água fresca do chuveiro. Estava suado e somente um banho resolveria seu problema. Era isso que acontecia quando ele tinha aquele sonho, que envolvia o cavaleiro e aquela bruxa. Acordava nervoso e sentindo-se exausto, como se tivesse participado dos fatos que ocorreram entre Sebastian e Angelique. Às vezes, Nicolas tinha a impressão de que estava lá, ao lado deles, presenciando as cenas de algum lugar em que não poderia ser visto por ninguém.

Enquanto deixava os jatos d'água banharem seu corpo, Nicolas refletia sobre aqueles sonhos. Não era a primeira vez que sonhava com aqueles personagens. Tudo iniciara há pouco mais de um mês, desde que começara a investigar um caso em que algumas crianças haviam sido assassinadas misteriosamente.

Na época, ele ganhara de presente um crucifixo falsificado. Em um dos seus sonhos, ele vira o desenho do mesmo crucifixo estampado na armadura do inquisidor, na altura de seu peito. O símbolo da cruz aparecia ainda entalhado no cabo da espada de Sebastian. Nicolas nunca entendera muito bem o que uma coisa tinha a ver com a outra. Até então, ele acreditara estar sonhando com esses acontecimentos, devido ao caso em que estava atuando. Só que agora, quando não tinha nada de importante acontecendo e a cidade estava novamente em paz, ele não imaginava o porquê de voltar a sonhar com Angelique e Sebastian.

Um fato curioso sobre aqueles sonhos é que eles pareciam seguir uma ordem cronológica, como se fossem capítulos de uma novela. Não eram imagens desconexas e sem sentido, como em um sonho comum. Eram sequências de uma estranha perseguição. Nicolas simplesmente "sabia" o que Sebastian pensava e quais eram seus desejos e, quando o inquisidor montava seu cavalo, acompanhava-o como se estivesse grudado nele. Sabia inclusive o nome da moça: Angelique. Uma jovem muito bonita, que diziam ter muitos poderes, ser uma fugitiva da Igreja e que desafiara a fúria e o ódio de Sebastian.

Tudo aquilo era muito estranho. Quando os sonhos começaram, Nicolas sonhava com aquelas cenas quase diariamente. E, quando concluiu o caso das crianças, os sonhos também cessaram. Agora, um mês depois, tudo aquilo estava de volta, prosseguindo exatamente do ponto em que parara da última vez. Nicolas nunca ouvira falar em nada semelhante.

Ele tinha uma irmã chamada Marian, que viera do Rio de Janeiro para morar na cidade a fim de fazer um curso de mestrado. A seu pedido, ela dividia o apartamento com ele. Nicolas contou-lhe sobre os sonhos, e Marian lhe disse que provavelmente ele estava tendo lembranças de vidas passadas. Como Nicolas não colocava muita fé em assuntos espiritualistas, menos ainda em teorias reencarnacionistas, ele não acreditou muito nas palavras da irmã, embora admitisse que tudo o que ela dizia sempre tinha lógica, coerência e fundamento.

Disposto a esquecer-se do sonho definitivamente, Nicolas deixou-se relaxar sob o chuveiro. Após seu longo banho, o investigador vestiu uma roupa apropriada para esporte, pois pretendia correr na praça principal. Ele gostava de fazer isso aos domingos, pela manhã, quando não estava chovendo.

Tomou um copo com suco de melancia e comeu duas fatias de pão integral. Ele vinha evitando os alimentos gordurosos para manter a forma, embora tivesse o corpo ideal para seu peso e sua altura.

Desviando o rosto para o lado, ele encarou a gorda e peluda gata angorá. Érica era uma gata de gênio ruim e mal-humorada, que detestava seu dono como se ele fosse o demônio. No entanto, transformava-se em uma felina dócil e meiga com as visitas. Há muito tempo, ele compreendera que a bronca de sua gata era diretamente com ele.

— Eu deveria ter mandado você embora com minha mãe — resmungou Nicolas, engolindo um pedaço do pão.

A mãe de Nicolas, Lourdes, e seus dois irmãos mais novos, Willian e Ariadne, estiveram recentemente no novo apartamento do investigador para conhecer a cidade. Quando eles partiram, Nicolas insistiu para que a mãe levasse a gata, porém ela se recusou.

— Fique com ela, Nicolas. E trate de cuidar bem da minha gata — ordenara Lourdes, sem aceitar as reclamações do filho.

E agora lá estava ela. Nicolas poderia jurar ver um brilho de vitória nos grandes olhos azuis de Érica, como se ela estivesse debochando todo o tempo dele por ter vencido e ficado no apartamento.

Terminando seu café da manhã, Nicolas apanhou os fones de ouvido, prendeu o celular no braço com uma faixa elástica e chamou o elevador. Enquanto aguardava-o, escolheu as músicas de que mais gostava e que deveriam ser ouvidas em primeiro lugar. Assim que o elevador chegou, ele entrou e cumprimentou a moça que estava lá.

Tamires respondeu ao cumprimento de Nicolas, enquanto o encarava. Se não estivesse comprometida, até poderia pensar em conhecer melhor aquele homem. Sabia que ele era um investigador policial, pois Nicolas fora aclamado após solucionar um caso tenebroso há cerca de um mês e se tornara bastante conhecido na cidade. Não havia quem ainda não tivesse encarado aqueles olhos azuis bem escuros, que brilhavam num rosto bastante masculino e atraente. Nicolas era moreno claro e seus cabelos castanhos eram cortados bem rentes, à máquina número dois. Uma pequena cicatriz próxima aos lábios o deixava com uma aparência mais severa, mas Tamires se lembrava de já tê-lo visto sorrir antes e que sua expressão mudava bastante, pois ele transmitia segurança e tranquilidade por meio do olhar.

Nicolas também admirava a vizinha, cujo nome ele desconhecia. Já subira e descera de elevador com ela, sem nunca conversarem. A moça era jovem e bonita, com cabelos negros amarrados num longo rabo de cavalo. Tinha olhos escuros e profundos e uma boca provocante e sensual. Também estava vestida com trajes esportivos, o que fez Nicolas achar que ela tivera a mesma ideia que ele.

— Vai à praça correr também? — Nicolas perguntou apenas para puxar assunto.

— Ah, não — Tamires abriu um sorriso encantador, enquanto erguia um dos braços esguios para o alto, como se estivesse se alongando.

Nesse momento, Nicolas notou a pulseira que ela usava com um dragão como pingente.

— Estou indo à academia. Tenho que ficar em forma.

"Mais do que já está?", pensou Nicolas, lançando um olhar discreto para Tamires. Ela tinha um corpo mais do que definido, cujas curvas arredondadas e femininas eram realçadas pelas roupas coladas. Ele não compreendia por que ela ainda precisava recorrer à academia.

Se estivesse livre, até poderia convidar aquela moça para jantar, isto é, se ela também não tivesse seus compromissos. Todavia, Nicolas já não era mais um homem livre. Há um mês, ele conhecera uma repórter atrevida, ousada e curiosa, e se rendera ao amor que descobrira sentir por ela. Amor que era correspondido. Embora Miah

Fiorentino parecesse bastante suspeita e misteriosa às vezes, principalmente quando desconversava sobre sua vida particular, Nicolas tinha certeza de que ela também o amava. Miah já o demonstrara anteriormente.

Quando o elevador chegou ao térreo, Nicolas abriu a porta gentilmente para que Tamires pudesse sair. Ela agradeceu o gesto com um sorriso sedutor e cruzou o portão do condomínio em seguida.

Cinco minutos depois, Nicolas já não pensava mais em Tamires e sim em Miah. Poderia se dizer que eles estavam namorando. Às vezes, ele dormia no apartamento dela; às vezes, ela no dele. Saíam juntos e divertiam-se bastante na companhia um do outro. Miah era engraçada e seu jeitinho exibido divertia Nicolas. De vez em quando, eles também discutiam e quase brigavam, mas logo depois as rixas eram esquecidas, e eles entregavam-se ao calor da paixão.

Nicolas colocou os óculos escuros, enquanto corria em direção à praça, que ficava a algumas quadras de seu apartamento. De camiseta regata e bermuda, ele se parecia mais com um professor de academia de ginástica do que com um investigador de polícia. E, apesar de ser reconhecido por muitas pessoas depois do famoso caso que solucionara, ele gostava quando uma mulher tentava cantá-lo. Embora estivesse apaixonado por Miah, receber uma cantada de uma mulher bonita nunca fora nenhum problema.

Ele correu por quase três horas e, quando voltou ao apartamento, tomou outro banho. Em seguida, almoçou e, a contragosto, dividiu um pedaço de sua picanha com a gata, que lhe lançava um olhar piedoso.

— Não pense que vai conquistar minha amizade com esses olhinhos tristonhos, que não me convencem — avisou Nicolas. — A picanha está muita cara, então se contente com o pedaço que lhe dei.

A gata comeu a carne rapidamente e, quando percebeu que não ganharia mais nada, deu as costas para Nicolas e afastou-se com evidente irritação. Ele deu de ombros e terminou seu almoço tranquilamente.

Pouco depois, ouviu um ruído na fechadura da porta. Era Marian, que surgia na cozinha. Ela se aproximou e beijou Nicolas no rosto.

— Tive que me virar na cozinha, já que minha irmã adorada não estava aqui para ir ao fogão — brincou Nicolas.

— Você está ficando muito mal-acostumado — sorriu Marian, que lavou as mãos e apanhou um prato. — Seu almoço está com um cheirinho delicioso. Adoro picanha!

Observando o rosto da irmã, Nicolas sorriu. Ele tinha trinta e três anos e ela trinta, mas ambos pareciam ser mais novos. Marian estava passando uma temporada no apartamento do irmão, pois decidira fazer mestrado em uma universidade da cidade vizinha, onde ganhara uma bolsa de estudos. Enquanto as aulas não começavam, ela aproveitava o período das férias para conhecer a cidade, mas garantira a Nicolas que, quando o ano letivo começasse, se mudaria. Marian teimava em dizer que o irmão necessitava de privacidade e isso era motivo de constantes discussões entre eles, pois Nicolas achava que seu apartamento era grande o suficiente para acomodar os dois, como vinha acontecendo até então.

— Picanha especial em comemoração ao dia de hoje — sorriu Nicolas. — Tente adivinhar o que estou comemorando.

— Hum... — Marian pensou por alguns segundos, enquanto colocava a comida no prato. — Perdi o aniversário de alguém?

— Bem, a mamãe fará aniversário no próximo sábado e seremos obrigados a ir até o Rio de Janeiro — lembrou Nicolas, pensando em Lourdes Bartole, sua mãe.

— Entretanto, o motivo da minha comemoração é particular. Hoje está completando um mês que beijei Miah pela primeira vez.

— Jura? Nossa, estou tão feliz por vocês. Sempre achei que vocês formavam o casal mais perfeito da cidade — respondeu Marian com sinceridade. Ela torcia para que o romance entre Miah e Nicolas desse certo. Gostava dos dois e certa vez até interferira para aproximá-los ainda mais.

— Talvez sejamos o casal modelo daqui — brincou Nicolas. — E você? Como está indo com o doutor Enzo?

Enzo Motta era o médico que trabalhava para a polícia local. Nicolas o conhecera quando fora atacado por um grupo de assaltantes que o deixara ferido. O investigador vinha notando certo entrosamento entre o médico e sua irmã, mas, pelo o que Nicolas sabia, os dois jamais haviam se beijado. Enzo era tímido e não comentava muito sobre sua vida particular, e Marian recusava-se a namorar outro homem, pois sofrera uma decepção amorosa anos antes. Nicolas também torcia pela irmã. Amava-a muito, queria vê-la feliz e que seus olhos também brilhassem de paixão, assim como os dele brilhavam toda vez que ele se encontrava com Miah.

— Enzo é apenas um amigo e quer comprar todos os meus quadros antes mesmo que eu termine de pintá-los — informou Marian, divertida. — Ontem à noite, fomos assistir a uma excelente peça de teatro. É uma comédia romântica com uma trama leve e cativante.

— Bom saber. Depois vou conversar com Miah e, se ela quiser, eu a levarei para assistir a essa peça também — afirmou Nicolas, enquanto se levantava para lavar a louça.

Subitamente, no entanto, os pensamentos do investigador foram tomados pelas imagens dos seus sonhos.

Como Marian estava por perto, ele aproveitou o momento para comentar o que vira:

— Maninha, eu voltei a sonhar com a bruxa e o inquisidor — e em poucas palavras resumiu o sonho.

Marian terminou de engolir um pedaço da picanha e encarou o irmão assim que ele acabou de falar.

— Você deveria procurar saber o que é isso, Nic.

— E onde eu posso procurar informações?

— Um bom local seria um centro espírita, que desenvolva um trabalho sério e honesto. Acredito que lá você seria mais bem orientado.

— E como o espiritismo poderia me ajudar nisso?

— Não é o espiritismo que vai ajudá-lo, Nic. Ele apenas lhe dará suporte, para que você possa compreender o motivo de sonhar com tudo isso. Sonhos são muito mais importantes do que podemos imaginar. Ao contrário do que muitas pessoas pensam, os sonhos quase sempre nos revelam fatos que a vida oculta, que são as verdades que não conseguimos visualizar com nossos olhos físicos, algo como um desejo que a alma está manifestando.

Marian passou o guardanapo pelos lábios antes de prosseguir:

— Eu sempre pensei que esses sonhos tivessem algo a ver com alguma vida passada sua e não descarto essa hipótese. Não é à toa que você vem sonhando com isso. Digo isso principalmente pelas cenas dos sonhos continuarem exatamente de onde pararam. Você pode estar vislumbrando uma situação de uma encarnação anterior que possa ter vivenciado. É o que eu penso, Nic, e já lhe falei isso antes. Penso que em uma casa espírita você conseguirá mais informações.

Nicolas balançou a cabeça e ia abrir a boca para fazer outra pergunta, quando recebeu um chamado pelo rádio. Ele afastou-se um pouco da irmã, murmurou algumas palavras e finalizou a comunicação. Quando Marian tornou a olhá-lo, percebeu que ele estava um pouco pálido.

— Problemas? — Marian perguntou em voz baixa.

— Sim. Eu vinha dizendo a mim mesmo que a paz fora reestabelecida na cidade. Pois parece que alguém não gosta de tranquilidade e sossego. Acabo de ser informado sobre um assassinato.

Capítulo 2

O local para o qual Nicolas fora chamado era uma academia de musculação, onde também eram ministradas aulas de defesa pessoal. Assim que desceu de seu carro prateado, ele avistou as três viaturas que montavam guarda na entrada do estabelecimento. Os policiais haviam atravessado uma faixa amarela de isolamento, pois os curiosos, sempre de plantão, já estavam a postos, ansiosos por informações sobre o que teria acontecido.

Nicolas também estava curioso. Fora informado pelo delegado que um crime acontecera dentro da academia. Essas eram as únicas informações de que ele dispunha até então. Nem sequer sabia quem era a vítima.

Nicolas mostrou sua identificação ao policial parado em frente à porta de vidro fumê da academia, embora praticamente toda a corporação policial já o conhecesse. Assim que entrou, ele avistou o delegado Elias Paulino, que fora transferido de outra cidade para substituir o delegado anterior.

Elias era um homem comum, na opinião de Nicolas. Aparentava cerca de quarenta e cinco anos e tinha cabelos negros, que se mesclavam com vários fios brancos. Era magro e baixo e seu rosto possuía o maior nariz que

Nicolas já vira. Raramente sorria, mas ainda assim era simpático, eficiente e excelente profissional.

— Temos trabalho pela frente, Bartole — avisou Elias, aproximando-se. Depois de cumprimentar Nicolas, o delegado fez um gesto para que o investigador o seguisse. Nicolas reparou que a academia estava vazia e as únicas pessoas que havia lá dentro eram os policiais e os peritos.

Nicolas seguiu Elias por um corredor muito amplo, de onde era possível ver o nome da academia estampado na parede. Chamava-se *Músculos & Beleza*. Depois, cruzaram uma sala repleta de bicicletas ergométricas, esteiras e aparelhos para levantamento de peso. Viraram em outro corredor, ainda maior que o primeiro, cuja parede estava enfeitada de quadros com fotos de homens e mulheres expondo belos corpos muito bem definidos.

Embora nunca tivesse entrado naquela academia, Nicolas percebeu que o final daquele corredor daria na área dos banheiros e vestiários. Durante o trajeto, vários policiais cruzaram com o investigador e lhe direcionaram olhares de tristeza e apreensão, como se estivessem nervosos por terem visto algo bastante desagradável.

Elias finalmente parou diante do vestiário feminino e apontou para dentro. Porém, antes de entrar, Nicolas foi abordado por uma imensa massa corporal que se interpôs em seu caminho.

— Vai mesmo entrar, Bartole? Arre égua! A visão não é bonita — informou o policial Mike.

Mike era um policial novato, que auxiliara Nicolas em sua primeira investigação na cidade. Mike era divertido, alegre, brincalhão e carismático, dono de um alto astral contagiante. Era negro e media quase dois metros de altura. Naquele momento, porém, ele parecia assustado e extremamente abalado.

— Claro que vou entrar, Mike. Não tenho medo de cenas trágicas. Já vi coisas realmente feias.

— Acho que essa vai superar todas as outras — alertou Mike.

Nicolas deu de ombros e seguiu Elias para dentro do vestiário. Assim que entrou, a primeira coisa que sentiu foi o cheiro forte de sangue. O corpo da vítima, estendido bem no centro do vestiário, próximo dos chuveiros, estava envolto por sangue e por peritos. Assim que avistou Nicolas, o chefe da perícia pediu que sua equipe se afastasse para que o investigador pudesse examinar o corpo.

Realmente era uma visão capaz de embrulhar o estômago dos mais fracos. A mulher estava caída de bruços. Dava para notar que possuía um corpo jovem e firme. E era só. Dos ombros para cima, tudo era uma mistura de carne, ossos e sangue. Ao lado do cadáver, encontrava-se a arma do crime.

Pouco restara do crânio da vítima. Alguém havia praticamente esmagado sua cabeça com um haltere, equipamento muito usado em academias. Tratava-se de uma barra de ferro, revestida de borracha e ladeada por duas esferas também de ferro. Nicolas já vira aquele instrumento em diferentes tamanhos, cores e pesos, e aquele ali, embora pequeno, demonstrava ser bastante pesado.

Nicolas tornou a observar o corpo da vítima e, quando seu olhar fixou os braços da moça, o investigador estremeceu. Ele, então, agachou-se e olhou detidamente para a pulseira da vítima. Nicolas não a tocou, mas não teve dificuldades para reconhecer o pingente de dragão. Lembrava-se perfeitamente de onde o vira antes.

— Já identificamos a vítima — explicou o delegado. — Seu nome é Tamires Tavares. Tinha vinte e seis anos e era frequentadora assídua desta academia. Ela...

— Era minha vizinha — cortou Nicolas, sentindo que sua voz soava diferente. — Hoje de manhã, descemos juntos no elevador. Ela me disse que estava vindo pra cá.

As palavras de Nicolas fizeram todos olharem para ele, que questionou o chefe dos peritos:

— Já conseguiram determinar o horário da morte?

— Aconteceu há menos de meia hora — explicou o responsável pela equipe de perícia. — O corpo foi descoberto por Vanessa Brandão, outra usuária da academia. Ela disse que estava entrando no vestiário para se banhar, quando cruzou com uma pessoa inteiramente vestida de negro, que usava um capuz na cabeça. Vanessa contou que não viu seu rosto, mas que achou muito estranho alguém estar vestido daquela maneira dentro da academia. Acreditando que aquilo não era problema seu, entrou no vestiário e deparou-se com o corpo. Enquanto gritava desesperada por socorro, ela pôde deduzir que fora a pessoa de trajes negros quem assassinou Tamires.

— A *causa mortis* está relacionada ao haltere? — Nicolas quis confirmar, pois a resposta era óbvia.

— Ao que tudo indica, sim. Ela foi golpeada na cabeça repetidas vezes. Como ela está de bruços, acreditamos que tenha sido atacada pelas costas. Os golpes provavelmente atingiram sua nuca. Vamos levar todo o material encontrado para uma análise profunda. Descobriremos o peso exato da arma do crime e a procedência da pombinha.

— Que pombinha? — perguntou Nicolas, interessado. Desde que chegara, ninguém lhe dissera nada sobre uma pombinha.

— O objeto está comigo aguardando sua avaliação — explicou o delegado. — Trata-se de uma pequena pomba de madeira com menos de dez centímetros. Dentro dela havia um bilhete.

"Bilhetes outra vez", pensou Nicolas, recordando-se de seu caso anterior. O assassino que caçava e que se apelidara de Mistery mandara diversas mensagens e bilhetes para Nicolas, o que o deixara extremamente irritado na época.

Todavia, o estilo do recado era diferente desta vez. Elias mostrou-lhe a pequena pomba branca, com as asas abertas. Na sua "barriga", havia uma pequena portinhola, que se abria para revelar seu interior oco. Fora ali que o bilhete tinha sido encontrado. Nicolas leu as poucas palavras digitadas no computador.

Tamires precisava morrer.
Para silenciar os outros, precisarei correr.
Se a polícia for rápida, tentará me deter.
Minha esperteza não me fará perder.
Agora estou indo para a área de lazer.
A paz deverá para sempre viver.

A mensagem terminava ali. Nicolas tornou a lê-la, tentando compreender o que aquilo tudo significava. Olhou para Elias à espera de alguma sugestão, mas o delegado parecia tão intrigado e confuso quanto ele.

— Que diabo de mensagem é essa, Elias?

— Não sei. Pelo que entendi, alguém que gosta de rimas e charadas nos deixou esse recado, que pode, de alguma forma, representar uma pista.

— O que eu consigo deduzir — tornou Nicolas, passando os olhos pela mensagem mais uma vez — é que a morte de Tamires já havia sido premeditada. Acredito também que quem a matou a conhecia pelo nome. A pessoa diz ainda que precisará correr "para silenciar os outros", ou seja, acredito que haverá novas vítimas... E se diz bastante inteligente para escapar da polícia. Depois, conclui o recado dizendo que está se dirigindo para a área de lazer e que a paz deve existir para sempre — Nicolas tornou a pegar a pombinha branca de madeira. — Este é o símbolo da paz.

— Bartole, já conseguiram todas as imagens das câmeras de segurança — avisou Mike entrando na salinha em que Nicolas e Elias conversavam. — Quem sabe agora podemos visualizar o rosto do criminoso?

— Eu duvido disso. A pessoa que matou Tamires já tinha pensado em tudo. Não ia cometer a falha de mostrar o rosto.

"E pensar que eu a vi sorrindo na manhã de hoje", lembrou Nicolas. "Ela não fazia a menor ideia de que aqueles eram seus últimos instantes de vida".

— Temos muitas coisas a fazer — avisou Nicolas, pronto para entrar em ação. — Vou conversar com a testemunha que descobriu o corpo. Mike, vá ao meu edifício e apure se Tamires morava com alguém. Apesar de ser minha vizinha, eu nada sei sobre a vida particular dela. Tentem descobrir entre seus documentos contatos de pessoas que a conheciam. Isso sempre é importante. E separem para mim as gravações das câmeras. Quero repassar as imagens várias e várias vezes. Já descobriram a quem pertence esta academia?

— Já — respondeu Elias. — O dono se chama Graciano Farias. Ele está vindo pra cá.

— Ótimo. Vamos nos movimentar. Alguém faz ideia do que vem a ser essa tal área de lazer?

— Não — respondeu Elias. — Só tenho certeza de que o criminoso estará lá procurando sua próxima vítima.

Vanessa Brandão era uma moça muito bonita, que naquele momento chorava desconsolada enquanto aguardava Nicolas. Assim que ele se apresentou, ela caiu num pranto profundo:

— Meu Deus, senhor, eu nunca esperava ver uma coisa daquelas. Foi horrível, horrível... — revelou Vanessa, as lágrimas escorrendo por seu rosto delicado.

— Você conhecia Tamires? — perguntou Nicolas.

— Sim, mas eu a conhecia apenas aqui, na academia. Nunca conversamos em outro local. Sempre nos encontrávamos à noite, pois eu venho treinar aqui três vezes durante a semana e, aos domingos, venho na parte da manhã. Como isso foi acontecer? Estou com tanto medo.

— Eu sei que você está bastante chocada e não é pra menos. Mesmo assim, preciso que me relate tudo o que já contou ao delegado. Pode ser? Tente se lembrar de como as coisas aconteceram.

— Não há muito a ser dito... — Vanessa enxugou o rosto, fungando alto. — Eu fiz quarenta minutos de esteira e estava indo me banhar, para me livrar do suor que gruda no corpo. Quando estava entrando no vestiário, vi uma pessoa com uma roupa preta saindo e que passou por mim rapidamente. Eu olhei para trás, pois estranhei alguém se vestir daquela maneira em uma academia. Ao entrar finalmente no vestiário, vi Tamires caída no chão, no meio de todo aquele sangue. Deus do céu, nunca me esquecerei daquela cena!

— Acredita que essa pessoa vestida de preto tenha matado Tamires?

— Tenho certeza que sim. Na academia, há seguranças. Como ninguém fez nada para impedir esse crime?

Isso era o que Nicolas também pretendia descobrir. Ele agradeceu Vanessa pelas respostas e disse que, se fosse necessário, voltaria a procurá-la. Quando estava saindo da sala, encontrou-se com Elias, que lhe estendeu dois CDs com as imagens das câmeras.

— Vou levar este material para analisar na delegacia — avisou Nicolas. — Sabe se o senhor Graciano já chegou?

— Já sim. Ele o está aguardando na recepção. Também já conseguimos apurar o nome de todas as pessoas que estavam na academia no momento do crime, tanto alunos como professores. Para entrar aqui, é necessário efetuar um registro na recepção, pois a catraca de acesso só é liberada por meio da leitura da impressão digital. Creio que isso facilitará nosso trabalho.

— Eu espero mesmo que sim — concordou Nicolas.

O investigador avisou a Elias que tinha dispensado Vanessa e que agora desejava conversar com o dono da academia.

— O que achou dele? — Nicolas questionou.

— Não conversamos muito, pois eu o deixei reservado para você. A princípio, ele pareceu bastante colaborativo conosco. Não tentou criar empecilhos. Apenas está transtornado com o fato de o crime ter acontecido dentro de seu estabelecimento.

Nicolas não respondeu e apenas seguiu Elias até encontrar o dono da academia. Quando o viu, o investigador pensou que Graciano era um péssimo exemplo para a academia de que era proprietário. Gordinho, atarracado e barrigudo, não exibia a imagem de um homem musculoso que o dono de uma academia deveria apresentar. Seu rosto estava coberto por uma palidez assustadora.

— Senhor Graciano?

Graciano assentiu, e Nicolas esticou a mão direita, apresentando-se:

— Nicolas Bartole, investigador de polícia. Sou o responsável pela investigação do assassinato ocorrido em sua academia.

— Estou chocado, senhor. Não sei o que dizer. Eu não estava aqui no momento do crime e creio que, mesmo que estivesse, essa barbárie teria acontecido da mesma forma.

— Sim, acredito que sim. O senhor conhecia Tamires Tavares? Mantém contato com os clientes de sua academia?

— Conheço muito pouco os frequentadores. Cuido mais da parte administrativa e do departamento financeiro. Venho aqui somente duas vezes por semana e apenas para me atualizar sobre as novidades que Edna me informa.

— Quem é Edna?

— É a gerente geral da academia. Ela deve estar por aqui. Se precisar de informações sobre os clientes, Edna é a pessoa que poderá ajudá-lo — disse Graciano, enxugando o suor da testa.

Nicolas reparou que Graciano apertava as mãos uma contra a outra num gesto de extremo nervosismo.

— Obrigado pelas informações, senhor Graciano. Peço que permaneça à disposição da polícia pelos próximos dias, até que esse caso seja concluído. Tudo bem? Talvez eu deva retornar à academia, se achar necessário — esclareceu Nicolas, olhando por cima do ombro de Graciano.

Nicolas, então, avistou Mike, que gesticulava com sua imensa mão, como se estivesse pedindo carona na estrada, e disse:

— Doutor Elias, o delegado, conversará com o senhor e depois disso será liberado. Lamento muito pelo acontecido.

Graciano apenas assentiu afirmativamente, enquanto Elias se aproximava para lhe fazer outras perguntas. Nicolas parou diante de Mike e encarou o imenso policial.

— Por que está se agitando todo, Mike? — sussurrou Nicolas. — Tem alguma novidade?

— Eu já consegui com a recepcionista a lista dos clientes que estavam aqui durante o crime. Na entrada, há uma catraca, e todos os clientes que chegam precisam encostar o polegar no leitor para conseguir entrar. Quando o usuário vai embora, o sistema automaticamente registra o horário da saída daquele cliente. Havia vinte e dois usuários aqui, além de dois *personal trainers*, um professor, três faxineiros, três seguranças, a recepcionista, a gerente geral e o encarregado. Trinta e quatro pessoas ao todo.

— Ou seja, o criminoso pode estar entre essas trinta e quatro pessoas. Isso vai ser mamão com açúcar — resmungou Nicolas em tom de ironia. — Segundo os peritos, o crime aconteceu por volta de uma hora da tarde. São quase duas agora. Dessa lista relacione as pessoas que deixaram a academia nesse horário.

— Eu já fiz isso, Bartole. Quando você está indo com a farinha, eu estou voltando com a panqueca — brincou Mike, rindo alegremente.

Como Nicolas não esboçou um sorriso, Mike também fechou a cara e tirou um papel do bolso da farda.

— Às 12h57, um tal Francisco Cabral saiu da academia. Cinco minutos depois, uma mulher chamada Berenice Liane também saiu. Mais quatro pessoas saíram nos vinte minutos seguintes, quando a polícia foi chamada após Vanessa Brandão ter dado o alarme.

— Devemos considerar também a suposição de que o criminoso não saiu da academia. Ele pode ter ficado por aqui até a chegada da polícia e, quando Elias solicitou a evacuação do local, ele pode ter dado no pé tranquilamente — pensativo, Nicolas enfiou a mão no bolso e desembrulhou uma bala de canela, atirando-a na boca rapidamente. Vendo o olhar pidão de Mike, Nicolas concluiu: — Não adianta me pedir, porque eu só tinha essa.

— Mão-de-vaca — grunhiu Mike no tom mais baixo que conseguiu. — Acha que essa pessoa pode ter ficado aqui dentro?

— É uma possibilidade. Mike, o assassino deixou para trás a arma do crime e aquela pomba branca de madeira com um fundo falso. Eu analisei detidamente aquela pombinha e posso dizer que é um objeto bem trabalhado. Foi feita por um excelente marceneiro — com a mente trabalhando agilmente, Nicolas continuou: — Creio que nas fichas dos alunos conste a profissão de cada um, não é verdade?

— Acho que sim — murmurou Mike, tentando imaginar aonde Nicolas estava querendo chegar.

— Ótimo. Cheque se alguma dessas trinta e quatro pessoas é marceneira ou trabalha em uma empresa do gênero. Procure também por alguém que lide com poesias. Um músico, um escritor ou um professor. Aquela mensagem foi escrita em versinhos rimados. Não custa procurar assim também.

— Nossa, Bartole, eu não tinha pensando em fazer essa relação. Gostei da ideia — elogiou Mike, sorrindo.

— Que bom! Agora vou procurar a gerente geral. Boa sorte em sua missão, Mike — Nicolas deu três passos antes de se voltar e completar: — Quem está voltando com a panqueca mesmo?

Capítulo 3

Edna Lacerda era uma mulher bonita e muito feminina. Aparentava ter cerca de quarenta anos. Era quase tão alta quanto Nicolas e seus cabelos louros estavam fixos por um laquê bastante eficiente. Usava uma blusa branca, saia social até os joelhos e sapatos sem salto. Nicolas imaginou que durante a semana ela deveria se vestir de forma ainda mais elegante.

Logo após as apresentações, ele começou:

— Estive conversando com o senhor Graciano e ele me sugeriu procurar a senhora, já que conhece o público que frequenta sua academia ou pelo menos boa parte dele.

— Sim, é verdade. Orgulhamo-nos de ser a maior academia de nossa cidade. As outras duas não nos superam — afirmou Edna, com a voz macia e delicada.

— Ainda assim foi aqui que ocorreu um crime, não é mesmo? — revidou Nicolas, somente porque achara a gerente muito petulante.

Edna avaliava as próprias unhas, como se não houvesse um corpo encharcado de sangue a poucos metros dali.

— Nossa academia não será fechada por conta disso, investigador — Edna cruzou as pernas e o tecido de sua saia levantou-se perigosamente.

Nicolas não pôde deixar de admirar as belas pernas da mulher.

— Espero que o senhor cumpra seu papel tão eficientemente quanto o cumpriu no caso do mês passado.

— Eu também espero, dona Edna. E para agilizar meu trabalho, gostaria que a senhora me fornecesse uma lista com os dados dos seus clientes e funcionários. Quero apenas as informações das pessoas que estavam aqui no momento do crime, pode ser?

Nicolas estava convencido de que aquela mulher exibida criaria caso, mas não escondeu a surpresa quando ela concordou em ajudá-lo:

— Tudo bem. Sabe que esses são dados confidenciais, não é mesmo? Normalmente, seria necessário um mandado para ter acesso a eles. Porém, como desejo limpar o nome de nossa academia e garantir a justiça para minha cliente, farei o que me pede — tornou Edna, balançando as pernas, enquanto sua saia subia ainda mais, deixando quase toda a sua coxa à mostra.

— Dou minha palavra de que as informações sobre seus clientes permanecerão em poder exclusivo da polícia como ferramenta de apoio para esta investigação.

Pela primeira vez, Edna sorriu, e Nicolas mal conteve o alívio quando ela se levantou. A visão de suas pernas torneadas estava deixando-o meio sem jeito.

— Queira me acompanhar, investigador.

Nicolas a seguiu por um corredor que terminou em uma escada em caracol. No andar superior, Edna destrancou uma porta pequena e acendeu a luz do que parecia ser seu escritório. Com movimentos precisos, ela caminhou na direção dos arquivos de ferro e abriu o primeiro gavetão.

— Normalmente, buscamos as informações de nossos clientes diretamente em nosso sistema, contudo, por medida de segurança, mantemos uma cópia de cada ficha arquivada em pastas, até que o aluno cancele ou desista de sua matrícula. Vai demorar um pouquinho, investigador, mas prometo que vou entregar-lhe tudo de que precisa.

Enquanto aguardava as informações, Nicolas sentou-se em uma das cadeiras almofadadas e, para desgrudar os olhos do corpo sensual de Edna, passou a folhear uma revista que dava dicas de como manter o corpo em perfeita forma física.

Por volta de três horas, Nicolas já estava na delegacia. Ao seu lado, Mike e Elias contemplavam a tela do monitor do investigador, onde as imagens das câmeras de segurança da academia começariam a ser exibidas. Sobre a mesa havia várias cópias dos dados pessoais dos funcionários e frequentadores da *Músculos & Beleza*.

— Vamos ver o que temos aqui — resmungou Nicolas, quando a primeira imagem colorida surgiu na tela. Na parte inferior do monitor do computador estava escrito *Câmera 1*. Nicolas sabia que havia seis câmeras no total, que captavam diferentes ângulos da academia.

As imagens mostravam a sala onde ficavam as esteiras, e o investigador decidiu acelerar as cenas até o horário que lhe interessava. Nicolas não viu nada que lhe chamasse a atenção e decidiu encerrar a exibição das imagens da câmera 1, quando viu o primeiro policial entrar pedindo que o lugar fosse evacuado. As câmeras 2 e 3 também não trouxeram novidades. Já a câmera 4 focava justamente o corredor que levava aos vestiários. Era possível visualizar as portas de entrada dos vestiários femininos e masculinos.

Ansioso, Nicolas tornou a acelerar as imagens. Elias e Mike gritaram ao mesmo tempo quando viram Tamires aparecer no final do corredor.

— Olhe ela aí — apontou Nicolas.

Na imagem, Tamires caminhava com seu andar firme até o vestiário e usava a mesma roupa que Nicolas vira pela manhã. O relógio na tela marcava 11h56, quando ela entrou tranquilamente no vestiário.

Um minuto inteiro se passou sem que nada houvesse acontecido. Elias, Mike e principalmente Nicolas estavam mantendo a respiração em suspensão, como se o ato de soltar o ar pudesse, de alguma forma, alterar as imagens gravadas.

O vulto de preto surgiu e percorreu o mesmo caminho que Tamires percorrera. Não era uma pessoa muito alta e vestia calça e blusa de moletom na cor preta, além de um capuz igualmente escuro que ocultava sua cabeça totalmente. Na mão direita, coberta por uma luva, havia um haltere preto. Na mão esquerda, também enluvada, havia algo branco, que Nicolas supôs ser a pomba de madeira.

O indivíduo caminhava de modo lento e despreocupado, como se não fosse matar uma pessoa em alguns segundos. O vulto entrou no vestiário feminino às 12h57. Quando o relógio marcou 13h00 em ponto, Vanessa apareceu soltando os cabelos. Ela andava depressa e o brilho do suor em seu corpo parecia reluzir. A blusa apertada e curta revelava uma barriga perfeitamente definida.

— Um dia, eu vou arrumar uma dessa pra mim — suspirou Mike, olhando para o monitor.

— Essas blusinhas são vendidas em qualquer loja — provocou Nicolas. — Se você quiser, eu lhe compro uma de Natal.

Elias soltou um chiado, que parecia uma risadinha rouca. Foi nesse momento que o indivíduo encapuzado saiu do vestiário e deu um pequeno esbarrão no braço de Vanessa. Depois, o vulto sumiu no final do corredor, enquanto Vanessa olhava para trás, exatamente como alegara ter feito.

Nicolas passou para a próxima câmera, que apenas revelou a mesma cena vista por outro ângulo. Depois de sair do vestiário, a pessoa desaparecia por outro corredor. O investigador descobriu que nenhuma das seis câmeras filmava aquela passagem.

— Mike, você precisa voltar à academia e descobrir para onde essa passagem leva. Acredito que o assassino tenha se ocultado ali para se livrar dessas roupas... Admito que foi um crime bastante ousado, afinal o lugar estava cheio. Ele, no entanto, sabia que Vanessa estaria sozinha no vestiário naquele momento. Sabia ainda da posição de cada uma das câmeras, sinal de que já vinha estudando a forma de agir.

— Se for um funcionário do local seria mais fácil — opinou Elias, coçando o imenso nariz.

— Pode ser. De qualquer forma, as informações das pessoas que estavam presentes naquele horário já estão comigo — Nicolas indicou uma pilha de pastas sobre a mesa.

— Depois da academia, devo ir ao seu prédio procurar saber com quem Tamires morava. Certo, Bartole? — indagou Mike, solícito.

— Não, Mike. Pode deixar que eu farei isso. Prefiro descobrir eu mesmo se Tamires possuía família ou não — e, consultando o relógio de pulso, Nicolas exclamou: — Vou para casa agora. Aproveitarei para ir ao apartamento dela. Cidades do interior param aos domingos, então não creio que conseguiremos muitas coisas hoje. E o resultado da perícia só será entregue amanhã à tarde.

— Bem, Bartole, nesse caso ficarei por aqui mais um pouco — avisou Elias. — Podem precisar de mim ou podem surgir novidades. Vamos mantendo contato.

— Com certeza, Mike. Telefone-me, assim que tiver novidades — pediu Nicolas levantando-se, enquanto os outros dois o imitavam. — Até mais tarde, senhores.

Nicolas chegou em casa e seguiu direto para o banheiro. Sempre que lidava diretamente com cadáveres, sentia impregnar em seu corpo uma espécie de lodo invisível, que só era "removido" após um longo e relaxante banho.

Depois de se enxugar, Nicolas vestiu uma roupa preta. Iria ao apartamento de Tamires para apurar as informações. Se a moça tivesse familiares, talvez ele obtivesse mais informações sobre ela. Por outro lado, Nicolas sabia que a família de Tamires ainda não havia sido informada sobre o crime e dar esse tipo de notícia o deixava transtornado.

O silêncio do apartamento revelava que Marian havia saído, e Nicolas esperava que ela estivesse na companhia de Enzo. Se os dois começassem a namorar, Nicolas ficaria satisfeito, pois achava que Enzo era o homem ideal para sua irmã.

O investigador sentou-se no sofá e ligou a televisão apenas por curiosidade. Não era dado a assistir às programações televisivas, muito menos quando tinha trabalho a fazer. Por motivos pessoais, ele sintonizou no Canal local e foi surpreendido ao deparar-se com a bela repórter, que falava rapidamente. Ela nunca parecera tão linda quanto naquele momento. Os olhos da moça brilhavam, e Nicolas já os vira brilhar diretamente para ele.

— Tudo o que sabemos até o momento é que houve um crime na famosa academia *Músculos & Beleza*, localizada no centro de nossa cidade. As causas do crime ainda permanecem em sigilo. A polícia também não informou se o autor do crime foi encontrado, mas, assim que tivermos novas informações, voltaremos ao ar. Aqui é Miah Fiorentino para o Canal local.

A imagem voltou para o estúdio, e Nicolas apertou o botão do controle remoto para desligar a televisão. Quem sabe se, por alguma brincadeira da vida, ele não precisava ter ligado a TV justamente naquele momento apenas para conferir a beleza e o profissionalismo de sua atual namorada. Ele sorria intimamente ao pensar que Miah tinha um rosto disputado por muitos homens, mas que apenas ele poderia beijá-lo e tocá-lo quando bem quisesse. A não ser que eles estivessem brigados, o que não era incomum.

De repente, Érica saltou no encosto do sofá e pulou nas costas de Nicolas, firmando suas patinhas brancas nos ombros do investigador.

— Pirou, bichana maluca? — gritou Nicolas. — Saia de cima de mim antes que eu a jogue pela janela!

Como a gata não parecia disposta a obedecer, Nicolas curvou as costas e a empurrou com força, mas Érica cravou suas unhas na camisa do investigador e ficou pendurada como um bicho-preguiça no tronco de uma árvore. Marian entrou na sala nesse exato instante, sorriu ao ver aquela cena e brincou:

— Nicolas, por que você não tenta dançar com alguém do seu tamanho?

O olhar gélido que Nicolas lançou a Marian a fez sorrir ainda mais.

— Quer tirar esse monstro abominável das minhas costas?

Rindo, Marian se aproximou e falou em tom macio:

— Érica, meu amorzinho, o papai está ocupado agora. Vamos descer, querida.

Imediatamente, Érica pulou de volta no sofá e olhou apaixonadamente para Marian, que afagou a gata carinhosamente e sorriu ao ver a cauda peluda e espessa do animal ficar em pé.

— Que história é essa de papai? — rosnou Nicolas, esfregando a camisa preta, que ficara coberta de pelos. — Veja só como ela me deixou! Sei que fez isso de caso pensado só para me atrasar. Agora vou ter que me trocar de novo.

— Fazer as coisas com pressa não traz resultados satisfatórios — observou Marian. — Tudo que precisar fazer, faça devagar. Troque de roupa e deixe o estresse de lado. Não quero ver meu irmão favorito passando nervoso como no mês passado, durante aquele caso.

— Houve um crime hoje — informou Nicolas enquanto tirava a camisa.

Para descontar o ataque da gata, ele atirou a roupa em Érica, mas ela correu antes de ser atingida.

— Foi por isso que o chamaram durante o almoço?

— Sim. A vítima é uma vizinha nossa. O responsável pelo crime não foi encontrado... ainda — Nicolas dirigiu-se ao quarto e voltou com outra camisa nas mãos, agora azul-marinho.

— Você já tem algum suspeito em mente?

— Por enquanto, não. Num primeiro olhar, ouso dizer que este caso vai ser tão complexo quanto o anterior. Alguém esmagou impiedosamente a cabeça de uma mulher e parece curtir charadinhas.

Nervoso, Nicolas vestiu-se. Ele não se importava em compartilhar detalhes de seu trabalho com Marian, nem achava que era falta de ética agir assim, pois tinha plena convicção de que ela guardaria tudo o que ouvisse para si. Marian era uma pessoa muito discreta e sensata e não comentaria nada com Enzo e muito menos com Miah.

— Que horror! — exclamou Marian, chocada com o que ouvira. — Existe ao menos uma remota suspeita sobre a razão do crime?

— Tamires, a vítima, era nossa vizinha. Estou indo procurar o síndico do nosso edifício para que ele me leve ao apartamento dela. Quero saber com quem ela morava. Se Tamires tiver família aqui, talvez saibam me dizer com quem ela costumava se relacionar.

— Boa sorte, Nic! — desejou Marian, beijando-o no rosto. — É preciso muito sangue frio para fazer seu trabalho.

— Existem pessoas com o sangue gelado, que são capazes de tirar a vida de outro ser humano. E essas pessoas são muito perigosas — concluiu Nicolas antes de sair.

Capítulo 4

O síndico do condomínio foi bastante solícito com Nicolas e lhe informou que Tamires morava no décimo andar. Nicolas descobriu que ele se chamava Vicente Leroy, porque fazia questão de estampar o nome e o sobrenome bordado na camiseta azul, com o nome do condomínio logo abaixo. Era um homem jovem, franzino e miúdo, magro como um lápis, mas com ótima cabeça para "criar" taxas e despesas que elevassem o valor do condomínio.

— Sei que ela mora com a avó, que é uma mulher de idade já avançada, muito conservadora e que não sai muito — informou o síndico. — Sempre vi Tamires saindo com roupa de ginástica, mas não sei dizer em que ela trabalha. Como o senhor é policial e também morador deste condomínio, vejo-me na obrigação de compartilhar tudo o que eu sei.

— Muito obrigado — agradeceu Nicolas apertando o botão do elevador.

Vicente postou-se ao lado do investigador e ficou sorrindo para ele.

— Vou acompanhá-lo até lá.

— Não é necessário. Minha conversa será particular — cortou Nicolas.

— Me preocupo com as pessoas, senhor investigador. Quero apenas ajudar. O que houve com Tamires?

O elevador chegou e Nicolas abriu a porta de ferro para entrar. Rapidamente, bloqueou com seu corpo a passagem do síndico e respondeu:

— Quer mesmo ajudar as pessoas? Procure abaixar a taxa de condomínio deste prédio. Está um roubo e não vale o preço que pagamos.

Ante o olhar atônito do síndico, Nicolas fechou a porta na cara do pequeno homem e esboçou um sorriso sarcástico enquanto o elevador subia.

No prédio, havia três apartamentos por andar. Vicente dissera a Nicolas que Tamires morava no número 101. Rapidamente, o investigador encontrou a porta do apartamento da vítima e tocou a campainha. Ouviu passos lentos pelo lado de dentro e um instante depois percebeu o som da fechadura sendo destrancada.

Uma senhora bastante idosa, com cabelos curtos e muito brancos surgiu diante de Nicolas. Ela aparentava cerca de oitenta anos. Não tinha nenhum dente na boca quando sorriu, mas Nicolas notou que ela usava uma pulseira com um pingente de dragão idêntico ao da neta.

— Pois não, moço? — ela perguntou com uma voz trêmula e rouca. — Está procurando Tamires? Ela ainda não chegou.

Nicolas estremeceu ao pensar que ela ainda não sabia o que ocorrera com a neta. Embora já imaginasse isso, o investigador sentiu um calafrio ao pensar que teria que dar uma notícia tão trágica àquela senhora.

— Na verdade eu procuro a avó dela. É a senhora?

— Sim, senhor — ela sorriu novamente e abriu a porta completamente. — Queira entrar. É muito feio deixar uma visita no corredor.

Nicolas entrou devagar no apartamento e olhou em volta, enquanto a avó de Tamires fechava a porta. O local era decorado com móveis simples e baratos, mas inspirava conforto e tranquilidade. O investigador também notou que a planta do apartamento era a mesma do seu.

— O senhor não quer tomar um cafezinho? — ela perguntou, sempre amável e gentil. — Tamires fez um bolo de laranja antes de sair. O senhor vai gostar. Ela cozinha melhor do que eu.

Antes que Nicolas recusasse o bolo, ela o tomou pela mão e o conduziu até a cozinha, que estava muito mais arrumada do que a cozinha do investigador, embora Marian tivesse feito uma faxina grande na casa logo que se mudou pra lá.

— Pode se sentar nesta cadeira, enquanto eu passo o café.

Nicolas obedeceu e analisou a avó de Tamires. Apesar da idade, ela parecia ser extremamente independente. Aparentava ser saudável e mostrava-se bem-disposta.

A senhorinha usava um vestido com estampa florida. Suas pernas estavam cobertas por varizes e na direita havia uma atadura envolvendo sua panturrilha. Nicolas sorriu pelas costas dela, pensando em sua inocência ao convidar um estranho para seu apartamento sem nenhuma preocupação.

— Como o senhor conheceu Tamires? É amigo do Lucas?

— Não, não sou amigo do Lucas — respondeu Nicolas, enquanto ela colocava o pó de café no coador de pano. — Como a senhora se chama?

— Isaura e o senhor?

— Meu nome é Nicolas Bartole.

— Seu sobrenome é italiano, não é mesmo?

— Minhas origens estão na Itália — confessou Nicolas.

— Aposto que nunca esteve na Itália.

— Não mesmo. São muitas horas de viagem dentro de um avião e eu não gosto muito de voar — Nicolas detestava viajar de avião.

— Também não confio nesse negócio, não. No ano passado, Tamires inventou que queria me levar para andar de avião, mas eu não quis. Só quem pode voar são os passarinhos. Se Deus quisesse que o homem voasse, teria nos dado asas, não? — Isaura se voltou para Nicolas e apontou para a mesa. — Moço, embaixo desse paninho de prato está o bolo de que falei. Vou pegar um prato e os talheres. O café está quase pronto.

Nicolas sentiu o peito se oprimir. Não achava justo aceitar os agrados de Isaura, quando pretendia lhe dar uma notícia que a transformaria para sempre. Embora já tivesse passado por aquilo muitas vezes em seus sete anos como investigador de polícia, sempre parecia ser a primeira vez que enfrentava aquele tipo de situação.

— Dona Isaura, vim até aqui porque preciso lhe dar uma notícia desagradável. Sou um investigador de polícia.

— Lucas se meteu em alguma encrenca? — Isaura perguntou. — Tamires já deve estar voltando, e o senhor poderá conversar diretamente com ela. Minha neta fica muito feliz quando recebemos visitas. Já o Lucas sente ciúmes, às vezes.

— Quem é Lucas? — tornou Nicolas.

— É o namorado de Tamires. Aposto que ele está envolvido em outra confusão. Não sei por que Tamires fica com esse rapaz. Só traz dor de cabeça para ela e para mim também — Isaura entornou o bule e serviu o café em duas xícaras. Depois, entregou uma delas a Nicolas e um pratinho para que ele se servisse do bolo.

— Não acho certo aceitar, dona Isaura. Lamento dizer...

— Se souber que o senhor recusou o bolo delicioso que ela preparou, Tamires ficará triste. Minha neta é uma moça muito boa, sabe... Qualquer outra teria internado a avó velha e caduca em um asilo, mas assim que os pais dela morreram, Tamires decidiu cuidar de mim com muito amor e carinho. E vem sendo assim sempre. Não sei o que seria de mim sem ela ao meu lado.

Nicolas sentiu um novo arrepio, enquanto ouvia aquelas palavras da senhora gentil e agradável. E pensar que ele fora até ali com uma bomba nas mãos. Mas, infelizmente, chegara o momento de explodi-la.

— Houve um assassinato na academia que sua neta frequenta, dona Isaura. Ela...

— Tamires está bem, não é mesmo? — Isaura assoprou a borda da xícara, mas não bebeu.

— Não, senhora. Sinto muito por dar essa notícia... Tamires foi assassinada. Ainda não sei quem foi o culpado pelo crime, mas prometo que vou descobrir.

Isaura colocou a xícara lentamente sobre a mesa e olhou do bolo para Nicolas. O investigador então notou que o brilho dos olhos de Isaura desaparecia à medida que a cor sumia de suas faces.

— Isso não pode ser verdade. Tamires está bem. Deve ser um engano.

— Lamentavelmente, não há engano algum, dona Isaura. Eu identifiquei essa pulseira no braço da vítima. A mesma que a senhora usa.

— Não pode ser — repetiu Isaura.

A senhorinha se levantou e apoiou-se na mesa. Nicolas também se levantou rapidamente disposto a ampará-la caso ela caísse.

— Meu Deus, ela estava bem hoje de manhã. Conversou comigo, fez o bolo. O senhor não pode estar dizendo a verdade — Isaura passou uma das mãos trêmulas e enrugadas pelo rosto pálido.

— Dona Isaura, preciso que a senhora me ajude com algumas informações... Preciso que me diga se sua neta tinha algum inimigo ou se alguém que não gostava dela. Sei que é um péssimo momento para lhe perguntar isso, mas isso me ajudaria a agilizar a investigação.

— Por que Deus levou minha netinha, moço? — as primeiras lágrimas começaram a cair e pingaram no vestido florido de Isaura. — Por que eu não morri, já que estou velha e sem utilidade? Tamires tinha toda a vida pela frente. Era eu quem tinha que ter morrido. Não é justo, não é.

— Minha irmã acredita em vida após a morte, dona Isaura. Se a senhora nos autorizar, posso pedir para que ela venha lhe fazer uma visita. Ela diz ter certeza de que as pessoas continuam vivendo como espíritos em outro lugar. O que morre é apenas o corpo.

— Eu sei disso. Também acredito nessas coisas. Vejo minha irmã Geni direto. Mesmo assim, é difícil aceitar, moço. É muito difícil — de repente, Isaura ergueu o olhar e fitou Nicolas atentamente: — Como ela morreu? O que fizeram com ela?

— A senhora possui outros parentes, além de Tamires? — desconversou Nicolas. Explicar a forma como Tamires fora morta deixaria Isaura em terrível estado emocional.

— Ela era tudo o que eu tinha. Era meu tesouro, meu anjo da guarda. Como vou viver sem ela?

— Dona Isaura, vou pedir a um policial que fique com a senhora ajudando-a nos preparativos do... — procurando evitar a palavra "enterro", Nicolas disfarçou — de todas as providências. Marian também ficará com a senhora, se desejar.

Isaura assentiu, sem se importar com as lágrimas que desciam livremente por seu rostinho castigado pelos anos.

— Foi Lucas. Somente ele poderia ter feito isso. Moço, o senhor precisa prender aquele homem — afirmou Isaura, de repente.

— Por que a senhora diz isso com tanta convicção?

— Tamires vinha dizendo que ia terminar o romance com ele. Só que ele não gostou e começou a encher a paciência dela com abobrinhas. Tamires me contava tudo. Estava cansada dele — Isaura tornou a sentar-se.

— O senhor precisa prendê-lo. Só ele poderia ter feito isso.

— A senhora tem o endereço dele?

— O senhor vai encontrar na agenda de Tamires. Quero que ele pague pelo que fez com minha neta — pediu Isaura.

— Com certeza, o culpado vai aparecer, dona Isaura. Dou-lhe minha palavra — prometeu Nicolas.

Vinte minutos depois, Nicolas estava de volta ao seu apartamento e já colocara Marian a par dos acontecimentos, que logo concordou de bom grado em procurar Isaura para consolá-la.

Nicolas telefonou para Elias e ouviu o delegado dizer que Mike ainda não voltara. Depois de informar ao delegado as últimas novidades, o investigador também comentou sobre Lucas. Isaura havia lhe dado o endereço do rapaz e Nicolas disse que pretendia visitá-lo na manhã seguinte.

— Elias, precisarei, até amanhã, de uma relação das principais marcenarias da cidade. Vou checar também as fichas dos frequentadores da academia. Quero ver se alguém tem alguma relação com artigos de madeira ou com prosas e versos.

— Muito bem, Bartole. Eu vou embora agora, mas estarei aqui no primeiro horário amanhã. Já pedi a Mike que entre em contato conosco assim que souber de alguma coisa. Acho que por hoje é só.

— Obrigado, Elias. Boa noite! — desejou Nicolas, colocando o fone no gancho.

A campainha do apartamento do investigador soou nesse instante. Marian não estava, pois já partira para o apartamento de Isaura. Era preciso que alguém amparasse aquela senhora em um momento tão difícil, e Nicolas sabia que sua irmã desempenharia essa função muito bem.

Nicolas se aproximou da porta e espiou pelo olho mágico. Um sorriso surgiu em seu rosto ao abrir a porta e deparar-se com Miah a encará-lo com ar divertido.

— Procuro um homem solteiro e bonito. Encontro um por aqui? — ela perguntou.

— Já encontrou — rindo, Nicolas puxou-a para dentro.

Capítulo 5

Nicolas ainda se surpreendia com o fascínio que Miah Fiorentino exercia sobre ele. Todas as vezes que a encontrava, parecia ao investigador que a estava vendo pela primeira vez. Nicolas sempre ficava atordoado com a beleza exótica da jornalista. Em sua opinião, Miah parecia ter sido esculpida por um artista perfeccionista, com o objetivo de agradar quem a fitasse. Seus olhos, vivos e sagazes, eram duas gotas de mel, e seus cabelos escuros, lisos e desfiados serviam de moldura para um rosto redondo e belíssimo. Ela sempre se vestia de forma elegante e usava sua bela voz, levemente rouca e sensual, para transmitir aos telespectadores as principais notícias da cidade.

Nicolas a conhecera há cerca de um mês, durante a investigação de um caso e descobrira-se perdidamente apaixonado por ela. Miah o satisfazia em todos os sentidos. Era inteligente, divertida e excelente companheira a qualquer momento. Ele pouco sabia sobre sua vida pessoal, além do que ela lhe contara. Vivera com um padrasto tirano, que a tratava mal e a impedia de se envolver com qualquer homem. Miah contara que só pudera ser feliz e independente quando o padrasto morrera.

Agora que estavam juntos, Nicolas pretendia impedir que todo o passado sombrio de Miah emergisse. Queria apenas que ela fosse feliz ao seu lado e que soubesse o quanto ele a amava e que a protegeria de todos os seus terrores.

— Por que está aí parado me olhando? — Miah perguntou com um sorriso nos lábios, logo após Nicolas trancar a porta do apartamento. — Nunca me viu?

— Assim, tão linda, não — para provar o quanto ela estava atraente, Nicolas a tomou nos braços e a beijou intensamente, o que deixou ambos excitados.

— Eu queria muito ficar com você agora — ela sussurrou, com voz terna e meiga. — Poderíamos ir ao seu quarto?

— É pra já! — brincou Nicolas, puxando-a pela mão.

— Tem uma condição — arriscou Miah, provocativa.

— Ih, começou. Estava bom demais para ser verdade — Nicolas apertou o queixo de Miah delicadamente e perguntou: — Qual é?

— Houve um crime na academia *Músculos & Beleza* hoje. Na verdade, gostaria apenas de saber algumas coisinhas sem importância.

— Sei... — ele ergueu as sobrancelhas. — E quais seriam essas coisinhas sem importância?

— Bobagem. Quero apenas saber quem era a vítima, qual foi a causa da morte, se o assassino já foi preso e, caso tenha sido, de quem se trata. Viu que as informações de que preciso são bobinhas?

— Muito bobinhas — respondeu Nicolas, enquanto se afastava até a cozinha. — São tão bobinhas que nem vou perder meu tempo respondendo. Você já jantou?

— Ah, não custa nada me contar — tentou Miah, correndo atrás de Nicolas, que abria a geladeira. — Prometo não citar a fonte de minhas informações. Se eu entrar no ar com essas novidades sobre o crime, minha audiência vai crescer como o pé de feijão mágico. O que acha?

— Já ouvi essa conversa antes, está lembrada? Você não cumpriu com sua palavra e ainda me colocou em maus lençóis.

Nicolas destampou uma panela, cheirou-a e colocou-a sobre o fogão.

— Tem apenas macarrão — ele informou. — Marian deixou tudo pronto para que eu esquentasse. Vai querer? Estou faminto e meu domingo não foi nada bom.

— Onde está Marian, falando nisso?

— Ela foi conversar com uma pessoa da família da vítima.

— E por que você a mandou? Bastaria ter me telefonado que eu faria uma entrevista muito discreta com a pessoa. Aliás, quem era a vítima mesmo? — sondou Miah, sorrindo, enquanto Nicolas acendia o fogo.

— A pessoa ficou muito abalada após receber a notícia, Miah. Como ela disse acreditar em vida após a morte, pedi que Marian fosse visitá-la para tentar acalmá-la e transmitir-lhe uma mensagem de conforto. Você sabe que Marian entende bem sobre espíritos.

— Sei... Se Marian foi sozinha, deduzo, então, que a vítima morava perto daqui.

— Vai querer o macarrão ou não? — tornou Nicolas.

— Tudo bem, eu quero — vendo que não conseguiria arrancar nada de Nicolas, pelo menos por enquanto, Miah sentou-se à mesa da cozinha e esperou pelo modesto jantar.

Mike entrou em contato com Nicolas no final da noite. Miah acabara de ir embora, e o investigador agradeceu por ela não estar por perto. Já havia decidido que não compartilharia nenhuma informação sobre o caso com a imprensa e a namorada fazia parte da mídia. Por mais que a amasse, Nicolas sabia separar o trabalho da vida pessoal.

— Então, Mike, o que conseguiu descobrir? — perguntou Nicolas por meio do rádio. O investigador estava deitado em seu quarto, e Marian pintava no dormitório ao lado.

— Bartole, você não vai acreditar! — Mike, como sempre, parecia ansioso para disparar todas as novidades ao mesmo tempo. — Sabe aquela passagem pela qual vimos o suspeito desaparecer e que as câmeras não focavam?

— Claro que eu me lembro. Aquela passagem leva aonde?

— Ela termina em um estreito corredor, sem portas nem janelas. Há apenas um pequeno vitrô basculante no alto da parede e um grande vaso de gesso para plantas. Provavelmente, o assassino ou assassina subiu no vaso, pulou a janelinha e ganhou o mundo.

— E, na rua, certamente tirou as roupas pretas, pois deveria estar usando outra roupa por baixo, colocou-as em uma sacola, que deveria estar dobrada em seus bolsos, e ninguém viu nada — refletiu Nicolas. — Não gostaria de contratar os seguranças dessa academia para minha proteção pessoal!

— Arre égua, Bartole. E desde quando o senhor precisa de guarda-costas? Além de mim, é claro? — trovejou a voz de Mike pelo comunicador.

Nicolas sorriu e respondeu:

— Conseguiu descobrir alguma coisa mais?

— Eu soube que na academia há armários que servem de guarda-volumes também. Porém, acredito que quem matou Tamires não deixaria nenhum pertence guardado lá. Não acha?

— Não mesmo. Já havia corrido risco demais. Provavelmente, a pessoa sabia que se exagerasse poderia ser pega — Nicolas olhou o relógio na mesinha de cabeceira e continuou: — Mike, já combinei com o doutor Elias para chegarmos bem cedo amanhã na delegacia. Esteja lá, se possível, antes das sete.

— Antes das sete?! — berrou Mike, e sua voz poderosa quase desarticulou o sistema do rádio. — Arre égua, é muito cedo para levantar em pleno inverno!

— Ou isso ou o substituo por um policial mais bem-disposto — debochou Nicolas, aproveitando-se do fato de que Mike não tinha como ver que ele estava rindo.

— Não diga isso nem de brincadeira, Bartole! Depois que você chegou, eu tive a chance de até aparecer na televisão. Antes disso, ninguém sabia da existência do grande Michael, embora eles me conheçam como Mike, já que soa tão americano.

— Ora, deixe de besteira e vá dormir! Amanhã teremos que acordar cedo. Quanto ao inverno, posso lhe emprestar uma de minhas blusas, caso esteja com muito frio — e, sem esperar por respostas, o investigador encerrou a chamada, mantendo um sorriso perverso nos lábios.

Nicolas dormiu menos de seis horas. Às cinco da manhã, já estava de pé. Tomou um banho rápido e, procurando não fazer barulho, vestiu-se e apanhou o revólver e o distintivo. Na cozinha, alimentou-se unicamente com um copo de suco de melancia e quatro biscoitos integrais. Ainda bem que não morava mais com a mãe, senão ouviria queixas e advertências sobre a má alimentação.

Às seis e vinte em ponto, Nicolas estacionava seu carro em frente à delegacia. Ainda estava bastante escuro, e quando o investigador saiu do veículo, o vento gélido pareceu cortar sua face. Nicolas acelerou os passos e soltou um suspiro de alívio ao entrar na delegacia e sentir o ar levemente aquecido do sistema de calefação. A temperatura caíra bastante em relação aos dias anteriores e aquele dia prometia ser bem frio.

Na recepção, Nicolas avistou Moira, uma policial séria e compenetrada, que também trabalhava na delegacia. Era jovem e muito bonita, mas Nicolas não se lembrava de quando a vira sorrir pela última vez, se é que ela sorria. Moira usava um agasalho reforçado com o brasão da polícia estampado no braço e fios de cabelos loiros escapavam de seu boné cinza.

— Bom dia, policial Moira! Sabe se Mike e o delegado já chegaram?

— Bom dia! Sim, eles acabaram de entrar e já estão à sua espera na sala do doutor Elias — informou Moira com voz polida e neutra.

— Obrigado — agradeceu Nicolas, dirigindo-se à sala do delegado.

— Senhor Bartole... — chamou Moira e dessa vez sua voz soou hesitante.

— Sim? — ele voltou-se para ela.

— Eu poderia lhe fazer uma pergunta... íntima? — indagou a policial, parecendo tímida por alguns segundos.

— Familiar? Claro, o que deseja saber?

— É sobre seu irmão... ele não está mais na cidade, certo?

— Willian mora no Rio de Janeiro com minha mãe e minha irmã caçula. Eles vieram no mês passado apenas para conhecer a cidade e meu novo apartamento. Por que a pergunta, Moira?

Um leve rubor coloriu as bochechas de Moira. Ela esperava que Nicolas não percebesse que ela se sentira um pouco atraída pelo irmão dele durante uma quermesse, quando o conhecera. Esperava que fosse apenas um interesse tolo e passageiro, mas surpreendeu-se pensando em Willian a todo instante depois que ele partira. Ouvira comentários de que ele era surfista e que trocava de namoradas como trocava de pranchas de surfe. Moira sabia que deveria esquecê-lo, já que viviam em mundos totalmente distintos, mas isso estava se mostrando uma tarefa bastante complicada.

— Apenas por curiosidade. Perdoe-me a indiscrição — desculpou-se Moira, empertigando-se como se estivesse prestando juramento à bandeira nacional.

Nicolas apenas sorriu e se afastou sem responder. Sabia que Willian ficaria muito satisfeito, se soubesse que despertara interesse na discretíssima policial.

Ao entrar na sala do delegado, Nicolas esqueceu-se completamente de Moira e de Willian. Era preciso mergulhar de cabeça no trabalho. O assassino deixara um recado bastante claro de que haveria novas mortes. O investigador pretendia prender o indivíduo antes que outra pessoa perdesse a vida.

Elias segurava a relação dos clientes da academia, e Mike, em pé e bem agasalhado, fazia um esforço sobre-humano para não bocejar.

— Conforme o combinado, farei uma busca em todas as marcenarias da cidade. Não deve haver muitas. Talvez consigamos alguma coisa, se seguirmos por esse caminho — iniciou Elias, logo após cumprimentar Nicolas. — Assim que cheguei aqui, entrei em contato com o chefe dos peritos. Ele disse que a pomba de madeira nos será devolvida hoje com os devidos resultados da análise. A doutora Ema telefonou há poucos minutos e pediu que, até o final da tarde, você ou eu passe no necrotério, pois ela dará um posicionamento sobre o corpo de Tamires.

— Certo. Quero analisar essa lista de clientes e também a relação que o Mike conseguiu, na qual está registrada a entrada e a saída dos frequentadores da academia nos horários próximos ao momento do crime — informou Nicolas. — E assim que terminar, vou conversar com um sujeito chamado Lucas. Segundo a avó da vítima, ele era o atual namorado de Tamires e vinha causando alguns problemas à moça. Ele terá que me provar onde estava na tarde de ontem.

— E eu? — perguntou Mike, piscando os olhos com força para mantê-los bem abertos. — O que devo fazer?

— Se possível, poderia desenhar um mapa com a estrutura da *Músculos & Beleza*? — solicitou Nicolas. — Claro que eu poderia pedir isso a Edna e tenho certeza de que ela não me negaria, mas só quero voltar a procurá-la no momento oportuno.

Enfiando a mão no bolso da jaqueta, o investigador apanhou um papel dobrado e o estendeu a Mike.

— Este é o endereço do tal Lucas. Antes de ir até lá, quero saber se é um endereço comercial ou residencial. Por isso, Mike, quero que você vá ao local imediatamente e retorne com a informação o quanto antes.

— Sim, senhor — respondeu Mike, fazendo continência.

— Só uma dica... — avisou Nicolas, antes que o gigante negro deixasse a sala. — Tomar um pouco de café ajuda a espantar o sono.

Mike apenas balançou a cabeça e saiu da sala rapidamente, bocejando com vontade assim que se viu sozinho.

Nicolas não descobriu nada interessante nas fichas dos clientes, exceto dois nomes que lhe chamaram a atenção: Oscar Teixeira e Juvenal dos Anjos. O primeiro era marceneiro e o segundo escritor. Nicolas anotou o endereço de ambos e se programou para visitá-los à tarde.

Por volta das oito horas da manhã, Mike já estava de volta, com um sorriso de orelha a orelha nos lábios. Nicolas supôs que ele tivesse algo importante a relatar.

— Bartole, o senhor tem apenas uma chance para acertar: o endereço desse tal de Lucas é comercial ou residencial?

— Comercial? — apostou Nicolas.

— Na verdade, o endereço é as duas coisas. Embaixo, fica a loja; em cima, a residência. Agora tente adivinhar qual é o ramo de trabalho dele.

— Não estou com tempo para enigmas, Mike — cortou Nicolas, mas, ao notar que o sorriso do policial pareceu perder o brilho, ele completou: — É uma marcenaria?

— Quase isso, Bartole. É uma carpintaria. E eu descobri que o dono é o pai do Lucas — Mike coçou a cabeça com expressão confusa no rosto. — Um marceneiro e um carpinteiro não fazem a mesma coisa?

— Um marceneiro é um artesão capaz de transformar a madeira em um utensílio, um objeto de arte, em móveis, entre outros. Já o carpinteiro faz trabalhos mais pesados, como casas, portas de madeira e por aí vai.

— Vejam só! Bartole também é cultura! — brincou Mike.

— Contudo, existem marceneiros que sabem fazer o trabalho de um carpinteiro e vice-versa. Desta forma, a loja do pai de Lucas não está descartada de forma alguma. Aquela pomba de madeira foi um trabalho realizado por um especialista. Acredito que seja um item vendido sob encomenda. Se encontrarmos o local onde o assassino a adquiriu, pegamos o cara.

— E se foi ele mesmo quem a produziu?

— Pode ser, no entanto acredito mais na primeira hipótese. É um objeto bastante trabalhoso de ser produzido. Ele poderia ter usado algo mais simples, como uma caixinha de madeira para colocar o recado — refletiu Nicolas. — A pomba branca com as asas abertas remete ao símbolo da paz, ao Espírito Santo ou a algo do gênero.

— E o haltere que ele usou para matar Tamires? Será que foi ao acaso? — indagou Mike, satisfeito em ver como o raciocínio de Nicolas funcionava rápido. Ansiava poder ser como o investigador um dia.

— Nada foi ao acaso nesse crime. Ele pode ter usado o haltere, por ser um objeto facilmente encontrado em uma academia. O haltere nos remete a peso e a pomba nos remete à leveza. Percebe que há um contraste entre os dois objetos, se analisarmos sob tal ponto de vista?

— Arre égua, Bartole! Seu cérebro trabalha a mil por hora. Como consegue?

— Experiência, eu acho. Vou deixar essas nossas divagações em aberto. Espero encontrar esse Lucas e o pai dele. À tarde, vou atrás de dois clientes da academia, que estavam no local no momento do crime. Você vai ficar por aqui, Mike. Mantenha-se a postos, para o caso de eu precisar de você.

— Com certeza, Bartole, com certeza. Precisou, o Mike chegou.

Nicolas ignorou a piadinha sem graça do policial e pediu algumas informações a ele sobre como chegar ao endereço de Lucas. Momentos depois, já estava dirigindo rumo à casa do seu principal suspeito.

Capítulo 6

A loja já estava aberta quando Nicolas chegou. Chamava-se *Madeira de Lei*, nome que o investigador achou nada original. Ao entrar, o cheiro forte de madeira e de tinta fresca atingiu suas narinas. Atrás de um balcão envernizado, Nicolas avistou um senhor careca, que usava uma grossa blusa de moletom e estava vendendo duas molduras de madeira trabalhada para uma cliente.

— Só um momentinho que já atenderei o senhor — ele dirigiu a Nicolas um sorriso amável.

A cliente apanhou as molduras e cumprimentou Nicolas com a cabeça, enquanto o homem passava o cartão de crédito na maquininha. Nicolas retribuiu com um sorriso discreto.

— Aqui está seu comprovante — junto com o cartão, o homem esticou um papelzinho azul para a cliente. — Qualquer coisa que precisar, pode me telefonar. Tenha um bom dia!

A mulher agradeceu, acenou para Nicolas e saiu. O senhor careca dirigiu um olhar de extrema simpatia ao investigador.

— Desculpe-me por fazê-lo esperar. Procura alguma peça específica de madeira?

— Sim, eu gostaria de algo exótico para presentear minha namorada — devolveu Nicolas, colocando ambas as mãos sobre o balcão. — Ela gosta muito de aves, pássaros... Queria saber se o senhor poderia criar algo assim... uma pomba, talvez.

— Eu ficaria extremamente feliz em poder ajudá-lo, mas peças de arte não são meu forte. O senhor pode falar com Lucas. Meu filho é um excelente marceneiro — respondeu o homem, sempre sorrindo amavelmente.

— E ele está aqui? — quis saber Nicolas.

— Sim, está lá em cima. Vou chamá-lo e...

— Eu poderia subir e conversar com ele? — tornou Nicolas, sacando e exibindo a identificação policial. — Sou investigador de polícia.

O sorriso amável e simpático do homem desapareceu em meio segundo. Em seu lugar, surgiu uma expressão seca e azeda.

— O que deseja com meu filho? Ele não deve nada à polícia.

— Só preciso ter essa certeza também — retrucou Nicolas. — E então? Vai me deixar subir ou não?

— Claro que não. Sou o pai dele e exijo saber o que quer falar com Lucas. O senhor pode estar armando uma arapuca para ele.

— Como se chama, senhor?

— Francisco — o homem respondeu de má vontade.

— Senhor Francisco, quero lhe esclarecer três coisas. Em primeiro lugar, o senhor não está no direito de exigir nada, pois seu filho pode estar envolvido na minha investigação. O máximo que pode fazer é chamar seu advogado, para que ele assista ao interrogatório. Em segundo, não preciso armar arapucas para cima de ninguém. Normalmente, é o contrário que acontece. São as pessoas que tentam me enganar, para tentar escapar das obrigações e responsabilidades. E em terceiro, aviso que minha paciência não pode ser posta à prova, como faz com suas madeiras.

Francisco ia retrucar, quando ouviu passos se aproximando. No instante seguinte, um jovem atraente surgiu pela porta dupla atrás de Francisco.

— Que discussão é essa, pai? Quem é esse cara? — o rapaz perguntou, olhando para o investigador com cara feia.

— Esse cara é da polícia — devolveu Nicolas, ainda com sua identificação na mão. — Preciso falar com você. Vai ser aqui embaixo, junto com seu pai, ou prefere lá em cima?

— Já disse que o senhor não vai falar nada com meu filho — interrompeu Francisco. — Lucas, telefone para a doutora Alessandra.

Nicolas conteve a raiva, enquanto via o rapaz ligar para a advogada. Ao finalizar a ligação, Lucas alertou com voz debochada e provocativa:

— Ela está vindo para cá e me disse para não responder nenhuma pergunta antes de sua chegada.

A advogada levou quinze minutos para aparecer. Tinha os cabelos esbranquiçados e atirados às costas, o nariz era curvo, e usava um casaco preto que descia quase até o chão. Nicolas pensou que se ela segurasse uma maçã pareceria com as bruxas de contos infantis.

— O que deseja com meus clientes, senhor...?

— Nicolas Bartole — ele apertou a mão pequena e macia que a advogada lhe estendeu. — Preciso fazer algumas perguntas ao senhor Lucas.

— Diga-me de forma mais detalhada o motivo de meu cliente estar sendo interrogado pela polícia — exigiu Alessandra.

O que restava da paciência de Nicolas desceu pelo ralo.

— A namorada do senhor Lucas, Tamires Tavares, foi assassinada na manhã de ontem. Ele precisa me dizer onde estava nesse horário e provar o que me disser.

Nicolas notou que Lucas empalidecera, embora seu pai não parecesse muito assustado com a notícia. A advogada manteve no rosto uma expressão impassível.

— Disse que Tamires... morreu? — gaguejou Lucas. — Como? Quero saber como ela morreu!

— Foi morta na academia que frequentava — explicou Nicolas. — Foi vítima de diversos golpes na cabeça.

— Está insinuando que meu cliente tenha feito isso, senhor Bartole? — questionou Alessandra com voz gelada. — É um despautério pensar que ele...

— Onde esteve ontem pela manhã, Lucas? — perguntou Nicolas, ignorando o tom frio da advogada.

— Eu... estava dormindo. Meu pai pode confirmar.

— Posso mesmo — ajuntou Francisco, irritado. — Meu filho costuma dormir até mais tarde aos domingos. Ele não poderia estar em dois lugares ao mesmo tempo, concorda?

— Se ele estivesse mesmo dormindo, realmente não poderia — provocou Nicolas.

— Que falta de profissionalismo, senhor Bartole! — interferiu Alessandra indignada. — Está induzindo meu cliente a...

— Junto ao corpo da vítima, havia uma pequena pomba branca de madeira, com o interior oco — explicou Nicolas, cortando a advogada mais uma vez. — Ela ainda não foi devolvida pela perícia, mas, quando estiver comigo, posso trazê-la, se ajudar em algo. Preciso saber se vocês produzem algo do gênero..

— Não — respondeu Lucas com a voz trêmula e sumida.

— Ah, não? Engraçado que, há alguns minutos, ouvi seu pai dizer que você é um excelente marceneiro e que poderia confeccionar uma ave de madeira, se eu pedisse.

Francisco olhou friamente para Nicolas. Aquele investigador com sotaque carioca era um tipo atrevido.

Alessandra colocou a mão levemente sobre o ombro de Nicolas e argumentou:

— Senhor Bartole, eu realmente lamento muito pela vítima, principalmente pelo fato de que ela namorava meu cliente. Por outro lado, eu afirmo que Lucas não matou ninguém. Está perdendo seu tempo aqui. Sei que fez um excelente trabalho naquele caso das crianças no mês passado, mas foi um golpe de sorte. A polícia do Brasil não é tão boa assim. Muitos crimes permanecem sem solução e os assassinos escapam impunes. Duvido que o senhor consiga solucionar todos os casos ao longo de sua vida. O que houve com essa moça foi uma fatalidade. É claro que o senhor pode achar o culpado, mas, se não conseguir, de nada adianta tentar incriminar Lucas ou outros inocentes. Percebi que o senhor está desorientado e sinto muito por isso.

Os olhos de Nicolas, de um forte tom azul-escuro, brilharam como lâminas afiadas.

— A única desorientada aqui é a senhora, doutora. Como policial, pretendo honrar meu trabalho e promover justiça às vítimas e aos familiares delas. Se a senhora não é capaz de confiar em meu potencial como investigador ou se não consegue acreditar no trabalho da polícia brasileira, fazendo pouco do assassinato de uma jovem inocente, creio que é melhor rasgar seu diploma. A senhora não serve para advogar.

Alessandra empalideceu. Lucas e Francisco trocaram um olhar de espanto diante da resposta rascante de Nicolas.

— Isso é uma afronta! — Alessandra colocou-se em posição de batalha. — Vou processá-lo por injúria e calúnia. O senhor arranhou minha dignidade pessoal e profissional.

— Antes mesmo de pensar em fazer isso, doutora, a senhora estará presa por atrapalhar uma investigação policial — Nicolas abriu um sorriso que fez a advogada gelar. — Uma pessoa está morta, e o assassino está desaparecido. Em momento algum, eu acusei seu cliente de coisa alguma e creio que a senhora seja suficientemente inteligente para compreender que devo fazer a ele quantas perguntas forem necessárias — Nicolas olhou para Francisco e Lucas e continuou: — Tudo ficou claro ou desejam que eu repita?

Depois de alguns segundos de silêncio, Alessandra respondeu contrariada:

— Está certo. É melhor conversarmos lá em cima. E tome cuidado com o que perguntará ao meu cliente, senhor Bartole.

— Muitíssimo agradecido por sua prestimosa colaboração, doutora Alessandra — tornou Nicolas, sarcasticamente.

Lucas fez um gesto para que o acompanhassem pelos fundos da loja e subissem uma escada de madeira, que saía exatamente na sala de estar da casa. O rapaz indicou algumas cadeiras almofadadas, e, depois de todos terem se acomodado, Nicolas perguntou:

— Há quanto tempo você e Tamires namoravam?

— Ia completar seis meses na próxima semana — replicou Lucas, olhando fixamente para Nicolas. — Eu a amava muito e até agora não consigo acreditar no que aconteceu.

— Como era o relacionamento entre vocês?

— Normal, do jeito que deve ser. De vez em quando, nós brigávamos como qualquer casal de namorados briga, mas logo fazíamos as pazes — Lucas baixou o olhar para o piso e afirmou: — Eu amava Tamires.

— Obtive a informação de que ela pretendia terminar o namoro. Pode me dizer o motivo? — questionou Nicolas, observando cada expressão no rosto do rapaz.

— Se foi a avó dela quem disse isso para você, saiba que é tudo mentira. Aquela velha nojenta me detestava e ficava criando empecilhos. Tamires gostava de mim, independente do que a velha pensava sobre nós — Lucas olhou para Alessandra e tornou a fitar Nicolas. — Ela me odiava, porque tinha ciúmes da neta. Como era Tamires quem cuidava dela, ela achava que, se um dia nos casássemos, a neta a abandonaria. Por isso, inventava historinhas para nos separar. Tamires nunca quis terminar nosso namoro. Pelo contrário! Já falávamos até em nos casar no próximo ano.

Nicolas sabia que Isaura podia estar dizendo a verdade, mas o que Lucas lhe dizia também fazia sentido. O próprio Nicolas já enfrentara ciúme familiar. Sua mãe não conseguia aceitar que ele tivesse uma namorada. Afastara todas as moças de quem ele gostava e não se dera bem com Miah quando a conheceu.

— Você conhecia os amigos de Tamires? Sabe se ela tinha algum desafeto, alguém que quisesse fazer mal à sua namorada?

— Ela tinha poucos amigos justamente por conta da avó, que ficava monitorando todos os seus passos. Eu conheço todos os amigos de Tamires e garanto que nenhum deles teria motivos para fazer uma atrocidade dessas... menos um.

— Menos um o quê? — indagou Nicolas.

— Rafael Macedo, o ex-namorado dela. Tamires terminou com ele algumas semanas antes de começarmos a namorar. Ele nunca criou caso e até me tratava bem, mas eu percebia, pelo modo como olhava para Tamires, que ele não aceitou o fim do namoro. Ele a queria de volta, tenho certeza disso. E como não conseguiu, pode tê--la matado por vingança.

— Esta é uma acusação muito séria, Lucas — informou Nicolas, pensando no nome informado, que não lhe soou estranho.

— Cuidado com suas palavras, Lucas — aconselhou Alessandra.

— É verdade. Não tenho certeza de nada, mas acredito que ele é a única pessoa que poderia matá-la, por ciúmes e despeito.

De repente, Lucas se calou, e Nicolas percebeu que ele estava pensando em alguma coisa.

— Mas é claro, senhor. Faz todo o sentido. Ele procurou um marceneiro, para encomendar a tal pomba branca de madeira com o propósito de me incriminar, já que ele conhecia meu ramo de trabalho. E funcionou, já que o senhor está aqui.

— Sabe onde esse rapaz mora?

— Sei. Ele mora no centro, a duas quadras da academia.

— Você saberia dizer se ele também frequentava a *Músculos & Beleza*? — inquiriu Nicolas, recordando-se de que vira o nome do ex-namorado de Tamires na listagem que Edna lhe entregara.

— É óbvio que sim. Ele já a frequentava antes de namorar Tamires. Foi lá que eles se conheceram. Mesmo que Tamires me garantisse que não sentia mais nada por Rafael, confesso que eu sentia ciúmes por saber que eles ficavam juntos quando iam para lá. Mas Tamires dizia que ele estava namorando outra garota e que agora eram apenas bons amigos.

Nicolas encarou Lucas por alguns segundos sem responder. Da mesma forma que Rafael poderia ter matado Tamires por ciúmes, Lucas também poderia. Ele tinha um álibi fraco e pouco convincente. O investigador sabia que era cedo para tirar conclusões.

— Sabe onde Rafael trabalha? — prosseguiu Nicolas, fazendo algumas anotações em um bloco de papel que apanhara do bolso da jaqueta.

— Sim, ele trabalha no *Clube Quatro Luas*. Fica na saída da cidade, no sentido de quem vai para Ribeirão Preto.

"Um clube é uma área de lazer", refletiu Nicolas, lembrando-se da última frase da mensagem do criminoso: "Agora estou indo para a área de lazer". Deveria ser o lugar onde ele pretendia assassinar a próxima vítima.

— Muito obrigado pelas informações, Lucas. Peço que permaneça na cidade e à disposição da polícia até o encerramento do caso. Poderia me informar o endereço do *Clube Quatro Luas* e também da residência de Rafael?

Lucas obedeceu, e, pouco depois, Nicolas se despediu, agradecendo a atenção da advogada, que ainda o olhava com desprezo. Instantes depois, ele entrou em seu carro e acionou o rádio de comunicação.

— Elias? — chamou.

— Sim, Bartole, pode falar — soou a voz do delegado.

— Acabei de interrogar um dos suspeitos. Apesar de ter um álibi fraco, ele me deu um novo direcionamento. Estou indo atrás de um clube chamado *Quatro Luas*. Preciso interrogar outro suspeito no local e de lá seguirei para minha residência para almoçar. Na volta, vou procurar dois homens que destaquei na relação dos clientes da *Músculos & Beleza*.

— Está certo. Boa sorte e tomara que descubra algo interessante — desejou Elias.

Nicolas agradeceu e encerrou a ligação. No exato instante em que parou diante do semáforo, seu celular tocou.

— Sim?

— Nicolas, meu filho, está me ouvindo? — gritou Lourdes. A voz da mulher saiu tão alta e estridente que Nicolas teve a impressão de que sua mãe estava sentada no banco traseiro do seu carro.

— Estou ouvindo, mãe. Só não precisa gritar. Ainda ouço muito bem — retrucou Nicolas, mudando a marcha do carro para acelerar. — Estou no trânsito. Se não for nada importante, me telefone em casa, à noite.

— É muito importante, sim — garantiu Lourdes.

— Willian e Ariadne estão bem? — Nicolas logo pensou nos irmãos.

— Sim. Ariadne começou a trabalhar ontem numa loja de roupas, mas no final da tarde foi despedida. Willian arrumou confusão com uns briguentos na orla de Copacabana e está com o nariz inchado. Fora isso, está tudo bem.

— O que quer me falar de tão importante?

— Preciso saber se você e Marian virão para meu aniversário no próximo sábado. Estou planejando uma festa de arromba e, se meus filhos mais velhos não vierem, vou chorar por três dias. E quando minhas lágrimas secarem, vou aí dar uma surra nos dois.

Nicolas não sabia se ria ou se ficava zangado. Lourdes parecia não ter escutado que ele estava no trânsito e que não gostava de dirigir usando apenas uma mão. Foi quando teve uma ideia para encerrar a ligação mais depressa.

— É claro que nós vamos. Miah vai adorar conhecer o Rio de Janeiro — provocou Nicolas, sorrindo.

— Miah? Você ainda está namorando aquela magricela de cabelos mal cortados? Não acredito nisso.

— Mãe, eu amo Miah. E quando duas pessoas se amam, o namoro não acaba. Pelo contrário, pode até virar casamento.

— Casamento? — gritou Lourdes, arrepiando-se até a alma. — Isso é uma blasfêmia! Não quero que se case com essa repórter de quinta categoria.

— Nenhuma namorada minha vai ser perfeita para você, mãe. E não comece a falar mal de Miah. Se continuar assim, Marian terá que ir sozinha ao seu aniversário.

— Santo Deus, em que mundo vivemos? Meu filho quer deixar a própria mãe entregue à sorte, para ficar ao lado de uma desconhecida. Eu que o criei, eu que o amamentei, eu que...

Nicolas encerrou a ligação, cortando as queixas de Lourdes. Ainda estava rindo, quando freou em um cruzamento e um sedan preto quase colidiu por trás com o seu carro. O investigador não chegou a sentir nenhum impacto. Apenas viu pelo espelho retrovisor que o motorista saltou do carro e foi conferir prováveis danos. Em seguida, o homem aproximou-se de Nicolas e fez um gesto com a mão pedindo que ele abaixasse o vidro.

— Bateu? — perguntou Nicolas, descendo o vidro.

— Por pouco. Poderia ter danificado toda a frente do meu carro, sabia? — bradou o motorista. — Parece que não sabe dirigir, cara. Comprou sua carta de motorista na banca de algum camelô?

Nicolas estava com pressa para chegar ao clube o quanto antes, mas não ia seguir em frente sem devolver os desaforos ao motorista encrenqueiro.

— Normalmente, quando o semáforo está vermelho, devemos parar o carro. Foi o que eu fiz. Não tenho culpa se o senhor não enxergou meu veículo. A culpa não é minha se o senhor esqueceu seus óculos em casa — insultou Nicolas.

— Se você tivesse estragado meu carro, eu chamaria a polícia — contestou o motorista, vermelho como um pimentão.

— Seu trabalho seria facilitado, porque eu sou da polícia — rebateu Nicolas, sentindo vontade de rir.

O motorista pareceu refletir sobre a informação. Como Nicolas não apresentou nenhum documento comprobatório, ele deu de ombros e argumentou:

— Não tenho medo de polícia, muito menos de um barbeiro como você.

— Ah, não tem medo? — Nicolas puxou o rádio do bolso e entrou na frequência das viaturas. Assim que um policial abriu o chamado, ele continuou: — Aqui é o investigador Nicolas Bartole. Estou na Avenida Principal, próximo a uma mercearia, seguindo na direção da Rodovia Anhanguera. Há um motorista aqui que está criando problemas no tráfego. Preciso de uma viatura até o local com urgência.

O motorista empalideceu e abriu a boca como se não pudesse mais respirar pelo nariz. No minuto seguinte, ouviu-se o som de uma sirene se aproximando. Da patrulhinha saltaram dois policiais.

— Caramba, vocês são rápidos! — elogiou Nicolas. — Este homem está com dificuldades para dirigir e vai precisar da ajuda de vocês — olhou para o motorista petrificado e abriu um sorriso caloroso. — Se continuar tendo problemas no trânsito, eu o aconselho a procurar uma autoescola.

Sem ouvir resposta, Nicolas tornou a entrar em seu carro e partiu dali a toda velocidade.

Capítulo 7

Nicolas parou o carro diante da entrada esplendorosa do *Clube Quatro Luas* e saltou em seguida. Logo na recepção, avistou cartazes com fotos de todas as dependências do local. Um panfleto sobre o balcão trazia informações sobre os benefícios que o clube oferecia aos sócios e aos visitantes.

— Preciso falar com o senhor Rafael Macedo — pediu Nicolas à simpática recepcionista do clube, mostrando sua identificação policial.

— Um momento, por gentileza — ela trocou algumas palavras com alguém por um comunicador interno e depois se voltou para Nicolas. — Ele está no setor das piscinas aquecidas e vai atendê-lo. Pode seguir por aquele corredor e virar duas vezes à esquerda. As saunas ficam próximas aos toboáguas.

Nicolas agradeceu a informação, presenteando a jovem com seu sorriso. O mesmo sorriso que fizera Miah apaixonar-se por ele. O investigador, então, seguiu pela direção indicada, cruzando com algumas pessoas em traje de banho até avistar a entrada para as piscinas aquecidas. Nicolas passou por um balcão com várias toalhas brancas cuidadosamente dobradas e parou diante de uma sequência de portas.

Trajando uma sunga minúscula, um rapaz jovem, com o corpo exageradamente malhado, aproximou-se. Nicolas teria rido da imagem que tinha diante de si, não fosse a urgência da situação. O rapaz sorriu, mostrando um *piercing* colado em seu dente.

— Sou Rafael. O senhor é da polícia, certo? — ele esticou a mão para cumprimentar Nicolas.

— Sim, sou investigador e preciso de algumas informações suas. Agradeceria se pudesse se vestir — tornou Nicolas, mantendo a seriedade no rosto.

— É que o senhor me tirou do meio de uma aula de hidroterapia. Meus alunos continuam me aguardando — explicou Rafael.

Como Nicolas continuava em silêncio, ele enrolou uma toalha na cintura.

— Assim está melhor?

— Ver homens em trajes menores não é um colírio para meus olhos — destacou Nicolas. — Vamos diretamente ao assunto que me trouxe aqui. Não sei se é do seu conhecimento que Tamires Tavares, sua ex-namorada, foi assassinada na manhã de ontem na *Músculos & Beleza*, academia que ela frequentava.

A palidez cobriu o rosto de Rafael e o susto pareceu ser verídico, porém Nicolas era treinado o suficiente para não se deixar convencer por isso.

— Tamires? Como? Meu Deus...

— Ela sofreu diversos golpes na cabeça, e o culpado não foi identificado ainda. Gostaria que me dissesse, Rafael, onde estava na manhã de ontem, mais precisamente entre onze horas e meio-dia.

Rafael apoiou-se numa das portas que davam acesso às piscinas e levantou a mão para enxugar o suor da testa. Nicolas notou que, apesar da palidez, a mão de Rafael não tremia, estava firme.

— O senhor veio aqui atrás de um álibi, e eu não tenho nenhum. Ontem foi minha folga e fiquei em casa. Até pretendia passar na academia, mas a preguiça tomou conta de mim e não saí da cama.

— Alguém pode confirmar o que está dizendo?

— Não. Eu moro sozinho.

— Como você reagiu quando Tamires terminou o namoro? E o que pensava do relacionamento de sua ex-namorada com Lucas?

Rafael, que fitava o chão, ergueu o olhar e um brilho de revolta surgiu em seus olhos castanhos. Ciúme, despeito e raiva podiam ser notado neles. Nicolas observava o rapaz atentamente.

— Aquele Lucas é um idiota. Roubou minha namorada.

— Roubou?

— Claro que sim! Ele sempre esteve de olho nela e aposto que faria qualquer coisa para nos separar. E fez. Tanto falou na cabeça de Tamires que ela terminou comigo para ficar com ele. Tamires me amava. Teríamos sido felizes se aquele imbecil não tivesse intervindo.

— Se ela o amava tanto, não teria dado ouvidos a Lucas e terminado o namoro, não acha?

Rafael não respondeu. Em vez disso, perguntou:

— Como disse que ela morreu?

— Alguém a golpeou com um pesado equipamento de ginástica. As câmeras de seguranças filmaram o indivíduo, que estava disfarçado e conseguiu fugir sem ser reconhecido.

— Quem disse ao senhor que Tamires namorou comigo? Aposto que foi Lucas — vendo Nicolas assentir, Rafael bufou e sua toalha escorregou para o chão. Ele não se deu ao trabalho de apanhá-la, pois começou a andar em círculos como uma fera enjaulada. — Foi ele quem a matou. Aposto minhas fichas nisso. Tamires havia me contado na semana passada que terminaria o relacionamento. Lucas é ciumento e não aceitou a decisão. Como vingança, ele a matou. O que espera para prendê-lo, investigador?

Nicolas sabia que aquele era um caminho sem saída. Lucas acusava Rafael e vice-versa. Estava claro que ambos estavam ressentidos com Tamires. O primeiro fora abandonado e o segundo também teria sido, se tivesse havido tempo. E alguém, movido por ódio e rancor, matara Tamires.

— O senhor tem namorada, Rafael?

— Sim, ela está lá na sauna. Devo chamá-la?

— Eu gostaria de falar com ela, se possível — pediu Nicolas.

Rafael obedeceu e em menos de dois minutos voltou acompanhado de uma loira curvilínea, que trajava um biquíni que serviria em uma boneca. Era linda e tinha o corpo tão escultural quanto o do namorado.

— Esta é Nickita, minha namorada.

— Nickita? — repetiu Nicolas estranhando o nome.

— Na verdade é Nicole Juanita, mas, como não gosto de meu nome, prefiro ser chamada de Nickita. Rafael me contou que mataram Tamires na academia ontem. Estou chocada.

— Há quanto tempo a senhorita namora Rafael?

A moça olhou rapidamente para o namorado e explicou:

— Na verdade, só estamos ficando. Sabe como é... rolam uns beijos, algumas transas ocasionais. Não chega a ser propriamente um namoro, mas começamos a ficar há uns quinze dias.

— A senhorita sabe onde seu namorado estava na tarde de ontem?

— Na casa dele, assim como eu estava na minha. Minha mãe pode garantir que eu estava lá.

Nicolas fez uma pergunta que, para o casal, soou bastante estranha:

— Nickita, você a achava Tamires uma mulher bonita?

A moça tornou a olhar para Rafael, apertou os lábios e revelou:

— Ela era linda e tinha um namorado. Eu sei que ela e Rafael namoraram há um tempo, mas não sentia ciúmes dos dois, se é o que deseja saber.

— Garanto ao senhor — tornou Rafael — que nós dois não teríamos coragem de atingir a cabeça de Tamires com um haltere.

— Como sabe que a arma usada no crime foi um haltere, se eu não disse nada a respeito? — sondou Nicolas, enquanto seus olhos azuis escuros acompanhavam os mínimos detalhes.

— O senhor disse que a arma usada no crime era um equipamento pesado. Em uma academia, o que há de mais pesado e possível de se manejar é um haltere ou uma anilha — respondeu Rafael. — Agora pode nos liberar, senhor? Meus alunos não podem esperar tanto tempo. Eles pagam por isso.

— Está certo. Só peço que ambos permaneçam na cidade até o término da investigação.

— Somos suspeitos? — assustou-se Nickita.

— Para que eu os veja como inocentes basta provarem — devolveu Nicolas, acenando em despedida.

O percurso de retorno foi tranquilo. Nicolas seguiu para seu apartamento e, assim que entrou em casa, um delicioso aroma de carne temperada agradou seu olfato. Ele colocou o revólver dentro da gaveta da escrivaninha e caminhou até a cozinha.

— O que minha doce irmã está preparando de bom? — brincou Nicolas, virando a cabeça para o lado ao ver que Marian não estava sozinha. Enzo Motta, o médico que trabalhava a serviço da polícia, estava sentado à mesa e sorria. — Meu querido Enzo, aposto que veio filar a boia como eu!

Enzo se levantou e abraçou Nicolas efusivamente. Era um rapaz jovem, que devia ter seus trinta anos. Era alto e forte e tinha olhos verdes e cabelos castanhos lisos, sempre penteados para trás. Era um homem atraente e também um excelente profissional na área da medicina.

— É um prazer imenso revê-lo, Nicolas! Marian tinha me convidado para almoçar aqui hoje. Vou ter que cobrir o plantão da tarde e creio que não voltarei para minha casa antes das três da manhã — disse Enzo, dando de ombros.

— Nossas profissões são, de certa forma, parecidas — observou Nicolas, sorrindo. — Não temos horários para nada, podemos ser chamados a qualquer momento e lidamos com todo o tipo de gente. A única diferença é que você maneja injeções e eu revólveres.

— Como se manejar revólver fosse uma coisa bonita de se contar — criticou Marian, enxugando as mãos no avental.

— E você, irmãzinha? Nem me contou como foi a visita à casa de dona Isaura. Ela ficou mais conformada? — quis saber Nicolas, sentindo o estômago roncar.

— Eu acredito na superação, mas é muito difícil aceitar quando um ente querido falece, principalmente se isso acontece de forma rápida e inesperada — respondeu Marian, colocando luvas para retirar a carne assada do forno.

Ao dizer isso, nem ela nem Nicolas notaram o brilho emotivo que transpassou o olhar de Enzo.

— Hoje, a sobrevivência do espírito é um fato comprovado por meios científicos, inclusive. Cada vez mais, as pessoas desejam ampliar seu conhecimento sobre espiritualidade, mesmo que muitas ainda duvidem daquilo que não estão vendo. Dona Isaura me contou que acreditava em vida após a morte, já que dizia ver frequentemente o espírito de sua irmã por meio de sonhos. E disse também que tudo em que ela acreditava perdeu forças ao saber que a neta fora assassinada — explicou Marian, colocando os pratos e os talheres sobre a mesa.

— Independentemente de crença na espiritualidade, a "perda" de alguém próximo, querido e amado, pode trazer, além da tristeza, muita dor e revolta.

— Por quê? — questionou Nicolas.

— Porque nós fomos treinados pela sociedade para ganhar, mas ninguém nos preparou para perder. É por isso que as pessoas ficam tão desoladas quando acontece uma fatalidade como essa. Como a vida é perfeita, do ponto de vista espiritual, tudo aconteceu para o melhor em relação aos envolvidos, só que essa é uma explicação muito vaga para quem busca uma forma de consolo.

— É um assunto bastante polêmico — tornou Nicolas, aspirando novamente o aroma da deliciosa refeição que Marian preparara.

— São as pessoas que tornam isso uma polêmica. Morrer faz parte da natureza, então é algo natural. O espírito, que anima o corpo humano, retorna para o astral, carregando consigo toda a bagagem de conhecimentos e experiências que adquiriu durante o período em que estagiou na Terra. São as diferentes formas de interpretação que tornam o assunto polêmico.

— Desculpem interferir — inverveio Enzo —, mas não acredito em vida após a morte. Para mim, quem morreu está morto e fim de história. Vivemos aqui para sofrer e ponto final.

Marian sorriu ternamente, tirou uma das luvas e tocou no ombro de Enzo. A moça, então, percebeu que ele estava tenso e que não parecia estar gostando do rumo daquela conversa.

— Enzo, responda sinceramente do fundo do seu coração. Acha mesmo que, ao morrermos, mergulharemos no nada? Aliás, o que seria o nada pra você? Uma escuridão permanente?

— Não sei. Uma espécie de buraco silencioso e triste.

— Se for silencioso, nós continuaremos com nossa percepção de ouvir. Se for triste, ainda teremos sentimentos. Estaríamos vivos, certo?

— Não adianta tentar me confundir, Marian. Nós somos apenas carne, ossos e sangue. Não há nada, além disso. O que você chama de energia vital é o nosso cérebro trabalhando, pensando e agindo. Não há espíritos, não há outras vidas, não há continuação.

Em silêncio, Nicolas apenas acompanhava a interessante discussão. Enzo era médico e, como a maioria dos médicos, pensava apenas na ciência. Marian era uma estudiosa da espiritualidade e acreditava na existência de espíritos. O próprio Nicolas tinha muitas dúvidas sobre o que Marian lhe dizia, contudo sempre procurava aprender um pouco mais.

— Enzo, você realmente crê que nós deixaremos de existir no momento da morte? Que não existe uma força universal regendo nosso planeta? Que não existe um poder desconhecido que comanda nossas ações, inclusive o nosso cérebro?

Enzo abaixou a cabeça e encarou o prato. Aquela conversa o deixava extremamente desgostoso e lhe provocava lembranças, que ele se esforçava para esquecer. Ainda não se sentia preparado para contar tudo a Marian, pois lhe era doloroso demais remexer em velhas feridas. Claro que seria muito bonito se o que ela dizia fosse mesmo verdade. Elas ainda estariam vivas como antes. Clarice rindo com sua risada cristalina, e Aline cantando músicas infantis. Era até possível que elas ainda o amassem como ele as amava.

Entretanto, o acidente é que fora real. Clarice e Aline estavam mortas agora. Nunca haviam voltado para lhe fornecer alguma prova, logo espíritos e vida após a morte eram pura invenção da cabeça de Marian e de outras pessoas, que compartilhavam daquelas ideias estapafúrdias e sem sentido.

— Marian, se não se importa, eu gostaria de dar esse assunto por encerrado — cortou Enzo. — Sei que você gosta desse tema, mas precisa respeitar meu ponto de vista.

Marian apenas concordou com a cabeça, enquanto servia a comida nos pratos. Nicolas olhava de Enzo para a irmã em silêncio.

Enquanto comiam, Nicolas, procurando desviar a conversa para outro rumo, mencionou o telefonema de Lourdes.

— Ela disse que, se nós não formos ao seu aniversário, nos dará uma surra — recordou-se Nicolas. — E você, Enzo, está convidado! Como Miah também irá e é provável que brigue com minha mãe, precisaremos de um médico por perto como medida de segurança.

Enzo riu e procurou se esquecer da discussão anterior. Passaram a falar sobre a viagem que fariam ao Rio no próximo fim de semana.

— Espero concluir esse caso até sexta-feira — atalhou Nicolas. — Assim viajaria mais tranquilo.

— Está falando do caso da academia? — perguntou Enzo. — Fiquei sabendo.

— É esse mesmo. Não vou ter clima para festas, se o criminoso continuar à solta, principalmente pelo fato de que ele ameaçou matar outras pessoas.

— Desde que eu vim trabalhar aqui — tornou Enzo —, nunca vi nada parecido. Nossa cidade era modelo de paz e harmonia. E, de repente, crimes brutais começaram a acontecer. Primeiro, foram as crianças mortas no mês passado... Agora, esse caso da academia. Aliás, até agora não consigo crer que o culpado fosse o próprio delegado.

— Ele trabalhou o tempo inteiro comigo e nunca percebi que ele tinha distúrbios psiquiátricos tão violentos — explicou Nicolas. — Segundo Mike conseguiu descobrir, Oswaldo está em tratamento em uma prisão psiquiátrica em outra cidade. Ainda jura ser um jovem com menos de trinta anos.

— Agora você pode estar lidando com outro louco, não?

— Talvez, Enzo. Penso que a pessoa de agora é sagaz e não exatamente maluca. Oswaldo matava afirmando que estava fazendo um bem a ele mesmo e às crianças mortas. Quem matou Tamires foi movido apenas pela raiva e pela vingança. Há alguém que a detestava a ponto de fazer o que fez. Basta descobrir quem é essa pessoa, embora esse seja o grande problema que tenho em mãos.

Eles continuaram conversando enquanto comiam, e Enzo fazia diversos elogios a Marian sobre seu almoço saboroso. A moça tinha percebido que o médico ficara chateado ao falarem sobre espiritualidade e ficou curiosa em saber o porquê da mudança de humor.

Parada sobre uma banqueta de madeira, Érica olhava fixamente para a mesa. Seus olhinhos azuis brilhavam intensamente, e Marian percebeu que por duas vezes ela passou a língua pela boca.

— Nicolas, divida um pedaço de sua carne com Érica. Veja só como ela está aguardando ansiosamente — notou Marian.

— Tem trabalhado muito, Enzo? — tornou Nicolas, ignorando a irmã.

— Não, até que está tranquilo. Nossa cidade é sossegada, salvo os últimos acontecimentos. Ei, me parece que Marian falou com você — sorriu Enzo.

— Nicolas, cadê a carne da gata? — repetiu Marian.

— Eu vou encerrar esse caso o quanto antes — prometeu Nicolas. — E vamos reestabelecer a paz por aqui novamente.

— Maninho, maus tratos aos animais dá cadeia — cortou Marian, tentando não sorrir. — E não ficaria bem um investigador de nível especial como você parar atrás das grades.

— Quem está maltratando animais?! — fez Nicolas com ar espantado. — Eu amo os animais!

— Prove que os ama, dividindo a carne que está em seu prato com essa linda felina ao seu lado.

Nicolas olhou a gata e estreitou os olhos.

— Isso não é um animal e sim o bicho-papão em carne e osso. Quem disse que ele não existe estava mentindo.

Como resposta, a gata saltou da banqueta diretamente sobre o prato de Nicolas, que a empurrou. Érica escorregou com o prato, que se partiu no chão. Na queda, o copo de suco entornou sobre a calça de Nicolas, que bufou furiosamente.

— Viram só?! Eu não disse que essa gata não valia nada? — reclamou Nicolas, ficando em pé e sacudindo a calça. — Ela me deu um banho e ainda estragou minha comida e meu prato!

— Se você tivesse dividido sua carne com ela, todos estariam em paz agora — provocou Marian. — Eu bem que lhe avisei.

Nicolas saiu da cozinha reclamando em voz alta, enquanto Enzo ria. Era engraçado ver como Nicolas ficava nervoso diante das ações de sua gata de estimação.

— Não repare, Enzo — desculpou-se Marian, enquanto se levantava à procura de uma vassoura e de um pano. — No fundo, Nicolas é apaixonado por Érica. Só que ele ainda não sabe.

Capítulo 8

Como Nicolas havia perdido todo o apetite, trocou de roupa e despediu-se de Enzo e de Marian momentos depois. Daí, ele partiu para a delegacia para saber se Elias tinha novidades.

O delegado mostrou a Nicolas que os peritos haviam acabado de devolver a pomba de madeira com o resultado de sua análise. Era uma peça nova, recém-produzida, e a madeira que fora utilizada em sua produção era de primeira qualidade. Obviamente, não havia impressões digitais na peça, e Nicolas já esperava por isso. Fora tingida de branco há poucos dias, talvez dois dias antes do crime. Certamente, a peça fora adquirida estritamente para ser deixada com o corpo de Tamires, prova de que o assassinato havia sido premeditado, como o investigador também já havia deduzido.

— Vou precisar dela — disse Nicolas, guardando a pequena pomba no bolso da jaqueta. — Estou indo ao encontro de dois clientes da academia, que exercem profissões que podem estar ligadas ao crime.

— Tomara que consiga alguma coisa — desejou Elias. — Vou com Mike à *Músculos & Beleza* mais uma vez. Vamos conversar com o professor de Tamires e procurar outras pessoas que mantinham um contato mais próximo com ela.

— Excelente. Manteremos contato.

Novamente no carro, Nicolas consultou os endereços dos dois clientes da academia, que ele havia destacado como suspeitos. Oscar Teixeira, que era marceneiro, e Juvenal dos Anjos, escritor.

Nicolas começou a interrogar Juvenal, mas, em menos de dez segundos de conversa, o suspeito já estava descartado. Juvenal tinha cerca de oitenta anos, orelhas, bochechas e barriga caídas. Não era de se admirar que houvesse procurado uma academia para tentar recompor a forma física, embora Nicolas duvidasse que ele pudesse obter algum resultado satisfatório. Mal conseguia enxergar agora e confessou que, em tempos de juventude, escrevera mais de dez livros de poemas. Atualmente, queria apenas aproveitar a vida. Nicolas sabia que aquele senhor jamais teria condições de fugir por uma minúscula janela no alto de uma parede.

Já a visita a Oscar Teixeira não fora em vão. Assim que Nicolas entrou em sua loja, avistou diversas peças de arte em madeira de variados estilos. O investigador ficou ainda mais ansioso ao se deparar com um grande tucano colorido, uma bela gaivota branca e um minúsculo pardal em tom pardo numa das prateleiras da loja, todos feitos de madeira.

Oscar era um homem minúsculo e sua cabeça calva mal atingia o peito de Nicolas. Porém, possuía uma voz de tenor, firme e grave. Intimamente, o investigador se questionou sobre o motivo de ele não ter seguido carreira, fazendo bom uso de sua maravilhosa voz, embora fosse clara a sua paixão pela marcenaria.

— Em que eu poderia ajudá-lo, senhor Bartole? — perguntou Oscar, sorrindo, logo após Nicolas ter se identificado. Ao menos, ele não parecia ser ríspido e grosso como o pai de Lucas.

— Creio que já tenha ouvido falar do assassinato que aconteceu na academia *Músculos & Beleza* na manhã de ontem.

— Infelizmente, não. Minha televisão está queimada e ainda não tive tempo de mandar consertá-la. E não gosto de ler jornais — revelou Oscar, desculpando-se.

— O fato é que, ao lado do corpo da vítima, foi deixada esta peça — informou Nicolas, exibindo a pomba branca. — Gostaria que me dissesse quem poderia tê-la produzido.

Oscar revirou a pomba nas mãos e levantou a cabeça para encarar Nicolas. Ele já não mais sorria agora.

— Como eu não poderia reconhecer a própria peça que criei? — confessou Oscar, e um pigarro estremeceu sua voz bem timbrada.

Cada vez mais interessado, Nicolas perguntou:

— O senhor a produziu para quem?

— Foi uma encomenda — acrescentou Oscar. — O pedido foi feito no final de junho, mas eu só consegui entregá-la na semana passada, pois o processo de criação de peças ocas como essa é muito demorado.

— Havia outras pombas iguais?

— Sim. Eram seis no total.

Nicolas sentiu um arrepio na espinha ante aquela informação. O criminoso estaria se preparando para matar mais cinco pessoas?

— Quem as encomendou?

— Eu não saberia dizer o nome do cliente de cabeça, mas posso tentar puxar a informação pelo meu relatório de vendas no sistema. Pode aguardar alguns instantes? Se quiser, pode se servir de café ou chá naquelas garrafas térmicas.

Nicolas olhou para as garrafas, contudo não gostava de chá e vinha evitando tomar café. Adoraria tomar um copo gelado de suco de melancia.

Três minutos depois, o marceneiro fez um gesto para Nicolas se aproximar. Ele apontou para o monitor e balançou a cabeça negativamente.

— Veja só. Não vou poder ajudar muito. A compra foi paga em dinheiro. Na verdade, eu recebi todo o valor do pedido, quando as peças foram encomendadas. Tenho apenas o nome da cliente e o telefone deixado para contato. Como ela não quis nota fiscal, não criei um cadastro.

— E quem é "ela"? — tornou Nicolas.

— Vou abrir a próxima tela. Só um instante, por favor.

Oscar digitou rapidamente no teclado e uma tela azul se abriu. Ele arregalou os olhos, e Nicolas sentiu seu coração falhar ao ver o nome escrito em letras maiúsculas: MIAH FIORENTINO.

———

A porta automática de vidro da sede do Canal local foi aberta para dar passagem a um homem forte e irritado. Ele parou diante do balcão da recepção, e a recepcionista logo o reconheceu:

— Boa tarde, senhor Nicolas! Veio falar com a senhorita Fiorentino?

— Peça que ela me receba aqui na recepção. E diga que é urgente.

A jovem fez o contato e desligou em seguida.

— Ela pediu para lhe dizer que não pode recebê-lo agora, pois está editando uma matéria que irá ao ar em dez minutos. Disse que assim que puder...

— Avise a ela que, se eu não for recebido agora, vou revistar o prédio inteiro atrás dela. Estou falando sério! — ameaçou Nicolas, nervoso e impaciente.

Preocupada, a moça cumpriu a ordem e tornou a falar com Miah. Assentiu com a cabeça e desligou novamente.

— A senhorita Fiorentino disse que é impossível atendê-lo no momento e que... — ela pigarreou e, nervosa, continuou: — É para o senhor deixar de ser chato e mandão.

Nicolas pousou as mãos sobre o balcão, e a recepcionista se remexeu na cadeira, inquieta.

— Em qual andar ela está?

— Sinto muito, senhor, não estou autorizada a...

— Qual é o andar? — repetiu Nicolas em voz baixa e fria.

— Quinto. Por favor, não me coloque em enrascada — pediu a moça, mesmo que ele já estivesse caminhando em direção ao elevador.

O elevador subiu rapidamente. Já no quinto andar, Nicolas olhou atentamente para todos os lados. Não foi difícil reconhecer a cabeleira negra e desfiada por trás de uma parede de vidro. Ela dizia algo para Ed, seu operador de câmera.

Nicolas abriu a porta e a fechou atrás de si. Ed quase caiu da cadeira ao se deparar com o investigador de cabeça quase raspada, lançando um olhar ferino em sua direção.

— Saia — Nicolas ordenou a Ed. — Minha conversa é com ela.

— Fique! — retrucou Miah, olhando para o atônito Ed. — Você é funcionário desta empresa e está em horário de serviço.

— E você acha que eu estou fazendo o quê? — questionou Nicolas. — Procurando estágio aqui?

— Minha matéria irá ao ar em exatamente... — Miah consultou o relógio de pulso — cinco minutos. Se Ed e eu não terminarmos de editar o material, que já deveria estar pronto, seremos demitidos. O que acha?

— Estou aqui como policial e, se não puderem me atender, os dois serão detidos. O que acha? — rebateu Nicolas, ficando mais zangado a cada segundo. Zangado e intrigado em descobrir como Miah conseguia estar mais bonita a cada vez que a via.

Ed, que já estava lívido, pôs-se a tremer. Miah se afastou da quina da mesa onde estava apoiada e se aproximou de Nicolas. Ficaram tão próximos que um pôde sentir a respiração do outro e uma vontade intensa de se beijarem. Fizeram o possível para se controlarem.

Miah conhecia Nicolas há apenas um mês, mas quase podia ler os pensamentos dele através dos pequenos lagos azuis escuros, que eram seus olhos. Encarando-o, percebeu que ele não estava apenas irritado. Nicolas estava transtornado.

— Ed, poderia nos deixar a sós, por favor? — pediu Miah, sem desgrudar os olhos de Nicolas. — Parece que o assunto é importante.

— E a matéria? — Ed estava visivelmente preocupado. — Não vai dar mais tempo.

— Peça para eles reprisarem alguma coisa que já tenha sido transmitida de manhã, afinal eu não ia mesmo aparecer ao vivo — sugeriu Miah.

Ed assentiu, recolheu seus materiais, tentou sorrir para Nicolas e saiu da sala rapidamente.

Quando se viram a sós, o investigador olhou ao redor.

— É neste muquifo que você trabalha? — debochou Nicolas, avaliando a sala com paredes de vidro. — E ainda por cima pode ser vista por todo mundo.

— Não venha me criticar, porque sua salinha naquela delegacia sem futuro, além de bagunçada, mal comporta você e suas tralhas — redarguiu Miah, cruzando os braços. — E se me tirou do meu trabalho para vir falar mal da minha sala...

Nicolas estava impaciente, porém seus olhos não desgrudaram dos lábios entreabertos de Miah. Ele já perdera muito tempo com conversas, por isso achou que desperdiçar mais um minuto beijando aquela boca vermelha e provocante não seria um problema para nenhum dos dois.

Ele a agarrou pela nuca e a trouxe para junto de si, num longo beijo que deixou ambos sem respiração. Quando se desgrudaram, estavam vermelhos e ofegantes, como se tivessem corrido um quilômetro.

— Que legal! — exclamou Miah, ao se refazer. — Antes de meu chefe me demitir, ele vai me perguntar o motivo de minha negligência e terei que explicar que a matéria não foi editada a tempo, porque fui beijada por uma autoridade invasora.

— Você não seria demitida, nem mesmo se saísse dançando nua pelos corredores do Canal local. Você é a melhor repórter da cidade, e eles não vão perdê-la de vista.

— Se depois de um beijo desses, ainda sou tão elogiada, isso significa que vem bomba por aí. E você não me parecia nada amigável quando cruzou aquela porta — percebendo que Nicolas estava tenso e agitado, Miah tentou brincar: — Veio aqui me conceder uma entrevista exclusiva, sem que eu precisasse correr atrás de você?

— Foi você quem encomendou as pombas? — interrompeu Nicolas, olhando-a fixamente.

— Que pombas? Por acaso eu tenho cara de pombeira?

Nicolas analisou-a por alguns segundos. Sabia que, para explicar o motivo de estar ali, teria que compartilhar com Miah parte das evidências que possuía em relação à morte de Tamires. E isso era exatamente o que ela desejava com ansiedade. Por outro lado, se não se abrisse com a namorada, nunca chegaria a lugar algum.

— Preciso que você me responda a uma pergunta, mas antes serei obrigado a adiantar parte de minha atual investigação.

— Uau! — exclamou Miah exibindo um sorriso promissor. — Já estou adorando ver você aqui! Dê-me só um minuto, enquanto preparo meu gravador para nossa entrevista — Miah se virou e caminhou em direção à mesa.

— Isso não é uma entrevista, que coisa! — como Nicolas estava com cara de poucos amigos, Miah voltou até ele e enfiou as mãos nos bolsos da calça. — Nenhuma palavra dita aqui pode ser gravada, entendido?

— Se prefere assim...

Ele baixou o olhar para a calça de Miah e quase rosnou:

— E desligue o gravador reserva, que está no bolso de sua calça.

Revirando os olhos, Miah tirou um pequeno aparelho preto do bolso da calça, desligando-o e colocando-o sobre a mesa de trabalho.

— E agora? Vai me mandar tirar a roupa também?

Nicolas poderia responder com uma sugestão bastante tentadora, se aqueles fossem o momento e o lugar certos para isso. Como era um homem que não gostava de rodeios, o investigador apontou para duas cadeiras e, assim que se sentaram, ele começou:

— Você já deve ter farejado o máximo possível de informações sobre o assassinato da academia, certo?

— Assassinato? — Miah deu de ombros. — Não estou sabendo. Onde foi mesmo?

— Vou fingir que não ouvi essa tolice — continuou Nicolas. — Ao lado do corpo da vítima, foi encontrada uma pequena pomba branca de madeira — Nicolas enfiou a mão no bolso da jaqueta e pegou o pequeno objeto, entregando-o a Miah. — Como você pode ver, ela é oca. Havia um bilhete aí dentro.

    Miah revirou a pomba na mão, exatamente como Oscar, o marceneiro, fizera. Ergueu seus olhos cor de mel para Nicolas e apostou:

    — Trabalho de um excelente marceneiro.

    — Correto. É por isso que estou aqui — afirmou Nicolas.

    — Ah... É que eu pensava que aqui fosse um estúdio de televisão, conhecido como Canal local. Contudo, se você acha que é uma marcenaria...

    — Miah, não estou com tempo para brincadeiras. Já conversei com o marceneiro que produziu esta pomba. Além dela, outras cinco foram criadas por ele. Isso significa que o criminoso pretende tirar a vida de mais cinco pessoas, se ele seguir o mesmo padrão utilizado na morte da vítima.

    — E o que você quer de mim exatamente? Posso ao menos tirar uma foto dela para exibir no jornal das oito?

    — Segundo o marceneiro, foi você quem encomendou as peças há algum tempo.

    O sorrisinho irônico de Miah finalmente morreu em seus lábios. Pelo olhar de Nicolas, era visível que ele não estava brincando.

    — Quem foi o insano que afirmou uma barbaridade dessas? — ela se levantou da cadeira e tornou a sentar-se em seguida. — Nicolas, espero que você não esteja pensando que eu sou a responsável pelo crime...

    — Claro que não, Miah. Em nenhum momento eu duvidei de você. No entanto, não creio que seu nome tenha sido dado por acaso. Entende aonde quero chegar?

    Miah estava pálida agora, lutando para normalizar a frequência cardíaca. Seu medo não se devia exatamente ao que Nicolas lhe dizia. Ela sabia que não comprara nada em nenhuma marcenaria pelo menos nos últimos cinco anos. Logo, o mal-entendido seria desfeito e tudo ficaria bem.

Entretanto, havia algo que a deixava aterrorizada. Por um pequeno e interminável instante, ela achara que Nicolas houvesse descoberto tudo. Que ele viera até ali para jogar em sua cara todo o seu passado, que ela mantinha trancado a sete chaves. Para ele, que era investigador, não era difícil descobrir tudo, embora ela tivesse certeza de que eliminara todas as pistas que pudessem levar às descobertas. Miah sempre soube que Nicolas nunca a perdoaria quando a verdade viesse à tona, por isso ela teria que usar de todas as suas forças para impedir que isso acontecesse.

Algumas pessoas conseguiam viver para sempre com o passado enterrado, e Miah pretendia ser uma delas. Todas as coisas terríveis que vivera, sofrera e que fizera outras pessoas sofrerem também estavam esquecidas, apagadas, excluídas para sempre de sua vida. No dia em que chegara àquela cidade e passara a trabalhar como repórter, sua vida anterior estava morta.

— Você ficou branca, Miah — preocupado, Nicolas tocou em seu rosto e sentiu que a pele da namorada estava gelada. — Não precisa se assustar assim. Sabe que eu não vim aqui para acusá-la. Quero apenas que me ajude a descobrir quem poderia querer prejudicá-la dessa forma.

"Muitos", pensou Miah. Havia muitas pessoas que lhe desejavam mal. Que desejavam fazê-la pagar pelo que ela os fizera sofrer. Era apenas uma espécie de troco, de vingança. Só não era possível que eles a tivessem descoberto ali. Não tão cedo, não tão rápido.

— Eu fiquei chocada com essa informação. Não conheço ninguém que poderia me prejudicar.

— Por isso nós vamos voltar à marcenaria agora mesmo. Oscar terá que dar sua palavra de que nunca a viu antes, a não ser pela televisão, e tratar de lembrar quem foi a pessoa que esteve lá encomendando as tais pombas.

— Pode ter sido ele mesmo, não?

— Sim, pode, mas confessar ter criado as aves seria trazer a polícia para muito perto de si. Se ele fosse o assassino, pensaria o contrário. A mensagem dizia que ele era esperto o suficiente para não se deixar prender.

— Ele? É um homem? E o que dizia essa mensagem?

Em vez de responder, Nicolas girou o corpo e saiu correndo em direção à porta. Rápida, Miah apanhou a bolsa, atirou o gravador dentro dela e saiu em disparada atrás do investigador.

Capítulo 9

Oscar estava admirado e espantado enquanto confrontava Miah, parada à sua frente, ao lado de Nicolas. Admirado pela beleza que a jovem repórter exibia e espantado por admitir que ela nunca estivera em sua loja. Como poderia se esquecer daquele rostinho redondo e encantador?

— Só a vi em suas reportagens que, por sinal, são excelentes. E posso admitir que você nunca esteve em minha loja antes.

— Obrigada — como Miah adorava ser elogiada, completou: — Espero que não assista aos canais concorrentes. Mantenha sua televisão sempre ligada no Canal local.

— É que agora ela está quebrada, mas logo vou mandar consertá-la — Oscar parou diante de Miah e sua cabeça calva alcançava os ombros da repórter. — E se quiser algo mais particular, podemos combinar de sair qualquer dia.

Miah apertou os lábios para não explodir numa gargalhada, quando Nicolas interferiu:

— Lamento que isso não seja possível, senhor Oscar. Soube que a senhorita Fiorentino tem um namorado ciumento, forte, encrenqueiro, embora seja um cara jovem, bonitão e modesto — como Oscar ficou meditando sobre essas palavras, Nicolas continuou: — Preciso que se lembre de quem fez a encomenda e deu o nome da senhorita Fiorentino.

— Minha memória é fraca. Não vou conseguir me lembrar de cabeça — contestou Oscar em tom lamentoso.

— É bom tratar de se lembrar. O senhor mesmo disse que um pedido como esses não acontece sempre. Tem que se lembrar de alguma coisa, ao menos da descrição do cliente.

Oscar pareceu reflexivo até estalar os dedos, como se acabasse de ter uma grande ideia.

— Anoto os telefones dos clientes preferenciais em minha agenda de capa dura. Como não me lembrei disso antes?

Ele vasculhou o interior de um armário envernizado até encontrar o que procurava. Folheou as páginas, até que seu dedo rechonchudo se deteve em um número.

— É este.

Nicolas tomou posse da agenda, e Miah aproximou a cabeça para visualizar a página. Havia apenas o primeiro nome de Miah, seguido de um número de telefone celular.

— Este não é meu celular — explicou Miah.

— Talvez haja duas Miah Fiorentino — sugeriu Oscar.

— É um nome meio exótico para ser encontrado duas vezes em uma cidade pequena como esta — contrapôs Nicolas. — E este número de telefone provavelmente é falso.

— Sim, agora me lembrei — comentou Oscar. — Foi um caso bastante estranho. Eu me lembro do rapaz que esteve aqui para fazer a encomenda das pombas. Ele deu esse nome afirmando ser o de sua namorada.

Quando tentei entrar em contato com o rapaz, soube que esse número não existia. Só não fiquei preocupado porque ele já tinha deixado tudo pago e eu não teria prejuízo. E quando veio buscar as pombas na semana passada, disse que sua namorada adoecera e que perdera o celular. Conferiu as peças, agradeceu e foi embora.

— O homem esteve aqui na semana passada, retirando uma encomenda que suponho ter sido caríssima, e o senhor não se lembra de como ele era? — perguntou Miah. — Tem certeza de que se lembra do seu próprio nome?

— Miah, deixe que eu faça as perguntas — interrompeu Nicolas, embora a repórter tivesse feito indagações importantes. Por mais fraca que fosse a memória de Oscar, parecia inacreditável que ele não se lembrasse de fatos tão recentes.

— Soube que senhor também frequenta a academia *Músculos & Beleza* e já averiguei que ontem não esteve lá.

— Não — de repente, ele pareceu nervoso e inquieto. — Não costumo ir aos domingos. É o dia em que faço a contabilidade de minha pequena marcenaria.

Oscar começou a suar frio, quando os olhos de Nicolas, cravados nos seus, pareciam querer enxergar algo dentro dele.

— Sabe que tenho meios de descobrir a verdade, não sabe?

— Disso eu sei. Sobre meu cliente, ele era um homem muito jovem.

— Hum, sua memória está voltando aos poucos? — indagou Miah, desejosa de que tudo aquilo estivesse sendo filmado. — Há alguns minutos, o senhor não sabia ao certo quem esteve aqui e agora se lembra até de sua aparência, que era um homem bastante jovem.

As mãos do marceneiro começaram a tremer, e Nicolas descobriu que havia mais coisas ocultas ali. Diria para Elias manter dois policiais à paisana, vigiando todos os movimentos de Oscar Teixeira.

— Por ora é só — encerrou Nicolas. — Esteja certo de que retornarei e quem sabe até lá sua memória tenha voltado completamente.

Oscar apenas assentiu e observou Nicolas e Miah entrarem no carro prateado do investigador. Assim que eles deram partida no veículo e fizeram a curva, Oscar virou o rosto para o lado, olhando para os fundos da loja.

— Pode sair. Eles já foram.

Ele observou os movimentos sutis e tranquilos de quem o acompanhava.

— Fez um bom trabalho, Oscar — elogiou uma voz desprovida de emoção. — Por um breve instante, achei que ele fosse revistar os fundos da loja e tudo estaria perdido.

— Como vê, fiz exatamente o que mandou. Infelizmente, tive que contar sobre as outras cinco pombas. Fingi que não me lembrava de você, mas é claro que eles não acreditaram — alegou Oscar, ainda se refazendo do medo que acabara de passar. — Desde o começo, eu disse que você poderia me colocar em encrenca. Não quero saber dos seus negócios, mas também não quero confusão com a polícia.

— Já disse que não há o que temer. Provavelmente, eu não retornarei aqui depois de hoje. Vim apenas para que você desse um último retoque nesta pombinha de madeira, cuja portinhola da barriga não abria. E quando você me disse que o investigador voltaria aqui a qualquer minuto, me escondi nos fundos de sua loja. Tudo deu certo — como gratidão, algumas notas de cem reais foram colocadas sobre o balcão. — Este é o seu pagamento extra por ter trabalhado tão bem.

— Obrigado — Oscar fez as cédulas desaparecerem com uma rapidez incrível. — Agora, acho melhor você ir embora. Este tal de Bartole é vivo como uma raposa e pega as coisas no ar.

— Com certeza. Tenha um excelente dia, Oscar.

— Posso lhe fazer uma pergunta? Por que pediu que eu usasse o nome da repórter como se ela fosse a cliente?

— Planos, meu querido, planos.

Nicolas chegou ao seu apartamento com Miah a tiracolo. Marian tinha saído e, como sempre fazia, deixara um recado na porta da geladeira dizendo que voltaria só no final da noite, pois fora assistir a uma palestra sobre ecologia. Nicolas sabia que a irmã estava aproveitando os últimos momentos de lazer antes que as aulas do mestrado, previstas para a próxima segunda-feira, tivessem início.

— O que achou daquele tal de Oscar? — perguntou Miah, jogando a bolsa sobre o sofá e sentando-se em seguida. — Vai dizer que acreditou naquele papo de falta de memória?

— Claro que não — afirmou Nicolas. Mesmo sabendo que ainda estava em horário de serviço, ele quase não resistiu à vontade de se servir de um drinque. — Vou ver com Elias se é possível conseguirmos um mandado judicial para fazermos uma revista geral, tanto na marcenaria, quanto na empresa de outro suspeito nosso — ele se referia a Francisco, pai de Lucas. — De qualquer forma, Oscar não é o culpado. Ele sabe ou conhece a identidade do verdadeiro criminoso, mas acredito que irá negar até o fim. Não sei se você percebeu, mas ele ficou muito assustado com a pressão de minhas perguntas.

— Sim, eu percebi — Miah hesitou, olhou para Nicolas e exibiu um sorriso jovial. — Se ajudar, você pode ouvir toda a conversa novamente.

Nicolas a olhou com expressão aturdida e questionou:

— Você gravou a conversa? O que eu lhe disse sobre isso, Miah?

— Você não falou nada sobre eu usar o gravador que costumo carregar dentro da minha bota — sempre sorrindo, Miah se curvou, abriu o zíper da bota e apanhou um pequeno aparelho, colado à sua meia. — Apesar de contar com uma tecnologia de primeira, acredito que a gravação não tenha saído perfeita. É difícil captar o som com exatidão de dentro de uma bota.

— Me entregue isso agora mesmo — exigiu Nicolas estendendo a mão. — Você está boicotando minha investigação.

— A mim você não assusta com essas ameaças — tornou Miah, sorridente. — Eu até iria ajudá-lo, porém, como você está sendo tão malcriado comigo, não vou colaborar.

— Miah, não esgote minha paciência — a voz de Nicolas soava assustadoramente séria, o que parecia divertir Miah ainda mais. — Posso levá-la para a delegacia e fazê-la passar a noite atrás das grades.

— Ah, é? — disposta a provocá-lo, Miah tornou a enfiar o gravador dentro da bota e ficou em pé. — Quem sabe eu encontre algum preso lindo e charmoso por lá, que saiba realmente me fazer ver o sol nascer quadrado.

Nicolas ficou tão irritado que beijou os lábios de Miah, como se estivesse com medo de que ela pudesse cumprir aquela promessa. Ele, então, empurrou-a sobre o sofá e deitou-se por cima dela, beijando-a com furor. Ele sabia que o dia ainda não terminara e que tinha que ir ao necrotério procurar a médica legista, só que a ideia de ter Miah em seus braços, na quietude de seu apartamento, era tentadora. Refreando seus instintos masculinos, o investigador afastou-se, enquanto ela permanecia jogada sobre o sofá.

— Se a cada ameaça que fizer a você, eu for recompensada com um beijo desses, estou feita — a repórter soltou uma risadinha maliciosa.

— Eu amo você, Miah — confessou Nicolas com voz sedutora. — E o gravador fica comigo — ele avisou, mostrando o aparelho na palma da mão.

O sorriso de Miah morreu, enquanto ela baixava os olhos para a bota, cujo zíper estava aberto. Enquanto Nicolas sorria, a repórter pulou como que impulsionada por uma mola.

— Você me roubou? Devolva-me já o gravador, seu gatuno metido a policial! Usou seu beijo para me passar a perna? — Miah ficou ainda mais furiosa ao ver o sorriso cristalino que Nicolas mantinha nos lábios. — E pare de rir!

— Em uma guerra, vencem os mais inteligentes, Miah — como achava que a conversa já estava se alongando, ele concluiu: — O gravador é meu agora, mas, se você quiser dar continuidade à brincadeira iniciada neste sofá, pode marcar para hoje à noite, após as dez.

Branca de raiva, Miah jogou a alça da bolsa sobre o ombro numa fúria assassina. Nicolas soltou uma gargalhada, quando ela marchou a passos largos até a porta. Antes de sair, ela voltou-se e alertou:

— Você vai ver só o que vou aprontar. Aparecerei ao vivo no jornal da noite e vou causar a maior polêmica sobre esse crime. E direi que você me passou todas as informações, exatamente como fiz no caso passado. Lembra-se? O resultado disso foi uma escovada que você levou do seu comandante. E vai levar outra — Miah passou a mão pelas pontas desniveladas de seus cabelos escuros. — E pode esquecer que me conhece.

A porta bateu como um disparo de canhão, fazendo a gata angorá saltar da almofada na qual repousava. Nicolas estava bem-humorado e continuou assim até chegar à delegacia. Ao entrar, quase foi atropelado por Mike, que avançou sobre ele como uma carreta.

— O que é isso, Mike? Ficou louco ou está só treinando para o concurso? — repreendeu Nicolas.

— Que concurso? — atrapalhou-se Mike. Entretanto, como estava muito ansioso, foi direto ao ponto: — Eu tenho novidades.

— Que bom! Já as repassou ao doutor Elias?

— Não, porque estou trabalhando sob suas ordens e não sob as ordens daquele delegado com meio metro de nariz — criticou Mike, fazendo cara feia.

— O que você tem contra Elias? Eu gosto dele — defendeu Nicolas, que já notara que o delegado era um excelente profissional, além de ser solícito, rápido e capaz de sugerir excelentes ideias.

— Não tenho nada contra, mas acho que ele não gosta de mim. E se gosta, me ignora. Para ele, só o senhor é válido.

— Mike, na polícia, não existe espaço para afetividade. Ninguém "gosta" de ninguém. Apenas contamos com aqueles profissionais com os quais temos mais afinidade.

— Ele não tem afinidade comigo — lamentou Mike, com voz triste. — Eu já percebi que o senhor gosta de mim. E não tem nada a ver com esse lance de afinidades.

— Está enganado — corrigiu Nicolas, tentando não sorrir ante o sentimentalismo do policial negro com quase dois metros de altura. — Eu não gosto de você. Se o chamei para trabalhar comigo foi por falta de outro policial mais rígido e durão. Você é mole demais para muitas coisas, Mike.

Assim que terminou de falar, Nicolas percebeu que pegara pesado em sua brincadeira, pois viu Mike empalidecer e seus lábios começarem a tremer. Poderia jurar ter visto o brilho de duas lágrimas emotivas surgirem em seus olhos escuros.

— Ora, Mike, não seja dramático. O que tinha para me dizer, afinal?

Mike se empertigou e se esforçou para encarar Nicolas com o olhar mais frio que conseguiu exibir:

— Farei um relatório e entregarei nas mãos do doutor Elias Paulino, como o senhor sugeriu. Caso precise deste reles policial, saberá onde o encontrar, senhor Nicolas Bartole — e, sem esperar resposta, Mike afastou-se pisando duro.

Nicolas balançou a cabeça negativamente e seguiu para a sala do delegado. Elias encerrava a ligação com alguém e olhou para o investigador quando o viu entrar.

— Acabei de falar com o comandante Alain. Ele marcou um almoço para nós amanhã. Parece que o major Lucena também irá. Querem uma posição sobre o caso.

— E não serve um relatório por escrito? — indagou Nicolas.

— Pelo jeito, não. Talvez eles queiram nos dizer algo mais confidencial também, não acha? — tornou Elias.

Nicolas deu de ombros e expôs ao delegado um resumo de seu dia. Colocou sobre a mesa o gravador que afanara de Miah e não escondeu sua origem.

— Pedi que a repórter Miah Fiorentino fosse comigo à marcenaria do senhor Oscar pelos motivos que acabei de explicar-lhe. Achei certo deixar claro que ela não teve nenhuma participação na aquisição das pombas de madeira. No entanto, ela gravou a conversa anonimamente e depois me entregou o gravador — não era preciso explicar todos os detalhes de como conseguira o aparelho ao delegado. — Sei que o Oscar conhece a pessoa que matou Tamires, embora tenha fingido não se lembrar. Talvez ele esteja sendo ameaçado, não sei. Por isso, quero dois policiais à paisana seguindo seus passos e preciso que entre em contato com algum juiz camarada, que possa expedir um mandado para que possamos ter livre acesso à marcenaria e à loja do senhor Francisco.

— Vou providenciar isso agora mesmo — garantiu Elias.

— Agora vou falar com a doutora Ema. Ela já deve ter feito uma análise do corpo de Tamires. Preciso da posição dela também.

— Perfeito. Vou dar seguimento a essas instruções. Boa sorte, Bartole.

Nicolas assentiu e já estava saindo da sala, quando um pensamento o fez virar-se.

— Elias, está tudo bem entre o senhor e o policial Michael?

Elias pareceu surpreso com a pergunta e redarguiu:

— Sim, claro. Nunca tive nenhum problema com ele, desde que fui transferido para cá. Por que a pergunta?

— Por nada. Bobagem minha — Nicolas balançou a cabeça, sorriu e seguiu pelo amplo corredor da delegacia.

Capítulo 10

Estar em um necrotério fazia parte do trabalho de Nicolas, apesar de o investigador não gostar daquilo. Havia apenas quatro corpos estendidos sobre as mesas frias, e ele sentia o próprio corpo ficar gelado quando entrava num lugar daqueles.

Ema Linhares, a médica legista, não tardou a aparecer. Era baixinha e gordinha e usava um jaleco branco manchado de algo amarelado, que Nicolas nem quis pensar sobre o que poderia ser. Ao sorrir, ela se parecia com uma simples dona de casa e não com alguém que trabalhava analisando corpos de pessoas mortas há dez longos e exaustivos anos. Seus trigêmeos nem tinham nascido quando ela ingressara naquela carreira.

— Nicolas Bartole, o investigador com pinta de modelo! — brincou Ema, cumprimentando Nicolas. — Se todos os policiais fossem como você, a mulherada até ficaria feliz em ser presa.

— E se em todos os necrotérios houvesse uma médica tão simpática, locais como este pareceriam bem menos tenebrosos.

Ema riu e soltou um suspiro proposital:

— Ah, se eu não fosse casada...

Nicolas também riu, mas logo desviou o assunto para o que o interessava.

— Já conseguiu analisar o corpo de Tamires Tavares?

— Sim. Venha comigo. Quero lhe mostrar algo no corpo da vítima antes de falar o que vi. Peço que prepare o estômago, porque não será uma visão bonita.

Ema entregou a Nicolas um avental esverdeado, luvas e uma máscara cirúrgica. O investigador a seguiu por entre as mesas, até parar diante de um corpo coberto por um lençol branco. Embora estivesse acostumado a ver corpos de pessoas mortas, Nicolas estremeceu ao pensar que um dia ele também estaria numa mesa como aquela.

Lentamente, Ema puxou o lençol e o corpo nu de Tamires foi exposto. Ela fora deitada de barriga para cima, com os braços esticados ao longo do corpo. O investigador notou que a pulseira com pingente de dragão ainda estava lá. Mais da metade de sua cabeça fora danificada, mas, por incrível que parecesse, o rosto da jovem estava quase intacto. Notava-se o quanto ela se esforçara para manter um corpo bem definido. Nicolas se perguntou se isso tivera alguma serventia para Tamires.

— É uma pena que uma jovem tão linda tenha morrido dessa forma — observou Ema, parecendo triste ao ver Tamires ali.

— Minha irmã é espiritualista e diz que quase sempre a forma como uma pessoa morre já havia sido programada no astral antes de seu reencarne — comentou Nicolas.

— É mesmo? Sabia que eu me interesso por esse tema? Infelizmente, tenho pouco tempo para estudá-lo, mas gostaria de conhecer sua irmã para conversarmos sobre isso.

— Quando a senhora quiser, doutora. Marian ficará feliz em recebê-la — Nicolas baixou o olhar para o corpo de Tamires e indagou: — O que conseguiu apurar sobre ela?

— Traumatismo craniano foi a causa da morte, mas sei que vocês já sabiam disso. O que não sabiam era que Tamires estava drogada — revelou Ema.

— Drogada? A senhora está dizendo que ela era usuária de drogas? Inalantes ou injetáveis?

— Provavelmente, ela nunca usou drogas em toda a sua vida — e continuou a médica: — Eu disse que ela estava drogada no momento do crime, não que ela usava drogas com frequência. Havia vestígios de uma forte dose de uma espécie de sonífero em sua corrente sanguínea. Quem a matou quis entorpecê-la momentos antes para que o trabalho fosse facilitado. Apesar de ser uma mulher, ela tem uma estrutura óssea resistente e estava apta a enfrentar um adversário fisicamente, isto é, se ela não tivesse sido atacada pelas costas.

Nicolas permaneceu em silêncio, aguardando a médica continuar as explicações. Ema tornou a cobrir Tamires com o lençol branco.

— Ela foi encontrada no vestiário da academia, correto?

Nicolas assentiu.

— Ela foi até lá, porque estava se sentindo tonta e sonolenta e percebeu que poderia desmaiar a qualquer minuto. Talvez Tamires tenha se aproximado das torneiras a fim de molhar o rosto, na tentativa de recuperar a lucidez, mas ela não chegou a fazer isso. Acredito que ela não percebeu que alguém estava entrando no vestiário por trás dela e, mesmo que tivesse notado, não estava em condições de reagir.

Ema cruzou os braços e encarou Nicolas fixamente:

— Esse sonífero, provavelmente dissolvido em alguma bebida, custa a fazer efeito, então a pessoa que o toma tem os movimentos tolhidos lentamente. Tamires estava assim: mole e semiacordada. Quem matou essa jovem talvez tenha dito a ela algumas palavras ou se manteve em silêncio e partiu para o ataque. Usando o haltere, golpeou-a na nuca com muita força. Um golpe já seria suficiente para matá-la, mas muitos outros foram aplicados na sequência. É bem provável que Tamires tenha caído após o primeiro golpe e sido agredida novamente quando já estava no chão. O objetivo era não a deixar escapar com vida, já que essa moça certamente conhecia quem a matou.

— Eu ainda vou pegar esse canalha! — prometeu Nicolas, mais a si mesmo do que a Ema.

— Tenho plena certeza disso. Quem cometeu o homicídio estava com ódio, mas muito ódio mesmo — decretou Ema.

— Quem poderia odiá-la tanto assim?

— Devido à violência dos golpes, eu acredito que o assassino a matou tomado pelo ódio. Porém, talvez o ódio não fosse contra Tamires — vendo o olhar intrigado de Nicolas, Ema agitou as mãos gorduchinhas e continuou; — Pode ser uma suposição tola, mas Tamires tinha algo que alguém queria... E creio que ela tenha sido morta justamente por isso.

Nicolas pensou em Lucas, Rafael e Nickita. Pensou ainda em Francisco, Oscar e Edna, a gerente da academia. O autor dos crimes poderia ser qualquer um deles, claro, mas todos também poderiam ser inocentes. Era muito cedo para ter certezas.

— O que Tamires tinha que despertaria a inveja e o ódio de uma pessoa? A beleza? — questionou Nicolas.

— Sim, mas ela tinha outra coisa que muitas pessoas, principalmente as mulheres, também desejam obter: um corpo perfeito e sadio. Creio que esse foi o motivo principal de Tamires ter sido morta.

Durante o trajeto até a delegacia, Nicolas foi pensando sobre os comentários da médica. O que ela dissera não era tão absurdo assim. Como imaginar com precisão o que se passava na cabeça de uma pessoa fria e violenta como aquela que matara a jovem Tamires? Além disso, o fato de que ela fora drogada por um sonífero, momentos antes de ser morta, acrescentava novas diretrizes ao caso.

Já na delegacia, Elias informou a Nicolas que já providenciara a presença de dois policiais para acompanhar de perto os passos de Oscar e que o mandado judicial já estava a caminho. O investigador, então, disse que iria para casa descansar e aproveitar para rever a lista de clientes da *Músculos & Beleza*.

Nicolas passou por sua sala, colocou os documentos em uma pasta plástica e, quando já estava saindo, ouviu batidas leves na porta.

— Entre — autorizou.

Mike entrou e olhou para Nicolas com olhos magoados e rancorosos.

— O doutor Elias Paulino pediu que eu passasse aqui antes de ser dispensado, para ver se o senhor deseja algo de mim — disse ele com voz fria e seca.

Nicolas ergueu o olhar e se aproximou devagar.

— Não, não quero mais nada por hoje.

— Estou liberado, senhor Nicolas Bartole?

— Está sim. Pode ir. Eu também estou indo para casa — replicou Nicolas, olhando para o policial que parecia muito ofendido.

— Muito obrigado, senhor. Tenha uma boa-noite — cumprimentou Mike, virando-se para sair.

— Ei, Mike — chamou Nicolas, fazendo o amigo voltar-se. — Vai ficar emburrado comigo até quando?

— Assuntos pessoais não cabem neste local — respondeu Mike, azedo. — Se precisar de um confidente, recomendo ao senhor que procure outro policial mais... competente — rapidamente, Mike abriu a porta e saiu.

— Pode ir — gritou Nicolas, chateado. — Agora vai bancar o difícil?! Pois não me importo nem um pouco com isso.

Mesmo assim, antes de ir embora da delegacia, ele perguntou por Mike para o policial da recepção que estava substituindo o turno de Moira, a que o rapaz lhe respondeu que Mike já havia saído. Resmungando, Nicolas agradeceu e seguiu para seu carro.

— Se Mike acha que vou correr atrás dele para pedir desculpa, ele está muito enganado! — murmurou Nicolas consigo mesmo. — Nem ligo se ele vai ficar com raiva de mim ou não. Não ligo mesmo. Não tenho paciência para frescura de homem.

Nicolas seguiu direto para casa e, ao entrar em seu apartamento, deparou-se com a irmã diante de um cavalete, espalhando cores em sua nova tela.

— Boa noite, Marian! — Nicolas a beijou no rosto e olhou para o quadro. — O que vai sair daí agora?

— Ainda não sei — respondeu ela, sorrindo.

Mesmo usando um avental todo manchado de tinta, Marian estava muito bonita. Os cabelos castanhos da moça estavam presos em um coque e seus olhos, igualmente castanhos e expressivos, brilhavam como duas estrelas.

— Eu não planejo aquilo que vou pintar. Simplesmente sou intuída pela espiritualidade, para que, por meio das tintas, eu traga uma mensagem representada em uma imagem. Sempre acreditei que todos os meus quadros são inspirados, pois fazem as pessoas viajarem através do desenho. Eu mesma fico horas observando cada tela depois de pronta.

— Um dia, você poderá me desenhar — sugeriu Nicolas, tirando o revólver do cinto da calça. — Aí terá vários motivos para passar horas me adorando.

— Ainda é metido e convencido! — brincou Marian, soltando uma risadinha gostosa. — Se um dia eu desenhasse você, daria o quadro de presente para a Miah. Aliás, não a tenho visto. Ela está bem?

— Ela está bem — repetiu Nicolas. — Só não está muito bem comigo — acrescentou, enquanto se despia da camisa e se servia de um drinque no bar.

— Por quê não? Vocês brigaram? — suavemente, Marian pousou a paleta e o pincel num suporte na lateral do cavalete.

— Ela esteve aqui comigo hoje à tarde. Como sempre, nós não chegamos a um acordo entre o meu trabalho e o dela. Fui obrigado a furtar-lhe um gravador.

— Ela ameaçou levar a gravação ao ar?

— Sim. Além disso, ela gravou o interrogatório que realizei com um dos suspeitos sem que ninguém soubesse. Tinha guardado o aparelho dentro da bota.

Marian sorriu ante a esperteza de Miah. Sempre admirara a namorada de seu irmão por isso. Achava que a repórter, além de ser lindíssima, se igualava a Nicolas no quesito agilidade e inteligência. Talvez fosse por isso que os dois tivessem se apaixonado.

— Imagino que ela tenha ficado furiosa com você — considerou Marian, pensando na discussão que eles provavelmente tiveram por conta desse fato.

Marian baixou o olhar para o tórax bem definido do irmão e viu uma cicatriz na lateral. Um mês antes, ele fora atacado por um grupo de assaltantes e ferido com uma lâmina. Fora por conta desse incidente que ela conhecera Enzo. Fora o ferimento do irmão que a levara a conhecer e gostar do médico.

— Ela disse que ia entrar ao vivo hoje à noite e que faria a maior polêmica sobre minha investigação. E acrescentou que eu deveria esquecer que a conhecia —

Nicolas bebeu de um só gole meio copo de uísque puro.

— O problema deve ser comigo. Hoje, eu acabei ofendendo o Mike e ele também virou a cara para mim. Não tenho culpa se ele não aguenta uma brincadeira.

— Há pessoas que não gostam de brincar, Nic — tornou Marian, estreitando os olhos ao ver o irmão encher o segundo copo. — Pretende esvaziar a garrafa de uísque?

— E daí? — ele resmungou. — Já encerrei meu expediente mesmo — agindo com movimentos calculados, ele virou na boca a segunda dose da bebida.

— Eu acho que você já bebeu demais — ao ver o irmão encher o terceiro corpo, Marian se adiantou e lhe arrebatou a garrafa e o copo. — Pode parar! Não estou gostando disso.

— Não vai querer mandar em mim, vai? — contestou Nicolas, tentando pegar a garrafa de volta.

— Vou. Você não vai ficar bebendo assim, só porque brigou com seu amigo na delegacia e discutiu com a namorada. Acho melhor você tomar um banho, enquanto esquento o jantar.

Nicolas fez um gesto vago com a mão e decidiu calar-se. Entrou em seu quarto e saiu com uma toalha dobrada no ombro, seguindo direto para o banheiro. Quando ouviu o barulho do chuveiro, Marian relaxou.

— Amanhã mesmo vou dar um fim nessas garrafas de bebida — ela murmurou consigo mesma. — Nicolas nunca teve problemas com álcool, mas é muito fácil começar.

Capítulo 11

Quando saiu do banho, Nicolas parecia mais tranquilo. Sorrindo para Marian como um garotinho, tentava fazer as pazes.

— Foi mal, maninha. Ainda bem que tenho você comigo.

— Acho bom que pare de beber, caso contrário, conto para a mamãe, e você se verá com ela! — avisou Marian, que se aproximou de Nicolas e o beijou no rosto. — Está todo cheiroso! Miah não sabe o que está perdendo.

— Por falar em Miah, vou ligar a televisão e ver se ela vai realmente cumprir a ameaça — Nicolas apanhou o controle remoto e ligou o aparelho.

Cinco minutos depois, a imagem de Miah parada em frente à delegacia surgiu na TV. Estava ventando, e os cabelos cheios de pontas da repórter balançavam para todos os lados.

— Boa noite! Falo ao vivo da delegacia de nossa cidade. Como já havia sido noticiado, na tarde de ontem ocorreu um assassinato na academia *Músculos & Beleza*. À frente do caso está o investigador Nicolas Bartole, contudo, obtive com exclusividade a informação de que o assassino pode estar relacionado a uma marcenaria, já que uma pomba branca feita de madeira foi deixada ao lado da vítima e carregava em seu interior uma mensagem. Não conhecemos o conteúdo dessa mensagem, pois a polícia quer manter tudo em sigilo. Tão logo surjam novidades sobre a investigação, voltaremos ao ar com novas informações. Aqui é Miah Fiorentino para o Canal local.

— Que cretina! — xingou Nicolas, desligando a televisão. — E não é que cumpriu a palavra? Essa pilantra está sempre tentando me ferrar!

— Ora, Nic, ela não disse nada de mais. Apenas mencionou a pomba de madeira. Cedo ou tarde, a imprensa acabaria descobrindo essa informação.

— Ela sabia que eu estaria assistindo. Dava para notar o tom de deboche em suas palavras. Isso não vai ficar assim. Assim que obtiver autorização para conceder uma entrevista à mídia, vou procurar um canal concorrente para deixar Miah de escanteio. Ela vai sair prejudicada no final das contas.

— Que vingançazinha boba! — comentou Marian, seguindo para a área de serviço com Nicolas atrás de si. Ali, ela despiu-se do avental e lavou as mãos sujas de tintas. — Eu sempre disse que você e Miah formam uma dupla perfeita, profissional e amorosamente. Para isso, vocês devem trabalhar em equipe, em vez de um tentar prejudicar o outro. Eu tenho certeza de que esse caso seria resolvido até mais depressa se isso acontecesse.

— Você é muito otimista, Marian — argumentou Nicolas, e logo os dois seguiram para a cozinha, onde ela esquentaria o jantar.

— Às vezes, tenho a impressão de que a Miah faz o possível para me atrapalhar — Nicolas comentou.

— Você a ama, certo?

— Já não estou tão certo.
— Não minta para mim, Nic. Ama ou não ama?
Nicolas fechou os olhos com raiva, admitindo:
— Amo. Não paro de pensar nela. Só que isso não...
— É o suficiente — cortou Marian. — Quando temos o amor mediando uma relação, tudo se torna mais fácil.
— Para você, que vê tudo com bons olhos, pode até ser.
Marian abriu a geladeira, pegou algumas panelas e acendeu as bocas do fogão.
— Eu não vejo tudo com bons olhos. Sou apenas realista. Não dá para afirmar que o amor não existe. O "gostar" já é uma expressão do amor. Você e Miah se amam e isso é óbvio.
— Nós nos conhecemos no mês passado. Dizem que existe amor à primeira vista e talvez tenha sido o nosso caso. Você não acha que é pouco tempo para que esse amor tenha se desenvolvido tão rápido?
— Não mesmo. Ainda que ele tivesse começado nesta vida — expôs Marian, colocando a toalha sobre a mesa.
— Como você acredita em reencarnação, também deve ser mais fácil acreditar no amor.
— Uma coisa não tem nada a ver com a outra, Nic. Eu tenho plena convicção de que você e Miah se conhecem de outras vidas. E o amor entre vocês também já transcendeu as fronteiras do tempo.
— Isso não tem nada a ver com meus sonhos com aquele inquisidor sanguinário, que está procurando a bruxa, não é mesmo?
— Quer que eu seja sincera? — respondeu Marian, de volta ao fogão. — Estou certa de que você era aquele inquisidor e que Miah era a bruxa. Talvez tenha sido nessa vida que vocês tenham se amado pela primeira vez.

Nicolas abriu a boca, e Marian sorriu ante a expressão de incredulidade do irmão.

— Isso seria impossível. Sebastian odiava Angelique. O ódio dele por ela era tanto que muitas vezes eu cheguei a acordar sentindo esse ódio também. É um sentimento muito ruim, a ponto de me deixar incomodado durante todo o dia. Que explicação você teria para que o amor entre eles tenha fluído e substituído o ódio? Além disso, se Miah fosse mesmo Angelique, por que ela nunca teve esse mesmo sonho?

— Por tudo o que você me contou, aparentemente seus sonhos ainda não chegaram ao fim. Ou seja, quando você menos espera, sonha novamente e novos acontecimentos ocorrem. E, se analisar a fundo esses sonhos, você questionará se o inquisidor realmente odeia a bruxa ou se só está enfurecido por ela não seguir as regras da Igreja e por nunca ter conseguido capturá-la.

— Não sei o que responder.

— Existem pessoas que vislumbram cenas de encarnações passadas, enquanto existem outras que vivem noventa anos sem se recordarem de nada. Talvez não seja o momento certo para Miah. Ainda acho que você deveria procurar um local que ensine mais a fundo os estudos espiritualistas e onde você pudesse receber mais explicações sobre essas questões. Podemos procurar um e irmos juntos. E acho que seria interessante se Miah pudesse nos acompanhar.

— Hoje sou um homem bom, não posso ter sido alguém tão cruel. E Miah? Viveu como a bruxa mais poderosa e hoje mal conseguiu perceber que eu estava tirando o gravador de dentro de sua bota! Que explicação pode haver para isso?

— Nic, vou apenas sugerir hipóteses, porque não sabemos o que realmente aconteceu. Acredito que, entre a vivência de vocês na época da Inquisição e a vida atual, existiram outras encarnações que contribuíram para seu aprendizado espiritual. Mesmo estando em meio às ilusões da Terra, cada período em que passamos aqui, reencarnados, contribui bastante para o desenvolvimento da nossa consciência. Hoje, são outras pessoas, com outros nomes, passando por situações diferentes, mas o espírito sempre será o mesmo. Você sempre estará consigo por toda a eternidade.

— Como assim?

— Veja bem, Nic, tudo o que temos hoje vai desaparecer de nossa vida um dia. Seja a juventude, o corpo, a família, os amigos, os pais, os filhos ou os bens materiais, tudo vai embora. Só o que permanece com você é você mesmo, ou seja, sua consciência, sua essência, porque nós somos seres eternos. Por isso, a melhor demonstração de amor e carinho é aquela que você demonstra em relação a si mesmo. Mais do que uma simples responsabilidade, é uma obrigação zelar por nosso bem-estar, já que só possuímos a nós mesmos. Reencarnamos para viver bem. Isso é um direito divino.

— Nem sempre é possível viver bem. Às vezes, a vida não oferece as devidas condições para que as pessoas vivam com conforto e tranquilidade.

— Se você está se referindo à riqueza material, isso jamais garantiu boa vida. Naturalmente, o dinheiro, quando bem usado, realmente pode nos trazer um bom padrão de vida, conforto. Contudo, conheço muitas pessoas com excelentes condições financeiras que vivem tristes, deprimidas, desacreditadas da vida, ignorando o fato de que somos nós que precisamos nos bancar, garantir nossa alegria, assim como temos que garantir nosso salário, se quisermos sobreviver.

— Então, nós somos cem por cento responsáveis por nossas conquistas?

— Sim, por todas elas. A vida trabalha por mérito. As pessoas merecedoras não são aquelas que se colocam como coitadas, que fingem uma falsa humildade, que se dizem boazinhas na esperança de garantir uma vaga no céu. Os verdadeiros merecedores são aqueles que não têm medo de enfrentar os desafios que surgem em seu caminho, porque acreditam em seu poder interior, alimentam sua própria fé e confiam na vida. São eles que levam sempre a melhor.

Marian deu uma última conferida nas panelas, antes de desligar o gás.

— Sei que seus sonhos o incomodam bastante, mas procure não pensar nisso, nem deixar que esses fatos se tornem um incômodo em sua vida. Reforço que, se você quiser buscar mais informações, pode procurar um centro espírita ou uma escola voltada aos estudos espiritualistas. Porém, nada vai mudar se você não quiser dar tanta importância a isso. O passado não tem força e não afeta nossa vida atual. Mantenha o foco no presente e deixe para trás aquilo que já passou.

— Mesmo assim, acho que seria interessante aprender um pouco mais sobre espiritualidade com pessoas que tenham tanto conhecimento sobre o assunto quanto você. Depois que encerrar esse caso, prometo acompanhá-la a uma casa espírita e até mesmo tentar levar a maluca da Miah conosco — Nicolas aspirou o ar e sorriu: — E esse rango, sai ou não sai?

— Já está quase pronto, seu esfomeado! — brincou Marian, sorrindo. Alguns minutos depois, eles se serviram e começaram a comer. — Assisti a uma belíssima palestra sobre ecologia lá no centro da cidade.

— É mesmo? — perguntou Nicolas, interessado. — O que eles disseram?

— Abordaram velhas questões sobre a importância da preservação do meio ambiente e os resultados que isso acarreta à humanidade. Todo mundo já sabe disso, mas são poucos os que realmente fazem algo a respeito. A palestra ficou mais interessante no final, quando uma senhora, que é professora de educação ambiental na universidade em que cursarei meu mestrado, incrementou o tema com embasamentos espirituais. Ela é uma mulher espiritualizada e nos trouxe algumas informações muito interessantes sob a ótica da espiritualidade.

Como Nicolas apenas mastigava a refeição enquanto ouvia a irmã, Marian bebeu um gole de suco e prosseguiu:

— Ela disse que ecologia é muito mais do que o estudo de todos os seres vivos e a relação da humanidade com a natureza. Explicou também que o Homem está cercado pela natureza, mas não a respeita, consumindo-a dia após dia, levando todas as maravilhas que Deus nos deixou, tanto a fauna como a flora, à extinção,.

— Se um ser humano é capaz de tirar a vida de outro, destruir a natureza é o de menos, concorda?

— Algumas pessoas dizem que a ganância é o motor do mundo. E não me refiro apenas a ganhos financeiros. Um homem pode desmatar uma floresta inteira apenas para obter o terreno em seu lugar, assim como matar um animal para extrair sua pele ou derrubar uma árvore em busca da madeira. Em nossa mesquinhez, não respeitamos o planeta, que foi criado justamente para dar condições básicas de vida à humanidade. A Terra está sendo agredida de diversas formas. Paisagens naturais estão sendo dizimadas, a proliferação de gases está favorecendo o efeito estufa, a camada de ozônio está sendo destruída e animais de várias espécies estão em extinção. E essas mudanças bruscas causadas pela humanidade no meio natural resultaram em diversas consequências: furacões, terremotos, tsunamis, excesso ou ausência de chuva, poluição extrema do ar e das águas, o famoso aquecimento global, que está derretendo as geleiras no Ártico, entre outras. Isso me preocupa bastante, Nic. Pena que muitos fazem vista grossa para o que está acontecendo.

— Deve haver uma solução para isso, não?

— Existe sim. A palavra mais usada é "conscientização", que é pouco respeitada. A professora encerrou a palestra com chave de ouro citando uma belíssima frase de Mahatma Ghandi: "Você tem que ser o espelho da mudança que está propondo. Se eu quero mudar o mundo, tenho que começar por mim". Esse é o ponto de partida, Nic. Antes de lidarmos com o meio ambiente externo, é preciso trabalharmos nossa própria ecologia interior. Mais do que a conscientização, é importante a compreensão da responsabilidade de cada um de nós em relação a essa riqueza, que é o nosso planeta.

— É verdade, Marian — concordou Nicolas. — E quem sabe, quando isso acontecer, o ser humano também se conscientize de que não precisa utilizar-se de crimes horríveis para resolver seus problemas.

Marian sorriu em aprovação, e, tranquilos, os dois irmãos terminaram o jantar.

Capítulo 12

Nicolas trancou-se em seu quarto por volta das dez horas da noite. Sentou-se diante de uma escrivaninha que mantinha ali, ligou uma luminária dobrável e leu mais três vezes a mensagem deixada pelo assassino.

Tamires precisava morrer.
Para silenciar os outros, precisarei correr.
Se a polícia for rápida, tentará me deter.
Minha esperteza não me fará perder.
Agora estou indo para a área de lazer.
A paz deverá para sempre viver.

A primeira frase era bastante clara. Por algum motivo, Tamires "precisava morrer". Isso significava que era necessário que ela saísse do caminho de alguém. Como Ema havia sugerido, talvez ela tivesse despertado inveja na pessoa que a matara. Isso seria motivo suficientemente forte para golpear a cabeça da jovem com um haltere?

A segunda frase deixava óbvio que o assassino buscava novas vítimas e que seria rápido para isso. Se ele havia encomendado seis pombas de madeira e se repetisse o *modus operandi* que empregou no assassinato de

Tamires, mais cinco pessoas morreriam. Ele sabia também que a polícia estaria em seu encalço, tentando detê-lo, embora se achasse esperto o bastante para não ser pego.

No bilhete, o assassino avisava também que estava se dirigindo a um local que ele chamava de "área de lazer". Isso deixou Nicolas ainda mais intrigado. Por alguma razão, imaginava que o clube *Quatro Luas* fosse o local informado, mesmo que houvesse outros clubes na cidade e muitas outras formas de lazer. Ele também tinha quase certeza de que a próxima vítima já fora escolhida pelo assassino. Talvez ele já tivesse escolhido todas as seis, muito antes de começar a matá-las.

O assassino encerrava a mensagem falando sobre a paz. Que tipo de doente mental pensava em paz, quando acabara de matar uma pessoa? A pomba branca podia representar a paz, claro. Podia também representar a liberdade. Ou a beleza.

"Tamires era uma mulher muito bonita", refletiu Nicolas. "Sua beleza fora o principal motivo para ter sido morta? Tamires fora uma jovem alegre e cativante e aparentemente não tinha inimigos. Deixara de namorar um rapaz para namorar outro. Ultimamente, não estava satisfeita com o relacionamento e, segundo sua avó, planejava deixar o rapaz. Qualquer um deles poderia ter matado Tamires por ciúmes, mas, se fosse assim, onde se encaixariam as próximas vítimas?"

Como não conseguiu pensar em nenhuma resposta razoável, Nicolas desligou a luminária e, no escuro, deslizou até a cama. Estava esgotado e pretendia se levantar bem cedo no dia seguinte. Lembrou-se de pedir a Mike que fizesse um levantamento de todos os locais que poderiam ser considerados áreas de lazer. Era impossível prever quando o criminoso atacaria novamente.

Pensando nisso, Nicolas olhou para o crucifixo que Miah lhe dera e que jazia sobre a mesinha de cabeceira.

Ele sempre o deixava ali, quando não o carregava no bolso da calça como um amuleto. Apesar de ser uma bijuteria sem valor, o investigador o queria por perto.

Por fim, Nicolas programou o despertador para as seis horas da manhã e mergulhou num sono tenso e inquietante.

A população em torno da praça clamava a plenos pulmões. Havia homens, mulheres e crianças, todos sequiosos de ver o momento da execução. As toras de lenha, que seriam usadas na fogueira, já estavam a postos, esperando a chegada dos hereges. Pessoas que lidavam com o demônio, fugindo às normas e regras impostas pela Igreja, tinham que morrer queimadas.

O sol brilhava no céu e o ódio brilhava nos olhos dos espectadores. De repente, houve um reboliço e os gritos se intensificaram. Todos viraram a cabeça para acompanhar a chegada dos bruxos. E lá estavam eles, sendo arrastados pelos inquisidores para o centro da praça, onde seriam içados e amarrados às vigas de madeira até que as chamas flamejantes consumissem seus corpos e suas vidas.

As vítimas era um senhor de cabelos muito brancos, acompanhado de uma jovem, provavelmente sua neta. Ele deveria ter mais de setenta anos, ao passo que a garota mal deveria ter atingido os dezessete. A multidão delirou ao notar os ferimentos horrendos nos rostos dos prisioneiros. Eles haviam passado por todo tipo de tortura até que confessassem serem curandeiros. O senhor tivera os olhos queimados com óleo quente e estava completamente cego. A jovem fora perfurada por pregos em diversos pontos do rosto e também no corpo, embora suas vestes rotas ocultassem as feridas. A boca estava contornada por sangue seco, sinal de que sua língua fora arrancada após sua confissão. Uma de suas mãos também fora decepada.

Eles continuaram sendo arrastados por um torno de madeira fechado sobre suas gargantas e seus pulsos estavam amarrados por cordas grossas e resistentes. Os dois prisioneiros só não caíam porque a pressão no pescoço os mantinha de pé. O público continuava gritando ofensas e impropérios, pedindo que eles fossem levados à fogueira o quanto antes.

Os procedimentos foram feitos. O torno que os prendia pelo pescoço foi aberto, mas eles foram imediatamente atados a uma espécie de cruz feita de madeira, disposta acima das toras de lenha. Um prisioneiro foi colocado de costas para o outro, mas suas mãos, amarradas às costas, estavam próximas umas das outras, de maneira que a jovem, com a única mão que lhe restara, pôde tocar nos dedos do avô e ele nos dela. Era uma espécie de conforto naqueles últimos momentos angustiantes. Ambos sabiam que iriam morrer. O senhor apenas orou em pensamento, pedindo que um dia aquelas pessoas compreendessem a importância do amor em seus corações e que sua neta sofresse bem menos do que ele no último instante de vida.

De repente, um homem subiu numa espécie de palanque improvisado, feito com diversos troncos de árvores. Ele usava vestes com o símbolo da Igreja estampado. Era um homem jovem e bonito, mas a frieza em seus olhos azuis minimizava sua beleza. Tinha os cabelos negros e revoltos e olhava para os hereges na fogueira com ar sinistro e macabro.

— Meu nome é Sebastian e tenho a honra de dizer que dois feiticeiros serão mortos — ele gritou para a multidão em expectativa, consciente de que todos adoravam presenciar execuções em praça pública. — Esses seres demoníacos devem ser banidos do planeta! Agiram em pecado e devem pagar com a vida por isso.

Todos gritaram em apreciação e concordância. Sebastian fez um gesto com um braço e uma tora de madeira foi acesa. As pessoas tornaram a gritar, loucas para acompanharem o momento em que as chamas lamberiam os corpos dos bruxos. Porém, antes de queimar as vigas sob os pés do senhor e de sua neta, Sebastian pulou sobre as madeiras e aproximou-se dos dois prisioneiros. Então, sussurrou com sua voz tenebrosa:

— Ainda podem escapar com vida, se confessarem onde está escondida sua líder. Quero Angelique e a terei comigo.

O velho senhor virou a cabeça, e Sebastian fixou seus olhos queimados.

— Angelique é minha neta — confessou ele. — É irmã desta jovem que você está matando junto de mim. Saiba que nunca a terá consigo, pois, entre nós, você é o verdadeiro demônio. Angelique é uma mulher do bem, mas você não pode enxergar isso, porque é feito de ódio e maldade.

Sebastian, que não esperava por aquela confissão, contornou a estaca de madeira e observou o rosto da menina. Somente naquele momento notou alguma semelhança com a mulher que procurava. Sabia também que de nada adiantaria fazer-lhe mais perguntas, pois sua língua fora cortada naquela manhã. Ele mesmo tivera o prazer de fazer isso, logo após lhe ter decepado a mão direita.

— Satanás os espera no inferno! — garantiu Sebastian.

— Que Deus o perdoe, meu rapaz — desejou o senhor cego. — Que um dia seu coração seja capaz de amar e não somente de odiar.

Furioso por ter ouvido o homem pronunciar o nome de Deus, Sebastian saltou direto para o chão e arrebatou a tocha acesa das mãos de um guarda. Ele mesmo teve o prazer de atear fogo à madeira. Nesse momento, a multidão trovejou em alegria e regozijo.

O fogo rapidamente cresceu, enquanto a jovem começava a gemer ao sentir as chamas atingirem seus pés. Houve um coro de aplausos, quando os corpos dos prisioneiros finalmente foram consumidos pelo fogo. Todos achavam que aquele final era merecido para os dois bruxos amaldiçoados. Todos, menos a mulher que espreitava atrás de uma árvore. A turba à sua frente estava muito concentrada na execução dos hereges para prestar atenção nela ou nas lágrimas que molhavam seu belo rosto. Usava um capuz branco sobre a cabeça e o corpo para chamar menos atenção, enquanto olhava para os rolos espessos de fumaça negra, que saíam dos corpos de sua irmã e do seu avô.

Por mais que quisesse, ela sabia que não poderia ter feito nada para ajudá-los naquele momento, ou seria descoberta e morta também. E ela não podia morrer. Não agora. Ainda não. Não enquanto aquele homem perverso e sorridente, parado ao lado da fogueira, fitando seu trabalho com deleite, pagasse pelo que fizera com seu povo e com sua família. Ela sabia que aquele homem se chamava Sebastian e que ele era considerado o inquisidor mais violento a serviço da Igreja. Imaginou o que Sebastian diria se soubesse que ela estava tão próxima dele. Sabia que ele só teria descanso no dia em que a capturasse, mas Angelique estava preparada para impedir que esse dia chegasse.

"Você pagará por tudo isso, Sebastian", ela prometeu a si mesma, enxugando as lágrimas do rosto. — Vou me vingar. De hoje em diante, eu não serei mais sua caça, e sim sua caçadora.

Capítulo 13

O despertador tocou, mas de qualquer forma Nicolas teria acordado sozinho. Como sempre acontecia ao ter aqueles sonhos, seu coração batia em descompasso e o suor molhava todo o seu corpo. O investigador percebeu que suas mãos estavam tremendo e que a garganta estava seca, como se não bebesse água há anos. Rapidamente, ele se levantou da cama e se atirou debaixo do chuveiro, tentando afastar de sua mente as cenas do sonho.

Pela primeira vez, os sonhos se passavam à luz do dia. Mais uma vez, ele vira Sebastian e sua crueldade infinita. Vira também Angelique escondida atrás de uma árvore. De alguma forma, ele sabia que as pessoas que haviam sido assassinadas eram parentes da bruxa e lembrava-se que, momentos antes de acordar, pudera ouvir o sussurrar das palavras de Angelique, prometendo vingança contra o inquisidor criminoso. Esse sonho, assim como os anteriores, era tão real que Nicolas jurava poder sentir o cheiro de carne queimada vinda da fogueira que consumira os corpos de duas pessoas inocentes.

— E Marian ainda supõe que eu tenha sido esse cara estúpido e maldoso em outra vida? — considerou

Nicolas consigo mesmo, enquanto a água do chuveiro lhe massageava os ombros. — Mas não mesmo! Eu jamais cometeria tantas atrocidades assim. Luto pela justiça e não pela punição cruel.

Nicolas se enxugou e vestiu a roupa. Marian ainda não se levantara, então ele mesmo preparou um rápido café da manhã, composto de dois pedaços de mamão, dois biscoitos recheados com geleia e um copo de suco de melancia, seu predileto.

Em poucos minutos, o investigador estacionava diante da delegacia. Nicolas já elaborara mentalmente um roteiro para seu dia. Começaria fazendo uma busca dos pontos de lazer disponíveis na cidade e pediria para Mike ajudá-lo, já que o policial crescera ali e conhecia todos os lugares interessantes.

— Moira, bom dia! — cumprimentou Nicolas, assim que se encostou no balcão da recepção. Ele notou que a policial estava com a mesma expressão fechada de sempre, como se tivesse brigado com o mundo. Por outro lado, Nicolas reconheceu que ela estava muito bonita.

— Peça ao policial Michael que compareça à minha sala. Vou precisar dele.

— Sim, senhor — assentiu Moira, complacente.

Em menos de cinco minutos, Mike bateu na porta, e Nicolas pediu que ele entrasse. Mike estava tão carrancudo quanto Moira e olhava para o investigador de cara feia.

— Bom dia, senhor Nicolas Bartole!

— Vai começar com isso logo cedo, é? — impacientou-se Nicolas, indicando-lhe uma cadeira. — Sente-se aí.

Mike obedeceu e evitou dirigir o olhar para Nicolas, que conteve a irritação e comentou:

— Como você sabe, o criminoso deixou escrito na carta que pretende matar a próxima vítima em uma área de lazer. Quero que me ajude a fazer um levantamento de todos os locais que oferecem alguma forma de lazer a quem o procura. Também preciso dos nomes dos proprietários de cada um desses lugares.

— Irei providenciar isso imediatamente — garantiu Mike, olhando para a mesa. — Deseja algo mais, senhor?

— Se você puder me entregar essa relação o quanto antes, ficaria agradecido.

Mike ergueu seu enorme corpo da cadeira e dirigiu um olhar enviesado ao investigador.

— Não seria melhor se o senhor chamasse outro policial para auxiliá-lo? Um que seja rígido e durão e que não tenha o coração tão mole?

— Se você continuar com essas frescurinhas, vou realmente pedir ao doutor Elias que o substitua. Você não acha que é um baita marmanjo para fazer cenas de raivinha?

Mike apertou os lábios, ajeitou o quepe e se virou para sair da sala. Nicolas respirou fundo, contou até três e chamou:

— Policial Michael.

Mike se voltou e aguardou em silêncio.

— Não está esperando que eu lhe peça desculpas, certo?

— Não, porque em uma delegacia não há espaço para afetividade — afirmou Mike, visivelmente magoado.

— É bom mesmo, porque eu nunca pediria desculpas a você — alertou Nicolas, enfiando as mãos no bolso, nervoso. — Sou seu superior, portanto, se algo sair errado, é você quem me deve desculpas, além das devidas satisfações. Fui claro?

— Com certeza, senhor. Mais alguma coisa?

— E pare de falar como se fosse um robô — repreendeu Nicolas, frustrado. — Pode sair agora.

Cada vez mais chateado, Nicolas olhou para a mesa cheia de papéis. Não imaginava que deixar Mike ofendido fosse deixá-lo aborrecido também. Mike era muito sentimental e se magoava com a primeira brincadeira que ouvia. "Não tô nem ligando pra ele", pensou Nicolas.

Uma hora depois, Mike reapareceu com duas folhas de papel nas mãos e colocou-as sobre a mesa de Nicolas.

— Aí estão os locais que, a meu ver, podem ser compreendidos como áreas de lazer. E, logo abaixo, listei os nomes dos proprietários — informou Mike, com voz gelada.

— Bom trabalho, Mike — elogiou Nicolas. — Fez um serviço excelente em pouquíssimo tempo.

Mike não respondeu e abaixou a cabeça. Nicolas olhou para o policial e, lutando contra a própria impaciência, convidou:

— O que acha se eu pedir a Marian para fazer um jantar especial hoje à noite? Como você é bom de garfo, com certeza não vai ficar de fora, não é?

Mike permaneceu alguns segundos com a cabeça baixa, para que Nicolas não visse o brilho das lágrimas emotivas que despontavam de seus olhos. Quando achou que já tinha se controlado, levantou o olhar e respondeu:

— Eu não posso. Hoje à noite pretendo sair com meus amigos. Aliás, amigos de verdade.

A afirmação foi como um soco em Nicolas, que deu de ombros:

— Azar o seu. Não sabe o que estará perdendo.

"Mas que droga", pensou Nicolas. "Mike quer que eu me ajoelhe no chão e lhe peça desculpas? Nem em sonhos!".

— Acho melhor voltarmos ao trabalho. Vamos ver o que você conseguiu aqui.

Mike realmente havia feito um bom trabalho. Ali estavam os nomes e os endereços de vários lugares interessantes. Havia um cinema, um teatro, um circo, um shopping, um parque de diversões, dois clubes, além do *Quatro Luas*, três academias, incluindo a *Músculos & Beleza*, uma escola de dança, um museu, uma biblioteca municipal e todas as praças públicas da cidade. Era difícil saber o que seria uma área de lazer para um assassino violento com ânsia de matar.

— Estou mesmo surpreso que tenha conseguido isso tão depressa — comentou Nicolas, grifando alguns nomes nas folhas. — Para uma cidade de interior, até que há coisas demais aqui, não acha?

— Estamos nos tornando uma grande cidade, senhor Nicolas Bartole.

— Quer parar de ficar me chamando por meu nome e sobrenome? Acho melhor começarmos com isso o quanto antes.

Nicolas analisou nome por nome, sem encontrar nada de interessante, até que deteve a caneta em um nome na relação. Sabia que já o vira antes em algum lugar. Rapidamente, o investigador abriu sua gaveta e apanhou a relação dos frequentadores da academia, que estavam presentes no local no dia do crime. Havia uma mulher chamada Divina Maria. Ela era a dona do clube *Quatro Luas*, no qual Rafael, o ex-namorado de Tamires, trabalhava. Divina estava na academia no momento do assassinato da jovem. Contava com cinquenta anos e, segundo sua ficha, tinha um filho, cujo nome não aparecia naquela lista.

— Se meu instinto não falhar, o clube *Quatro Luas* realmente é o nosso lugar. Lá deve ser a área de lazer, como já tinha imaginado antes. Você fará comigo uma nova visita ao clube durante a tarde. Vamos ter uma conversinha com essa senhora. E se encontrar Rafael novamente, eu lhe farei outras perguntas. Algo me diz que estamos indo pelo caminho certo, Mike.

— Tudo bem. É o senhor mesmo quem toca a boiada — resmungou Mike, fazendo bico. — E devo lembrá-lo de seu almoço com o comandante Alain e o major Lucena ao meio-dia.

— É, ainda tem isso. Tudo bem. Quero ver se encontro mais alguma coisa nestas relações, porque...

A porta se abriu de chofre, e Miah entrou em disparada. Atrás dela, vinha um policial com ar espantado, que apontava para a repórter e fixava Nicolas pedindo desculpas com o olhar.

— Sinto muito, Bartole. A moça entrou aqui como se fosse tirar o pai da forca — lamentou o policial. — Tentei detê-la pelo caminho, mas ela rosnou pra mim como um cão raivoso. Disse que queria falar com você e que ninguém a impediria.

Nicolas se levantou devagar, enquanto Miah batia o pé no chão furiosamente.

— Mike, é melhor sair também. Deixe-me a sós com essa senhorita.

— Claro, claro — obedeceu Mike, resoluto. — Se forem fazer o que estou pensando, estão no lugar errado. Afinal, aqui é uma delegacia que não admite espaços para afetividade.

— Policial Michael — ameaçou Nicolas, autoritário —, não me faça repetir a ordem.

Mike correu e fechou a porta atrás de si.

Miah soltou a bolsa do ombro e jogou-a sobre a mesa de Nicolas como se tivesse uma bomba em seu interior. O rosto da repórter estava vermelho e seus cabelos nunca estiveram tão bagunçados. Seus olhos cor de mel soltavam faíscas.

— Está feliz? — ela perguntou, numa fúria incontida. — Você conseguiu o que queria.

— Se veio falar do gravador que eu lhe afanei, pode...

— Fui demitida — revelou Miah, andando de um lado a outro da pequena sala de Nicolas. — E tudo por sua culpa!

— Demitida? Não acredito nisso.

Sem responder, Miah abriu o zíper da bolsa com gestos bruscos e sacou uma folha, que lançou contra o rosto de Nicolas.

— Sabe ler, não sabe? É a minha rescisão. O Canal local acaba de me dar um chute. Estavam com tanta pressa para que eu saísse de lá, que vão até pagar meu aviso prévio!

De fato, o documento nas mãos de Nicolas era uma rescisão contratual, mas ele não se deu por vencido.

— Se você forjou esse papel só para eu poder compartilhar as informações do caso com você, pode tirar seu cavalinho da chuva.

Miah tomou o papel de suas mãos e amassou-o dentro de sua bolsa.

— Hoje fui chamada ao departamento pessoal momentos antes de entrar no telejornal da manhã e ganhei esse belo presente. Não me perdoaram por não ter editado aquela matéria na tarde de ontem. Quando você me atrapalhou, claro — ela expeliu o ar dos pulmões com força bruta. — Quem era a grande repórter que nunca seria despedida? Alguma irmã gêmea minha?

Nicolas imaginou algo confortador para responder, mas, como não conseguiu pensar em nada, devolveu:

— Você me mandou esquecê-la, não foi? Ou deu a ordem para algum irmão gêmeo meu?

Nicolas mostrava um sorriso cheio de dentes, e Miah, apesar de estar uma "pilha", acabou sorrindo também.

— Você é um abusado! Não sossegou enquanto não me viu no olho da rua. Eu deveria fazer você perder seu emprego também.

— Quem sabe, se nós dois ficássemos desempregados, poderíamos até nos casar? — brincou Nicolas, segurando as mãos macias e delicadas de Miah.

A repórter o olhou entre séria e divertida e acabou rindo.

— Piadas não me deixarão de bom humor.

— Não é piada. Eu penso seriamente nisso — como Miah não respondeu, Nicolas prosseguiu: — Pelo menos ninguém vai aparecer no ar falando mal de mim, como você fez ontem à noite. Pensa que não a assisti?

— A diretoria do jornal esperava que eu tivesse muitas informações sobre o crime da academia, já que namoro você — confessou Miah, recostando-se na mesa de Nicolas. — Eu disse que nós não misturamos nosso relacionamento com assuntos profissionais, mas eles nem quiseram saber. Acredito que esse tenha sido o verdadeiro motivo da minha demissão.

— Eles é que vão se arrepender — consolou Nicolas, beijando os cabelos da namorada. — Você consegue outro emprego ainda hoje, se procurar. Qualquer um a contrataria.

— Será? E se eles fizerem minha caveira?

— Aí eu vou lá e meto todo mundo em cana — prometeu Nicolas, divertido.

Miah sorriu com a brincadeira e recostou a cabeça no peito de Nicolas, que a abraçou carinhosamente. Ela se afastou bruscamente e estreitou os olhos para o namorado.

— Nem tente me agarrar, porque nós estamos "de mal". Por sua culpa, terei que bater de porta em porta implorando um servicinho qualquer. Além disso, ontem você me roubou! Vou manter minha bolsa longe de suas mãos ávidas.

— Você pode até manter a bolsa longe de minhas mãos ávidas — repetiu Nicolas —, desde que não mantenha longe este lindo e formoso corpinho.

Miah fechou os olhos e soltou uma deliciosa gargalhada.

Capítulo 14

Quando Nicolas entrou no restaurante *Caseiros* acompanhado de Elias e de Mike, avistou o comandante Alain e o major Lucena já sentados à mesa. Ambos estavam à paisana, tentando manter a discrição sobre seus cargos o máximo possível.

— Boa tarde, senhores! — cumprimentou o major Lucena, estendendo a mão aos recém-chegados. — Como sempre, vocês foram extremamente pontuais.

Nicolas também cumprimentou Alain. O comandante era um homem sério e compenetrado. Tinha olhos duros e penetrantes, que pareciam enxergar o interior do seu interlocutor. Fazia a maioria dos homens sob seu comando tremer diante de seu olhar. Nicolas, porém, via-o apenas como um homem qualquer.

Lucena também era um homem forte e robusto, embora tivesse o olhar mais sereno. Tinha os cabelos grisalhos e os olhos verdes. Com cerca de cinquenta anos, Lucena fazia sucesso entre as mulheres, embora fosse fiel à esposa.

— Não sabíamos que você traria um policial consigo — observou Alain, encarando Mike fixamente.

— Ele é meu convidado, senhor. É meu ajudante neste caso, assim como foi no caso passado. Onde eu estiver ele também estará — determinou Nicolas, sorrindo.

Elias trocou um discreto olhar com Mike. Já sabia que Nicolas era respondão e boca-dura, mesmo com o homem que representava o cargo mais alto da corporação policial.

— Peço apenas que me comunique suas decisões, Bartole — retrucou Alain. — Não gosto de homens que agem por conta própria, sem que eu seja informado.

— Trazer um policial a um almoço entre policiais não é um grave delito, comandante — redarguiu Nicolas, sem se abalar. — E se agrada ao senhor ser comunicado, prometo-lhe que o farei na próxima vez.

— Tudo bem — concluiu Alain. — Porque eu também trouxe um convidado, que está chegando neste momento.

Todos viraram a cabeça na direção indicada por Alain e o sorriso de Nicolas esfriou em seus lábios ao ver Evaristo Duarte se aproximar. O outro investigador que havia na cidade e que nunca se conformara com a ideia de ter perdido seu posto de trabalho para Nicolas sentou-se à mesa, mantendo no rosto seu costumeiro ar de arrogância. Ele se parecia com uma versão derrotada e abatida de Marlon Brando, em *O Poderoso Chefão*. Os olhos eram tão expressivos quanto os de um peixe e a boca formava um esgar de deboche a todo o momento.

— Vejam só! — ele cumprimentou todos os homens, menos Nicolas e Mike. — Almoçar em companhia do grandioso Nicolas Bartole deixará a refeição mais gostosa.

— Não posso dizer o mesmo — provocou Nicolas. — Olhar para sua cara enquanto almoço pode me causar indigestão.

Mike levou o guardanapo à boca para disfarçar o riso, enquanto Duarte perdia a cor do rosto.

— Senhores, moderem o linguajar — pediu Lucena.

O garçom aproximou-se com o cardápio e todos fizeram seus pedidos. Enquanto aguardavam os pratos, Alain perguntou:

— Há alguma novidade sobre o crime da academia?

— Nós estamos caminhando bem depressa, comandante — explicou Elias. — Na verdade, é Bartole quem faz todo o trabalho mais pesado. O cara tem a mente de um computador.

— E o que pode nos adiantar? — pediu Alain.

— O policial Michael e eu faremos uma visita a alguns locais que achei importante destacar. Não tenho nada certo ainda, mas creio que até o final do dia teremos novidades — garantiu Nicolas, com tranquilidade.

— Desculpe, comandante — interferiu Duarte. — Eu não sabia que haveria um policial militar almoçando conosco. No meu tempo, isso jamais aconteceria.

Nicolas, que percebeu que Mike corou envergonhado, resolveu retrucar:

— No seu tempo, Duarte, o fogo ainda era obtido riscando uma pedra na outra. Agora estamos no século 21, uma era de modernidade e bons modos. Como já havia dito ao comandante, Mike é meu convidado neste almoço. Espero que você não tenha nenhuma objeção quanto a isso.

Como o clima na mesa havia ficado pesado, ninguém disse nada, e Nicolas juraria que estava ouvindo Duarte remoer a raiva. No minuto seguinte, os pratos foram servidos e eles começaram a comer. Alain foi o primeiro a falar:

— Não entendo porque vocês vivem se digladiando. Reconheço que ambos são excelentes profissionais e fariam um trabalho perfeito se agissem em cooperação um com o outro.

— Eu fiz essa mesma proposta a este senhor no mês passado — lembrou Nicolas. — Ele a recusou, dizendo que sempre trabalhou sozinho e que não aceitaria mudanças. Com todo o respeito, comandante, mas há um ditado popular que diz: "Se mudar a cor do capim, o burro morre de fome".

Mike ficou ligeiramente azul, enquanto prendia o riso com toda a força que possuía. Até mesmo o delegado teve vontade de rir e mal conseguiu se conter. Alain olhou para Nicolas sem expressão, e o major Lucena ignorou o comentário.

— É lamentável que você ainda pense e aja como uma criança mimada — argumentou Duarte, furioso, para Nicolas e se virou para Alain: — A amante dele já apareceu no noticiário de ontem à noite tecendo comentários sobre o caso. Naturalmente, é ele quem lhe passa as informações em seus momentos de intimidade, como fez na investigação passada.

— Qual é o seu problema, Duarte? Falta de mulher?

— Bartole, exijo que respeite o investigador Duarte — ordenou Alain, contrariado com a troca de ofensas entre os dois homens. — Duarte trabalha nesta cidade há mais de três décadas e sempre fez um excelente trabalho. Você vem assumindo a frente das investigações, porém posso pedir uma substituição imediata para que Duarte assuma o comando.

— Perdão, comandante, acho que não chegaremos a lugar algum agindo assim — sugeriu Lucena, tentando apaziguar os ânimos. — É notória a capacidade dos dois, mas acredito que é melhor deixarmos tudo como está, afinal a equipe de Nicolas já tem nas mãos vários materiais ligados ao crime.

— Isso é verdade — interveio Elias. — Modéstia à parte, já temos em nosso poder várias evidências relacionadas à morte de Tamires. Admito que Bartole e o policial Michael estão se destacando neste trabalho.

— E peço que não se preocupem com Miah — avisou Nicolas. — Ela me informou que foi demitida na manhã de hoje.

Um ar sarcástico emanou do rosto de Duarte, que não conteve um comentário maldoso:
— A mídia não precisa de péssimos profissionais.
— A polícia também não, Duarte — revidou Nicolas.
— Pense nisso.

Em menos de duas horas depois, Nicolas freava seu carro diante da entrada do clube *Quatro Luas*, exatamente como fizera no dia anterior. Mike fizera o trajeto todo em silêncio e só elaborara um breve comentário:
— Obrigado por ter me defendido no almoço.
— Eu faria isso com qualquer outro policial — informou Nicolas, controlando-se para não virar o rosto e ver a expressão de Mike.

Eles pararam diante da recepção, e a jovem atrás do balcão reconheceu Nicolas.
— Procura o senhor Rafael novamente?
— Não. Hoje eu vim à procura da senhora Divina Maria.

A recepcionista interfonou para a proprietária e, segundos depois, autorizou a entrada de Nicolas, que agradeceu gentilmente.

O investigador fez o mesmo percurso de antes, mas, em vez de seguir para as saunas, contornou por trás do setor de massagens. Mike emitia discretos assovios, quando uma moça de biquíni passava por eles.
— Você viu aquela de biquíni amarelo, Bartole?
— Contenha-se, Mike. Que coisa!

Uma escada de quinze degraus levava ao escritório de Divina, que já os aguardava com um amável sorriso no rosto. Para surpresa de Nicolas, ela usava uma saída de praia, que mal escondia seu biquíni vermelho. Apesar de estar na casa dos cinquenta anos, aparentava ter quinze a menos.

— Perdoe-me se os recebo em trajes tão informais — desculpou-se Divina, estendendo a mão coberta de anéis para cumprimentar os visitantes. — É comum eu trabalhar assim. Como estamos em um clube, acredito que seja mais natural eu me vestir de acordo com o ambiente.

— O importante é o conforto — comentou Nicolas, sentando-se na cadeira indicada por Divina. Mike permaneceu em pé, olhando ao redor com curiosidade.

— Nossa, como você é alto! — observou Divina, encarando Mike com um alegre sorriso no rosto. — Como se chama mesmo?

— Michael — ele sorriu e revelou seus dentes branquíssimos. — Mas prefiro que me chamem de Mike.

— Sim, se você acha melhor, tudo bem — aprovou Divina.

Ela dirigiu seu olhar amável a Nicolas, aguardando que ele explicasse o motivo da visita.

— Creio que a senhora saiba do assassinato ocorrido na *Músculos & Beleza* no último domingo.

— Sim, claro. Eu estava lá no momento do crime. Formou-se um verdadeiro pandemônio quando o corpo foi descoberto no vestiário. Fiquei penalizada pela moça morta.

— A senhora a conhecia? — indagou Nicolas.

— Bem, não éramos amigas, na verdade. Só conversávamos de vez em quando, ou quando praticávamos esteira juntas. Em minha sincera opinião, Tamires tinha o corpo mais perfeito que eu já vi. Não sei o que ela ainda fazia por lá.

— Durante as conversas entre vocês, Tamires disse ou mencionou algo que lhe chamasse a atenção? Talvez uma discussão com alguém, medo ou apreensão de alguma coisa?

Divina esfregou o queixo com dois dedos enquanto meditava. Por fim, recostou-se na cadeira.

— Ela apenas mencionou algo sobre um namorado.

Nicolas curvou o corpo para frente, bastante interessado.

— Tamires disse o nome dele?

Divina fez que não com a cabeça.

— O que ela disse exatamente sobre esse namorado?

— Ela apenas comentou que homem nenhum valia a pena e que até mesmo um namorado era motivo de decepção para uma mulher. Como sou separada, concordei com ela.

"A quem Tamires estaria se referindo? A Lucas ou a Rafael?", pensou Nicolas.

— Há um funcionário que trabalha em seu clube chamado Rafael, correto?

— Sim. E já soube que o senhor esteve aqui na tarde de ontem à procura dele — Divina cruzou uma mão na outra e exibiu um sorriso franco. — Contudo, Rafael não é meu funcionário. Ele é meu filho.

Capítulo 15

Nicolas continuou encarando Divina, enquanto processava a informação. Diria que tudo era coincidência, se acreditasse nisso. Aquele caso estava se tornando tão complexo quanto uma teia de aranha. Parecia um quebra-cabeça com dez mil peças, em que nada se encaixava. Rafael era o ex-namorado de Tamires, que, segundo Lucas, o atual namorado da garota, nunca a perdoara pelo fim do relacionamento. Divina, a mãe de Rafael, estava na academia no momento do assassinato e conversava com Tamires sem muita frequência. Seria possível que ela não soubesse que Tamires namorara seu filho?

— Creio que a senhora saiba que seu filho Rafael foi namorado de Tamires.

Divina não estava sorrindo mais. Parecia séria e triste.

— Negar seria inútil, senhor Bartole. Eu sempre soube que Rafael namorou Tamires e confesso que esse relacionamento não me agradava. Tamires era linda e inteligente, mas eu sempre dizia para mim mesma que não era a moça certa para meu único filho.

— Do que a senhora não gostava nela?

— Não sei. Coisa de mãe. Minha intuição me dizia que Rafael seria infeliz se levasse aquela paixão adiante.

No entanto, ele a amava e sempre me dizia que desejava casar-se com ela — lamentou Divina, remexendo-se na cadeira.

— A senhora acabou de me dizer que não se falavam com frequência e que Tamires tinha comentado algo sobre um namorado. Certamente o comentário não era sobre seu filho.

— Claro que não. Rafael nunca a desapontou, pelo contrário. Foi ela quem lhe decepcionou quando terminou o namoro dizendo que já havia conhecido e se apaixonado por outro. O nome dele é Lucas. É filho de um carpinteiro.

— Sei. Rafael também frequentava a academia.

— Claro. Íamos juntos. Foi lá que eles se conheceram.

Pelo menos essa parte batia com o que Lucas havia dito. Claro que alguém estava mentindo ali. Rafael e Lucas acusavam-se mutuamente. Qual deles teria sido capaz de golpear a cabeça de Tamires apenas por ciúmes?

— A senhora conheceu Lucas?

— Sim, eu o vi algumas vezes na academia, quando ele ia buscar Tamires. Ele é bem bonito também e temia ver meu filho no mesmo local que a namorada. Acho que ele tinha medo de que Tamires e Rafael reatassem.

— Havia essa possibilidade?

— Da parte de Rafael, sim. Como eu disse, ele a amava. Lógico que nunca iria se vingar de Tamires, muito menos dessa forma. Ele nem estava na academia naquele dia — Divina passou as mãos pelos cabelos cor de café. — Agora Rafael está namorando de novo. Nickita é uma boa moça. Talvez ela seja a pessoa adequada para ele, embora para mim, que sou mãe, qualquer nora seja uma inimiga.

Nicolas sorriu pensando em sua própria mãe. Lourdes Bartole era capaz de fazer um juramento de sangue para espantar qualquer namorada que ele arrumasse.

De repente, ouviram-se vozes alteradas vindas de baixo. Uma mulher gritou e alguém gritou pela polícia. Nicolas pulou da cadeira e seguiu Mike, que já corria para a janela. Puderam ver várias pessoas correndo para dentro de uma porta.

— Meu Deus! — assustou-se Divina. — Ali ficam as piscinas aquecidas. O que será que houve?

— Vamos descobrir agora mesmo — avisou Nicolas, já correndo para as escadas com a arma em punho.

Em três segundos, Nicolas saltou os quinze degraus e, seguido por Mike, que também segurava uma arma, correu na direção da multidão. Empurrando quem via pela frente, ele cruzou a porta, exibindo seu distintivo com a mão esquerda.

— Polícia! Afastam-se todos. Disperse essas pessoas, Mike.

Nem foi preciso Mike ter muito trabalho. O revólver em sua mão foi o suficiente para fazer os curiosos se afastarem, embora continuassem espichando o pescoço a fim de compreenderem o que tinha acontecido. Dois homens vestidos de preto estavam agachados ao lado de uma pessoa caída. Nicolas chegou correndo e também ordenou que os seguranças se afastassem.

Em um rápido enquadramento do cenário, ele avistou duas piscinas, uma redonda e outra retangular. A água parada nas piscinas indicava que elas não estavam sendo utilizadas. Ao fundo, ele avistou duas portas fechadas e compreendeu que eram os vestiários.

Nicolas se abaixou ao lado do corpo no chão. Não era necessário ser perito para descobrir que o rapaz estava morto. Parte de sua cabeça havia sido destroçada. Não havia outros ferimentos visíveis. Ele usava apenas uma sunga preta, e Nicolas lhe deu menos de trinta anos. O investigador sentiu uma onda de raiva atravessar seu corpo ao ver a pomba branca de madeira pousada ao lado da mão aberta da vítima. Mais à frente, via-se um haltere preto, ainda encoberto de sangue, cujo modelo era idêntico ao que fora usado no assassinato de Tamires.

Nicolas sacou o rádio e abriu o chamado.

— Aqui fala o investigador Nicolas Bartole. Atenção, todas as viaturas na região do clube *Quatro Luas* apresentem-se ao local. Um corpo acaba de ser descoberto. Repetindo, todas as viaturas na região, apresentem-se ao clube *Quatro Luas*. Urgente!

As pessoas tentavam empurrar Mike para passar e já não se mostravam tão intimidadas com sua arma. Até mesmo Divina fora mantida do lado de fora da porta.

Sete minutos após o chamado de Nicolas, os primeiros policiais chegaram. Vinte minutos mais tarde, surgiu a equipe da perícia. O delegado Elias dissera que também estava a caminho.

Nicolas calçou um par de luvas de borracha e apanhou a pomba de madeira com as asas abertas. Era similar à pomba encontrada junto ao corpo de Tamires. O padrão do crime era o mesmo do anterior.

Ele abriu a portinha de madeira na barriga da pombinha e não teve dificuldade para apanhar o papel dobrado. Nicolas notou que os peritos já trabalhavam no corpo do rapaz, que até aquele momento ainda não havia sido identificado.

Assim como o crime se repetira, a mensagem também era bastante parecida com a outra. Dizia:

Conforme avisado, mais um pereceu.
Pois Henrique Marine não sobreviveu.
Estou feliz pelo que aconteceu.

Aos poucos alcanço o apogeu.
A polícia não foi mais rápida do que eu.
O próximo da lista estará no museu.

— Que droga! — resmungou Nicolas, falando alto o suficiente para que os peritos o olhassem. — Mike, venha até aqui.

Mike se aproximou logo após pedir para dois policiais vigiarem a porta. Os frequentadores do clube começavam a deixar o local, mas o faziam sob protestos. Afinal, não era sempre que se via uma pessoa assassinada de perto.

— Leia — Nicolas entregou-lhe o bilhete.

— É do mesmo cara que matou Tamires — concluiu Mike ao terminar de ler. A cena do crime em si já deixou bem claras as semelhanças com o assassinato anterior.

— Não podemos nos esquecer de que o assassino pode ser também uma mulher — lembrou Nicolas. A vítima no chão aparentava ser bastante alta e forte, mas pode ter se tornado presa fácil para alguém menor que ele, que estivesse segurando um haltere pesado. Alguém movido pelo desejo de matar.

— Vítima identificada — anunciou o chefe dos peritos. — Encontramos seus documentos em uma mochila jogada ao lado das piscinas. Seu nome é Henrique Marine e tinha vinte e seis anos. A carteirinha do clube informa que é sócio deste local desde o começo do ano.

"A mesma idade de Tamires", reparou Nicolas. Ele mostrou ao perito a mensagem encontrada no interior da pomba. Pensativo, o homem leu o bilhete e devolveu-o ao investigador.

— É o mesmo assassino, claro.

— Pois é. E mais uma vez fugiu — determinou Nicolas, mal contendo a raiva que sentia. Sabia que não tinha meios de prever o crime e se questionava sobre como pudera ter se distraído conversando com Divina, enquanto o criminoso estava a poucos metros dele, matando sua próxima vítima.

Os peritos concluíram que Henrique fora morto há cerca de meia hora, instantes antes de as pessoas descobrirem seu corpo. Na sala das piscinas aquecidas não havia câmeras de segurança. "Ou seja, não temos nenhuma pista novamente", pensou Nicolas.

— Não seria melhor falarmos com o gerente do local, Bartole? — sugeriu Mike, finalmente guardando o revólver. — Ou com a própria Divina, que é a dona? Eles devem saber detalhes do motivo de somente Henrique estar por perto das piscinas aquecidas.

— Sim, Mike, vá descobrir isso — concordou Nicolas no instante em que Elias surgia pela porta, esbaforido, seguido por Moira.

— De novo? — Elias perguntou alternando o olhar do corpo para Nicolas.

Ele apenas assentiu, sentindo-se subitamente cansado demais para responder. Se tinha algo que o deixava verdadeiramente irritado era o fato de perder um suspeito debaixo do seu nariz. Claro que havia a hipótese de que o culpado estivesse entre a multidão clamando pela polícia, o que não mudaria a situação.

Elias leu a mensagem e perguntou:

— Ele deixou a pista de que vai matar mais um no museu? Por que ele está facilitando nosso trabalho?

— Porque é presunçoso demais e acha que vai escapar de nós a vida inteira. Enquanto tira a vida das pessoas, brinca com a polícia, pois se julga superior e capaz — Nicolas soltou o ar lentamente dos pulmões, esperando que a raiva saísse do seu peito. — Confesso que essas mensagens rimadas me deixam muito nervoso.

Até nisso dá pra ver que o criminoso quer ser visto como o melhor.

— Ele não mencionou a palavra "paz" dessa vez — notou Elias.

— Mas deixou a pombinha, o que dá na mesma — Nicolas fechou os olhos e, quando os abriu, um brilho cortante atravessou seu olhar azul-escuro. — Elias, vamos nos movimentar — Nicolas olhou para Moira, que se mantinha dura e rígida como um poste de luz. — Moira, já que o doutor Elias a convidou para trabalhar em campo, quero que consiga em tempo recorde o máximo de informações possíveis sobre Henrique Marine. Preciso dos nomes de familiares, amigos, local de trabalho etc. E o mais importante: tente descobrir se existe um vínculo entre ele e Tamires. Essa é a peça-chave para descobrirmos quem tirou a vida desses dois jovens.

Nicolas limpou o suor da testa e, como parecia empolgado, continuou falando:

— Notei que há algo em comum entre ele e Tamires. Ambos possuíam corpos sarados e sadios. Moira, preciso que descubra em que isso se encaixa entre os crimes — ela assentiu e Nicolas finalizou: — Mas lembre-se de que preciso dessas informações "pra ontem".

Moira pediu licença e saiu quase correndo para cumprir as ordens. Os peritos continuavam trabalhando com a vítima, tirando fotos e fazendo medições. Nicolas passou os olhos por cima deles e fitou as piscinas. Henrique estava de sunga, mas seu corpo estava seco. Ele não chegara a nadar até ser morto. Era importante conferir o horário de sua chegada e de onde estava vindo.

— Elias, peço-lhe que acompanhe o trabalho dos peritos. Depois, precisamos nos reunir para elaborar um plano para deter esse delinquente, antes que ele mate mais alguém no museu. Mike conseguiu elaborar uma lista dos estabelecimentos que serviam como área de lazer e percebi que aqui há somente um museu.

— É verdade, Bartole, porém não sabemos quando ele vai atacar novamente — considerou Elias. — Se é que ele está se referindo ao museu desta cidade.

— Tenho certeza que sim. Todas as vítimas são moradoras de nossa cidade e acredito que ele já escolheu todas as seis — decidiu Nicolas, tirando as luvas de borracha das mãos. — Duas estão mortas, portanto ainda restam quatro. Preciso ainda que você leve Oscar Teixeira à delegacia para ser interrogado. Ele foi o marceneiro que produziu as pombas. E a história que ele contou de que não se lembrava da fisionomia do cliente que usou o nome de Miah não me convenceu. Vou pressioná-lo até que ele chore pelos ouvidos.

— Para onde está indo agora, Bartole?

— Vou pra casa, Elias. Preciso tomar um banho para tirar todas essas energias negativas que o ambiente de um crime deixa em nossos corpos. Prometo que estarei de volta à delegacia em uma hora.

Sem esperar pela aprovação do delegado, Nicolas saiu pela porta e, notando que a multidão fora dispersada, seguiu a passos largos até seu carro.

Capítulo 16

Nicolas encontrou o telefone tocando no momento em que entrou em seu apartamento. Marian não estava, então ele se adiantou para atender à ligação.

— Maninho? — a voz de Ariadne, irmã caçula de Nicolas, ecoou estridente.

— Sim, Ariadne, sou eu. Fale um pouco mais baixo. Não sei por que você e mamãe gostam de falar gritando — pediu Nicolas. — Aliás, você deu sorte de me pegar em casa a essa hora. Vim apenas tomar um banho, pois tenho que voltar à delegacia.

— Eu ia telefonar para seu celular de qualquer forma — disse Ariadne, como se não tivesse ouvido o irmão dizer que estava em horário de trabalho. — A mamãe precisa de flores.

— Por quê? — espantou-se Nicolas. — Ela morreu?

— Isso é jeito de falar dela, Nic? — recriminou Ariadne. — Vou contar que você quer vê-la a sete palmos abaixo do chão.

— Não se esqueça de acrescentar que existe crematório também — ironizou Nicolas, tentando não rir.

— Acontece que, como estou desempregada...

— De novo? Não me diga.

— Quer me ouvir? Saco! — cortou Ariadne, fingindo estar nervosa. — Eu dizia que, como estou com bastante tempo, tenho ajudado a mamãe a procurar decoradores para a festa, no sábado. E hoje já é terça-feira e até agora não encontramos ninguém para fazer a decoração das flores. Ela quer que cada mesa esteja enfeitada com duas combinações de cores diferentes e com flores de espécies variadas e perfumadas. Só que as floriculturas daqui estão cobrando uma verdadeira fortuna para fazer esse serviço.

— É melhor esquecer as flores — sugeriu Nicolas.

— Nem pensar. Foi então que ela teve uma ideia e pediu para eu ligar para você. Ela disse para você contratar alguém que faça a decoração das flores aqui em casa e pague com seu dinheiro pelo serviço. Ela consideraria essa gentileza um presente de aniversário.

— Que gracinha! — debochou Nicolas, desviando o olhar para o relógio da parede. — Será que ela também não quer que eu contrate uma apresentação de orquestra sinfônica para agitar a festa? Diga à mamãe que eu sou policial e não um banqueiro. E acrescente que estou com uma investigação em andamento, portanto tudo o que me falta é tempo para procurar floristas.

— Ela não vai gostar de saber disso — alertou Ariadne.

— Azar o dela. E agora preciso desligar, porque já estou me atrasando.

— Só mais uma pergunta... — Nicolas percebeu que Ariadne baixou o tom de voz. — Essa é uma dúvida pessoal minha. Por acaso, você não pretende trazer aquele seu colega policial tamanho família, certo?

— O Mike? — como Nicolas nem tinha pensando nisso, sorriu: — Eu posso levá-lo, mas antes ele vai precisar mudar a maneira como está me tratando.

— Por quê?

— Coisa nossa.

— Eu preferia que ele não viesse — afirmou Ariadne. — Ele é muito exibido para meu gosto.

— Não se preocupe. Ele vai com a namorada dele — mentiu Nicolas, tentando imaginar a cara que Ariadne estaria fazendo.

— Ele tem namorada, é? — ela emitiu uma série de ruídos que Nicolas achou que fossem resmungos. — Pois acho bom que ele fique aí com a namorada enxerida dele.

— Ariadne, por acaso você está gostando do Mike?

Como resposta, ela bateu o telefone no gancho, enquanto Nicolas ria.

Quando voltou para a delegacia, Nicolas percebeu que havia uma espécie de tumulto acontecendo ali. Viu várias pessoas circulando e três repórteres portando microfones, seguidos por seus operadores de câmera. Viu também o comandante Alain conversando ao fundo com o delegado e notou também que o alvo da mídia era o major Lucena, que trocava algumas palavras com o prefeito. Ao lado dele estava Duarte.

Evitando ser visto, Nicolas aproximou-se de Moira, que estava postada na recepção. Antes que ele abrisse a boca, ela lhe estendeu um envelope lacrado.

— Aí estão os dados que consegui sobre Henrique Marine.

— Obrigado, Moira — Nicolas olhou por cima do ombro esquerdo e perguntou: — Que muvuca é essa?

— A mídia já usou seu nariz biônico para descobrir informações sobre o crime do clube *Quatro Luas*. Como houve dois assassinatos no período de três dias, a cidade já se alvoroçou de novo. E parece que vai ser pior do que da outra vez — preveniu Moira, parecendo preocupada. — Miah está entrando nesse momento.

Nicolas se virou e viu Miah caminhando em sua direção. Ela olhou para os lados e o investigador perguntou:

— O que veio fazer aqui? Esqueceu que não é mais repórter?

— A profissão ainda está no meu sangue — Miah respondeu bastante séria. — Ed, que era meu câmera, acabou de me passar uma mensagem por celular. Ele está aqui com Sabrina Dasso, a idiota que me substituiu.

— Ainda não me disse o que veio fazer aqui.

— Dar todo meu apoio moral a você — sorriu Miah, parecendo inocente. — Ed me disse que a delegacia estava um caos. Ele contou que ouviu comentários de que querem que você saia da cidade.

Nicolas mal teve tempo de responder, quando ouviu a voz melosa de Duarte. Com ele, vinha o prefeito, o major Lucena, os três repórteres, entre eles Sabrina, e o delegado. Alain havia sumido de cena. Nicolas notou Mike parado ao lado da porta de saída.

— Aí está você, o capacitado investigador Nicolas Bartole — provocou Duarte, fazendo um muxoxo. — Dois crimes em três dias. Será que, além de mim, alguém mais já reparou que nossa cidade se tornou violenta e insegura após a chegada deste senhor vindo do Rio de Janeiro?

— Uma coisa não tem nada a ver com a outra — interveio Elias. — Sejamos coerentes, Duarte.

— O que o doutor Duarte diz faz todo o sentido — tornou Sabrina, apertando firmemente o microfone com a mão. A repórter era negra, tinha os cabelos caindo em cachos pelos ombros e aparentava ter menos de trinta anos. Era muito bonita e lançou um olhar sarcástico para Miah, como se estivesse rindo da outra por ter conseguido seu cargo. — Nasci aqui e nunca vi nada parecido. No mês passado, três crianças foram mortas. E agora, já morreram mais duas pessoas. Não acham tudo muito estranho?

— O que vocês estão querendo insinuar com isso? — a voz de Nicolas trovejou pelos corredores da delegacia. — Só o que me falta é ser acusado pelos crimes. Eu imaginava que vocês confiassem em meu trabalho desde a última investigação, só que, pelo jeito, continuam desconfiando de mim como no primeiro dia.

— Como não desconfiar, querido Nicolas? — sorriu Duarte. — Claro que você não está matando ninguém, mas, quando veio pra cá, pode ter trazido consigo metade da corja que mora em sua cidade.

— Eu não quero que haja um *serial killer* na cidade a cada mês — tornou o prefeito, um senhor de cabelos brancos como a neve, com uma barriga estufada para frente.

— Major Lucena — era Duarte novamente —, o que o senhor e o comandante Alain estão esperando para me colocar à frente desse caso? Só há um homem capacitado aqui, que sou eu. Tenho trinta anos de experiência na polícia.

— Já fiz excelentes entrevistas com o doutor Duarte — informou Sabrina. — E posso dizer que ele é mesmo um ótimo profissional. Certa vez, o doutor Duarte fechou um caso em apenas dois dias.

— Eu me lembro disso — disparou Miah, furiosa com o modo como estavam tratando Nicolas. — Duarte realmente fechou um caso em dois dias. Ele conseguiu descobrir quem roubou o burrico do seu Anselmo da granja. Ou seria uma mula?

Algumas risadinhas ecoaram, enquanto Duarte ficava branco. Sabrina exibiu um sorrisinho afetado:

— Nem sei o que você está fazendo aqui, Miah. Veio implorar aos meus pés para que eu lhe devolva o cargo? Pode esquecer. Se você fosse útil e importante, a direção do Canal local não a teria demitido de um momento para o outro.

Houve mais risadinhas. Miah, sem perder a postura, retrucou:

— E se eu tivesse a mesma facilidade que você tem para dormir com metade dos diretores do Canal local em busca de um cargo melhor, com certeza ainda estaria lá — Miah olhou para Ed, que estava tão pálido quanto Sabrina. — Espero que vocês estejam ao vivo e que tenham gravado tudo isso, Ed.

— Viram como os dois se dão bem? — apontou Duarte, esforçando-se para sorrir. — Miah e Bartole formam o casal perfeito. Pena que os dois sejam completamente dispensáveis de seus cargos — ele se virou para o prefeito e para Lucena. — Quando vocês me nomearão o responsável pelo caso?

Nicolas nem sabia como havia conseguido se segurar até ali. Apenas tinha acompanhado em silêncio os comentários rancorosos de Sabrina e de Duarte a seu respeito. Mas como não tinha sangue de barata, a pouca paciência que lhe restava simplesmente evaporou.

— Duarte, sua inveja deixa você ainda mais feio do que já é. Até quando vai ficar correndo atrás dos seus superiores, pedindo, implorando e suplicando para reassumir seu posto? Antes, eu até mantinha certo respeito por você, mas agora acabei de constatar que você é apenas um pobre coitado, convencido e prepotente, que se acha melhor do que todo mundo. Nesse caso, para resolvermos de vez nossas rixas, vou dar uma sugestão: eu investigo os homicídios e você, para não ter que ficar em casa lendo para seus netinhos enquanto calça meias de lã, poderá investigar quem roubou galinhas na cidade nas últimas semanas. O que acha?

Duarte empalideceu, e Miah ajuntou:

— Acabei de me lembrar de que não era um burrico nem uma mula que foi roubada do seu Anselmo. Foi um jegue! Claro que Duarte fechou o caso em dois dias, porque o pobre animalzinho já estava bem velho. Estou me referindo ao jegue, claro.

Os repórteres soltaram uma sonora gargalhada. Lucena quase riu também, mas manteve a postura e atalhou:

— Podemos dar o prazo de mais uma semana ao investigador Bartole, para que tente fechar esse caso.

— Não gosto de trabalhar sob pressão — avisou Nicolas.

— Bem, de quanto tempo acha que vai precisar então?

— O tempo que for necessário, major. E agora eu pediria que, se fosse possível, todos me deixassem a sós com o doutor Elias. Preciso conferir alguns dados levantados sobre nossa investigação.

— Eu ainda vou fazer você voltar definitivamente para o Rio de Janeiro, Bartole — prometeu Duarte, já a caminho da saída. — Esse dia está muito próximo.

Nicolas, que estava se afastando, parou e rebateu:

— Lembre-se, Duarte, de que as galinhas caipiras costumam ser as mais roubadas. Fique atento a isso.

Miah se aproximou, e Nicolas apertou as mãos da namorada com carinho.

— Obrigado por ter vindo.

Ela exibiu um sorriso sedutor e sussurrou:

— Hoje à noite, se tudo estiver tranquilo, o que acha de ir ao meu apartamento?

— Hum, essa foi a melhor parte do dia. Você já me perdoou por ter pegado "emprestado" o gravador de sua bota?

— Digamos que demos uma trégua. Com sorte, você será perdoado mais tarde — Miah passou os dedos pelo rosto de Nicolas e o beijou rapidamente nos lábios.

Depois que ela saiu, Nicolas se encontrou com Mike e Elias na sala do delegado. Ele ainda segurava o envelope com as informações obtidas por Moira.

— Arre égua, que confusão! — comentou Mike. — Esse Duarte parece ex-amante. Não aceita ser passado pra trás.

— É um imbecil — concordou Elias. — Não vamos nos aborrecer falando dele. Acho melhor apresentarmos as novidades que conseguimos.

— Antes, quero ver o que Moira levantou sobre Henrique — avisou Nicolas, despejando o conteúdo do envelope sobre a mesa do delegado.

A verdade era que Moira havia feito uma excelente pesquisa. Ela descobriu que Henrique morava sozinho e que, dois anos antes, seus pais haviam se divorciado. O pai se mudara para São Paulo com a namorada e a mãe partira para Ribeirão Preto em companhia do novo marido.

Como nascera naquela cidade, Henrique optou por permanecer lá sozinho. Não possuía uma namorada fixa em virtude de sua profissão: era garoto de programa, embora sua clientela, em geral, viesse de outras cidades. Ele não era cliente da *Músculos & Beleza*, assim como Tamires não frequentava o *Quatro Luas*. De acordo com o relatório de Moira, Henrique e Tamires, aparentemente, não se comunicavam. Nicolas havia descoberto que Tamires não estava trabalhando e pagava a academia com a aposentadoria da avó. Henrique morava na zona norte da cidade e não frequentava os mesmos locais que Tamires.

Moira, no entanto, fizera uns traçados com caneta vermelha em determinado trecho do relatório. Ela descobrira que o único ponto que ligava Henrique a Tamires era o colégio no qual haviam estudado durante a infância.

Era uma instituição estadual localizada na cidade, na qual eles cursaram três séries na mesma turma.

— Escola de novo, não... — lamentou Nicolas, pensando na investigação passada. — Elias, Moira merece uma promoção. Está mostrando que é uma excelente profissional.

Nicolas ignorou uma espécie de rosnado que Mike emitiu. Ele cruzou os imensos braços, olhou friamente para Nicolas e falou ao delegado:

— Como eu também me reconheço como um excelente profissional, ainda que ninguém note, obtive algumas informações com Divina e Rafael, do clube Quatro Luas.

— Sim, Mike, diga-nos o que conseguiu — pediu Elias, que se mantinha alheio à relação estremecida entre Mike e Nicolas.

— As piscinas aquecidas, como puderam notar, estão localizadas em uma área separada. O único acesso a elas é por meio daquela porta pela qual passamos. Segundo Rafael Macedo, as piscinas aquecidas não estavam funcionando hoje, pois estavam em manutenção para limpeza. A porta estava destrancada e somente dois funcionários poderiam ter acesso a ela. Henrique foi morto ali e o assassino retornou pela porta, com tranquilidade. Propositadamente, ele deve ter deixado a porta entreaberta para chamar a atenção de alguém. Acredito que foi o que aconteceu e que por isso se formou aquele rebolíço.

— Bem, eu vou precisar conversar com esses dois funcionários — decidiu Nicolas.

— Como amostra de minha competência absoluta, eu mesmo tomei a liberdade de falar com os funcionários em questão — esclareceu Mike, erguendo o nariz para o alto. Sabia que Nicolas estava prestando atenção nele, por isso queria mostrar toda a sua capacidade. — E eles também se mostraram surpresos.

— Nesse caso, vou apurar quanto tempo esses funcionários trabalham no clube — tornou Nicolas.

— Dando sequência a já citada capacidade e destreza que possuo, busquei essas informações. Um trabalha no *Quatro Luas* há doze anos e o outro há oito. Eles são completamente inocentes — resolveu Mike, com ares de maioral.

— Muito bem, Mike — aprovou Elias. — Bartole também irá parabenizá-lo pela rapidez e eficiência.

— Elias... menos.

— Nada mais justo, Bartole. Mike mostrou-se tão bom quanto Moira. É justo que nós reconheçamos seu trabalho.

— Deixe isso pra lá, doutor Elias — refutou Mike. — Neste local, não há espaços para afetividade. Ninguém precisa gostar de ninguém. Eu sei que fiz um bom trabalho, mas não preciso ser reconhecido por meus méritos.

— Ouça... vocês brigaram ou o quê? — sondou Elias.

— Está tudo ótimo. Mike não dá motivos para brigas.

— Bartole também não — revidou Mike, irônico.

Como tinham muita coisa com que se preocupar, Elias deu de ombros e prosseguiu no trabalho com as análises e informações que dispunham sobre os crimes.

Capítulo 17

Marian conferiu as horas no relógio de pulso e achou que era melhor começar a preparar o jantar. Logo mais, seu irmão chegaria faminto e ele gostava de encontrar a comida quente. Marian se perguntava como Nicolas tinha conseguido se virar até ela ir morar com ele.

Enquanto o arroz cozinhava, Marian temperava os bifes. Parada ao lado de suas pernas estava Érica, olhando-a como se perguntasse quando receberia sua parte. Marian baixou o olhar para a imensa gata branca e sorriu:

— Não posso lhe dar carne crua, mas prometo contrabandear um pedaço do meu bife frito para você sem que Nicolas perceba, está bem?

Como agradecimento, Érica esfregou a cabeça carinhosamente na perna de Marian. Nesse instante, ela ouviu o toque suave da campainha.

— Nicolas não é, pois ele tem a chave. Talvez seja Miah — disse Marian, falando com a gata. Sem se dar ao trabalho de tirar o avental, ela atravessou o hall, abriu a porta e sorriu para a figura desmilinguida e apática do síndico do condomínio.

— Boa noite, dona Marian! Vim apenas entregar o condomínio do mês — sorriu ele, revelando dentes tortos e amarelos. Nas mãos, trazia um maço de envelopes a serem entregues aos demais condôminos.

Marian sorriu e abriu o envelope. Ergueu as sobrancelhas ao conferir o valor.

— Hum, aumentou de novo? Nicolas não vai gostar.

— Taxa extra para o conserto dos elevadores — informou Vicente Leroy, solícito.

— Eu não me lembro de os elevadores terem quebrado este mês — considerou Marian.

— Houve um pequeno incidente na casa das máquinas durante a madrugada da semana passada, por isso ninguém ficou sabendo — explicou Vicente.

— Tudo bem. Vou mostrar ao meu irmão.

— Posso lhe fazer uma pergunta, dona Marian?

— Sim, Vicente, o que é?

— Se estiver solteira, acha que eu tenho alguma chance com você?

Marian o encarou por alguns segundos. Vicente era menor do que ela e tinha um nariz torto e dentes horríveis. Os cabelos eram escuros e pareciam ter travado uma luta mortal com o pente. Possuía um queixo fino e pontudo e mal deveria pesar cinquenta quilos. Mesmo assim, Marian o achava simpático e gentil, mas namorá-lo estava totalmente fora de cogitação.

— Vicente, você não tem chances comigo simplesmente porque não o amo. E penso que, sem amor, nenhuma relação vai pra frente.

— Conversa. Diz isso porque sou feio — ele baixou a cabeça, entristecido.

— Garanto que, se eu o amasse, seu físico não seria importante para mim.

— Você acha que eu posso namorar alguém um dia, isso é, se houver amor?

— Claro que sim. Você é jovem e ainda tem muito a viver. Um dia a moça certa para você vai aparecer.

Ele sorriu como se ouvisse uma linda mensagem, agradeceu pela atenção de Marian e despediu-se.

Marian voltou para a cozinha e estava terminando de temperar os bifes, quando a campainha voltou a tocar. "Hoje eu não termino a janta", brincou ela em pensamento.

Dessa vez, ela sorriu. Enzo Motta entrou e imediatamente lhe entregou um belíssimo buquê de rosas cor-de-rosa.

— Adquiridas na *Que Amores de Flores*, a melhor floricultura da cidade.

Grata pelo presente, Marian o beijou no rosto e o guiou para a cozinha, onde colocou as rosas em um vaso com água.

— Estava terminando de preparar os bifes para o jantar. Nicolas deve estar chegando também. E claro que você vai comer conosco — sorriu Marian e Enzo a imitou.

O telefone tocou em seguida e ela o atendeu. Era Nicolas informando que iria ficar até mais tarde na delegacia e que de lá iria direto para o apartamento de Miah. Era possível que passasse a noite com ela, como vinha fazendo pelo menos uma vez por semana.

— Sem problemas, Nic. Assim, eu preparo seus bifes para a Érica.

— Nem invente! Essa gata come mais do que eu. É por isso que está gorda como uma porca.

— Sinal de que você a ama e a trata bem — brincou Marian, que adorava provocar o irmão com aquele assunto.

— Nada disso. Ela só engordou depois que você veio morar comigo. Porque antes, era bem magrinha. Eu a deixava noites e noites de estômago vazio — riu Nicolas, que em seguida mandou um beijo para a irmã e desligou o telefone.

— Era o Nicolas — Marian informou a Enzo. — Acabou de me avisar que não virá jantar.

— Que bom! Assim, sobra mais para nós! — disse ele e os dois sorriram. Pouco depois, Marian serviu a comida, e Enzo revirou os olhos ao colocar a primeira garfada na boca. — É um banquete dos deuses.

— Se os deuses se contentam com arroz, feijão e bife, eles são muito simplórios — riu Marian.

Enquanto comiam, eles falaram sobre diversos assuntos. Marian gostava de estar com Enzo. No pouco tempo em que se conheciam, os dois haviam construído uma grande amizade. Às vezes, ela achava que confundia a amizade com outra coisa, mas lembrava a si mesma que Enzo era apenas seu amigo. Ele fizera questão de deixar isso bem claro. Jamais fizera nenhum tipo de insinuação de que estivesse interessado em algo mais. Pelo que Marian já notara, ele era calado e conservador. Nunca lhe falara sobre seu passado e, quando questionado, desviava do assunto.

— Está tudo certo para eu viajar com você no sábado — disse ele, referindo-se ao aniversário de Lourdes, que aconteceria no Rio. — Um colega meu irá cobrir meu turno no hospital.

— Fico feliz em ouvir isso — confessou Marian, que considerava Enzo uma excelente companhia. Ademais, ela não queria ficar "segurando vela" para Nicolas e Miah. — Sabia que eu escondi todas as garrafas de bebida alcoólica do nosso bar?

— É mesmo? Por quê?

— Porque Nicolas estava nervosinho por ter brigado com Mike e com Miah e resolveu afogar as mágoas no álcool. Claro que eu não ia deixar. Pelo menos agora, parece que ele e Miah se entenderam de novo.

— Tomara. Dá pra perceber que eles se amam.

— Sim, eles se amam muito. E quero que eles sejam muito felizes juntos, porque ambos merecem.

Eles terminaram de jantar, e Enzo a ajudou com as louças. Quando a cozinha ficou limpa e arrumada, eles seguiram juntos para a sala do apartamento e abriram a porta de vidro que dava acesso à sacada. Aquele inverno já trouxera noites mais geladas, mas aquela noite estava fresca e cálida. Uma brisa suave balançou os cabelos castanhos e lisos de Marian e ela sorriu ao contemplar a imensidão do céu estrelado.

— Consegue notar, Enzo? — ela perguntou, apoiando as mãos no beiral da sacada.

— O quê? Que hoje a noite não está tão fria?

— Eu me refiro à perfeição de Deus — comentou Marian, erguendo a cabeça para o alto. — As estrelas são pequenos pontos de luz que nos mostram a grandeza divina. Pena que temos tão pouco tempo para apreciá-las.

— Você se sente em paz, olhando-as, não é mesmo? — perguntou Enzo, lançando o olhar para o céu também.

— Tudo o que é divino nos concede paz — ela se virou para Enzo e percebeu que ele baixara o olhar para a rua alguns andares abaixo. — Você não gosta muito de falar sobre Deus, não é?

Enzo a olhou com um misto de tristeza e rancor nos olhos verdes.

— Eu não acredito que Ele exista, Marian. Não da forma como você acredita, como um ser poderoso e inteligente. Para mim, Deus é apenas uma ferramenta que o ser humano criou para assustar os outros. Como se fosse uma espécie de consciência, que nos daria um suposto castigo se sairmos dos trilhos. Para mim, tudo isso é conversa fiada.

— Em geral, pessoas ligadas à ciência não creem em Deus — observou Marian. — Eu só acho que um lindo céu repleto de estrelas brilhantes, como o que estamos vendo agora, não surgiu ao acaso. E, se quer saber, eu penso que existe muitas dimensões além das estrelas. Locais em que o homem ainda não teve condições de chegar.

— Não me diga que você acredita em alienígenas — brincou Enzo.

— Estou me referindo a dimensões astrais. Porque nós sabemos que nossa vida não está limitada apenas ao planeta Terra. Existem outros mundos, outros planos.

— Desculpe mais uma vez, Marian, mas, para mim, isso também é mentira. Quem morreu não vive mais.

Marian olhou para Enzo, que continuava olhando para baixo, cobriu a mão dele com a sua e a apertou delicadamente. Ele retribuiu o carinho.

— Enzo, sabe que sou sua amiga, não é mesmo? Sabe que pode contar comigo, se quiser abrir seu coração.

Ele virou o rosto para Marian e a surpreendeu com um brilho de lágrimas nos olhos.

— Você é a pessoa em quem eu mais confio, Marian, mas ainda não estou preparado para mexer em algumas feridas que permanecem abertas. Dói muito, sabe?

— Deixe-me ajudar a curá-las — pediu Marian, apertando a mão de Enzo. — Não quero vê-lo sofrendo em silêncio. Seja o que for, pode compartilhar comigo.

Marian o abraçou, quando viu duas lágrimas escorreram por seu rosto. Percebeu ainda que ele estava tenso e nervoso e achou que Enzo não lhe diria nada, por isso ficou surpresa quando o ouviu dizer:

— Eu perdi duas pessoas que amava em um acidente.

Enzo olhou para Marian, que, enquanto aguardava que ele continuasse a falar, deslizou a mão com suavidade por seu rosto a fim de lhe enxugar as lágrimas.

— Fui casado por cinco anos. Por cinco longos e maravilhosos anos com a melhor esposa do mundo. Clarice era tudo o que eu sempre sonhei. Era perfeita pra mim, talvez até demais. Nós nos conhecemos durante meu curso de medicina. Eu descobri que estava apaixonado por ela e ela por mim. Então a pedi em namoro. Ela aceitou e quatro meses depois nos casamos. Não demorou muito tempo para que ela anunciasse a gravidez. Vivíamos em uma época de ouro, em que parecia que somente a felicidade existia para nós. Clarice era brincalhona, meiga, inteligente, bonita, extrovertida, uma esposa extraordinária. Eram muitos predicados para uma mulher só. E, quando Aline nasceu, pareceu ter herdado todas as qualidades da mãe. Nossa filha, além de linda, era carinhosa e esperta. Aprendeu a andar com menos de um ano e conversava conosco como um adulto com apenas um ano e meio. Clarice e eu ríamos como tolos, apenas admirando as gracinhas que nossa filha fazia. Ela era muito amada por nós, sabe? Nós éramos felizes — Enzo fez uma pausa e enxugou o rosto. Depois, colocou a mão no bolso, sacou a carteira, abriu um compartimento e estendeu-a para Marian. — Veja se elas não eram lindas?

Marian sorriu ao ver a foto. Realmente a esposa de Enzo era linda e sua filhinha, delicada como um anjo. Os três apareciam juntos na fotografia e sorriam expressando a felicidade que sentiam naquele dia.

— Parabéns pela filha que teve! Aline era linda — elogiou Marian, devolvendo-lhe a carteira.

— Sim, era mesmo muito bonita. Eu era um tremendo um pai coruja. Clarice havia trancado o curso na universidade para se dedicar aos cuidados de Aline, mas eu fui até o fim e consegui me formar. Clarice chorou quando me viu com o diploma e, naquele momento, eu não entendi o que ela queria dizer com aquilo.

— Aquilo o quê?

— Primeiro ela me abraçou, me dando parabéns pela formação. Depois, me olhou nos olhos e disse que, se um dia ela não estivesse por perto, eu deveria caminhar com minhas próprias pernas em busca da felicidade. Hoje, eu entendo que ela estava pressentindo sua morte e queria que eu desse continuidade à minha vida, como se fosse fácil ignorar o acidente. Aconteceu no ano seguinte. Na época, Aline tinha apenas quatro aninhos.

Enzo chorava livremente, e Marian se controlou para não o abraçar mais uma vez. Queria que ele terminasse de contar sua história.

— Nós tínhamos ido ao litoral passar um fim de semana. Clarice dirigia tão bem quanto eu, mas eu preferia assumir o volante quando estávamos na serra. Porém, naquele dia, eu tinha sofrido um corte terrível na palma da mão durante o preparo das carnes para um churrasco que fizemos em Maresias. Eu poderia ter vindo dirigindo, só que o contato do ferimento com o volante me incomodava bastante. Foi quando Clarice me pediu para dirigir. A princípio, eu discordei e hoje vejo que deveria ter mantido minha decisão. Contudo, ela foi insistente e eu acabei concordando. Aline dormia tranquilamente no assento traseiro. Encostamos o carro e fizemos a troca de lugares.

Enzo olhava fixamente para um ponto distante, e Marian poderia jurar que ele estava revendo mentalmente todas as cenas daquele dia.

— Nós vínhamos conversando distraidamente, embora Clarice mantivesse o olhar atento na estrada. A neblina da serra dificultava bastante a visibilidade, principalmente por estarmos viajando à noite. Ela não viu o caminhão que sofrera um acidente mais à frente e que estava atravessado na estrada. A pancada foi fortíssima, e eu perdi os sentidos. Quando acordei, recebi a notícia de que, infelizmente, Aline e Clarice haviam partido.

Enzo engoliu seco, sem se importar em limpar as lágrimas.

— Eu sofri apenas uma luxação, além de um braço quebrado. Minha vida havia se despedaçado com a notícia de que as pessoas que eu amava tinham me deixado para trás. Foi a partir daí que eu desacreditei em Deus e em qualquer coisa relacionada à espiritualidade ou religião. Para mim, Deus, que dizem ser tão bom, nunca poderia ter feito o que fez com elas e comigo. Acabou com nossa alegria num piscar de olhos. A partir daquele dia, venho me dedicando exclusivamente à profissão que jurei servir quando me formei. Não aceito a ideia de que Clarice e Aline vivem como espíritos. É muita fantasia para minha imaginação. Acho que é apenas uma maneira bonita e bem intencionada que as pessoas criaram para consolar as outras.

Marian apenas assentiu. Sabia que naquele momento de nada adiantaria falar sobre vida após a morte e a certeza de que era um fato real. Enzo estava sensível demais para isso.

— Obrigado por ter sido minha ouvinte, Marian — Enzo a tocou na face com delicadeza. — Agora você já sabe minha história.

— Sim. Digo apenas que você foi um homem muito corajoso para suportar tudo isso sozinho. E seus pais, o que diziam a respeito?

— Nunca conheci meu pai. Ele abandonou minha mãe e partiu com outra mulher. Minha mãe me criou sozinha e morreu um mês após eu ter me casado com Clarice. Parecia que ela só estava esperando para encontrar outra mulher que pudesse tomar conta do seu filho — disse Enzo, exibindo um sorriso fraco. — E você, Marian? O que pode me contar sobre você?

— Nada de interessante. Eu amei apenas um homem em minha vida. Átila me fez despertar para o amor nos dois anos em que estivemos juntos. Mas... — Marian desviou o olhar para as estrelas, que pareceram encorajá-la a continuar: — Ele não era o que eu pensava. Estava me traindo com minha melhor amiga da faculdade. Foram dois anos de traição. Aquilo me doeu terrivelmente, pois eu perdia de uma vez uma grande amiga e o homem amado. A partir daí, resolvi que nunca mais me envolveria amorosamente com outro homem. Acho que de, certa forma, eu tenho medo de me decepcionar de novo.

— Você nunca me contou isso, Marian. Não sabia que havia passado por uma decepção amorosa.

— O amor não decepciona ninguém, Enzo, porque ele é um sentimento sério e puro. O que nos decepciona são as atitudes que as pessoas tomam em nome do amor.

— Bem pensado. Talvez um dia você redescubra o amor com outro homem — atalhou Enzo. — Eu não me vejo amando outra mulher, porque nunca mais seria a mesma coisa.

— Claro que não. Ninguém é substituível. Só não acho justo você terminar seus dias sem voltar a amar ninguém. É um homem tão bom, tão educado — comentou Marian.

— Você acha?

Marian não respondeu, enquanto o observava. Enzo também a olhava fixamente e, naquele momento, o vento tornou a soprar e agitou os cabelos dela, ao mesmo tempo em que parecia empurrá-los um na direção do outro. E talvez isso tivesse mesmo acontecido, porque, no instante seguinte, Enzo tomou Marian nos braços e encostou seus lábios nos dela.

O beijo foi longo e profundo. Um queria apenas provar o outro, mas, quando se tornou mais exigente, ambos souberam que não seria simplesmente aquilo. Naquele momento, esqueceram regras, ambiente ou personagens do passado. Ali, havia apenas Enzo e Marian sendo tocados pelos dedos invisíveis da paixão. E quando eles seguiram de mãos dadas para o quarto dela, não houve julgamentos ou críticas. Não agiam de forma correta ou errada. Talvez aquela fosse apenas uma forma de um consolar o outro pelas tristezas vividas. Talvez ambos quisessem suprir o vazio interior um do outro. Talvez fosse uma maneira de mostrarem a si mesmos que não estavam sozinhos e que sempre teriam um ao outro. Ou talvez... aquilo fosse simplesmente amor.

Capítulo 18

— Sinto muito. Tudo o que tenho aqui é metade de uma pizza — informou Miah, assim que Nicolas entrou em seu apartamento. — Além disso, agora que sou mais uma desempregada neste imenso Brasil, não posso me dar ao luxo de comprar muita coisa.

— Tudo bem — concordou Nicolas. — Coloque o que sobrou da sua pizza no forno micro-ondas. Podemos dividi-la sem nenhum problema.

— Eu fico com a maior parte, já que a pizza é minha. As azeitonas também são minhas — adiantou Miah.

Nicolas sorriu e abraçou Miah enquanto a pizza era aquecida. Assim que terminou, eles dividiram-na no meio.

— É muito pouco — reparou Miah. — Não vai saciar seu estômago sem fundo.

— Eu nem estou com tanta fome assim. E para manter meu físico definido, preciso moderar o consumo de alimentos gordurosos — ele avisou, fazendo Miah rir divertida.

— Daqui a pouco, eu vou conferir se seu físico está mesmo definido — respondeu ela, com voz sensual. Assim que terminou de saborear a pizza, ela ficou séria ao dizer: — Não gostei daquela polêmica que levantaram na delegacia hoje. O que aquele Duarte tem é pura dor de cotovelo e Sabrina entrou no jogo dele porque nunca gostou de mim. Ei, não disse que as azeitonas eram minhas?! — Miah esticou a mão para deter a de Nicolas, mas já era tarde demais. Ele acabara de jogar as duas últimas azeitonas na boca.

— Não seja mesquinha. Se Jesus dividiu o pão, porque você não pode dividir algumas azeitonas comigo? — questionou Nicolas, rindo ao ver a expressão carrancuda que Miah fez. — Eu também não me importo com o Duarte. Ele não é páreo para mim em nenhum quesito. Sei que vai continuar me irritando. Porém, nada do que ele faça pode me atingir.

— Espero mesmo que não. Novidades sobre o crime do clube?

— Só sei que foi cometido pela mesma pessoa que matou Tamires. Os motivos ainda são desconhecidos e não tenho nem a remota ideia de quem possa estar fazendo isso. Creio que, com algumas informações que levantaram para mim, vou estar bem ocupado pelos próximos dias. Pretendo fechar o caso até sexta, para irmos ao Rio para a festa de aniversário de minha mãe.

— Agora que eu não sou mais repórter, não vou fazer mais perguntas sobre o andamento da investigação, embora queira muito saber quem é o culpado dessa vez. Quanto à sua mãe, eu não sei o que comprar para ela — atalhou Miah, pensativa. — O que devemos dar de presente para uma pessoa que nos detesta?

— Minha mãe não a detesta, Miah.

— Não mesmo. Ela só quer me ver morta e enterrada para dançar tchá-tchá-tchá em cima do meu túmulo.

Ambos riram, e Nicolas argumentou:

— Ela adora sapatos. E pelo que sei, o número que ela calça é trinta e oito. Poderia lhe dar um belo par de calçados, não?

— Com todo o respeito à amável senhora sua mãe, ainda não sei onde encontro ferraduras desse tamanho.

Nicolas não pôde deixar de rir. Miah era muito engraçada, mesmo que tecesse ofensas à sua mãe, que também não era nenhuma santa. Sabia que Lourdes pensava coisas semelhantes a respeito de Miah.

— E eu vou me sentir uma intrusa nessa festa, Nicolas. Aposto que nem fui convidada.

— Você é minha namorada, portanto minha acompanhante, e irá comigo aonde eu for. Minha mãe não vai fazer nenhuma objeção quanto a isso, fique certa.

Miah deu de ombros e reparou que Nicolas, embora estivesse bem humorado, estava exausto, com os olhos meio apagados. Ela sabia que ele se envolvia de tal forma no trabalho, que acabava sendo prejudicado emocionalmente.

— Acho melhor você se deitar. Não está com uma cara boa.

— Antes quero tomar um banho — ele sorriu para Miah e a tomou pela mão. — E, como sou descuidado, prefiro que você me ajude com o sabonete.

Miah riu gostosamente.

— Com muito prazer, investigador.

Na manhã seguinte, Nicolas foi despertado pelo celular, que vibrava na mesinha de cabeceira. Ele apanhou o aparelho e viu pelo visor que era Elias, ligando de seu telefone particular. Faltavam dez minutos para as sete horas, e Miah, ao seu lado, ressonava suavemente.

— Bom dia, Elias! — ele atendeu.

— Bom dia! Espero não o ter acordado — falou Elias ao notar que a voz de Nicolas estava meio preguiçosa.

— Não importa. O que aconteceu?

— O enterro de Tamires Tavares será às oito horas. Ela estava sendo velada desde ontem à noite e seu enterro será o primeiro. Precisamos comparecer.

— Certo. Vou trocar de roupa e daqui a pouco estarei lá — prometeu Nicolas.

— Combinado. Encontramo-nos no cemitério. Até já.

Nicolas desligou o telefone e se levantou com preguiça. Sorriu ao observar Miah adormecida e a cobriu com uma manta. Ele olhou para o chão à procura dos seus sapatos, mas encontrou apenas um dos pés. Como o outro, provavelmente, tinha ido parar debaixo da cama, Nicolas se abaixou para procurá-lo.

Ele reparou que seu sapato estava encostado em uma caixinha de madeira, único objeto que havia debaixo da cama. Curioso, Nicolas pegou o sapato, arrastou a caixinha e ficou surpreso ao notar que ela estava trancada com dois cadeados pequenos. "Que diabos Miah escondeu aqui?", ele se perguntou.

A caixinha não era muito pesada, e Nicolas a sacudiu. Não sentiu nenhum objeto sólido, portanto ela deveria guardar papéis ou documentos. Independente do que fosse, qual seria a necessidade de Miah trancar tudo de forma tão segura?

— Você já acordou, meu amor? — Miah perguntou, remexendo-se na cama.

Embora contrafeito, Nicolas recolocou a caixinha onde estava e se levantou.

— Sim, só estava pegando meu sapato. Tinha ido parar debaixo da cama — respondeu, sentando-se em uma cadeira para calçar o sapato.

— Debaixo da cama? — repetiu Miah, sentando-se abruptamente, como se tivesse sido impulsionada por uma mola.

— Sim, e já o encontrei — Nicolas olhou-a atentamente e perguntou: — Há algo que eu não deveria encontrar?

Miah se esforçou para manter a cor e a serenidade no rosto, mesmo consciente de que diante de Nicolas era muito difícil fingir.

— Imagina. É claro que não tenho nada a esconder.

— Além da caixinha de madeira trancada com dois cadeados? — acrescentou Nicolas, notando que ela empalidecia. — O que tem ali dentro, Miah?

Ela começou a respirar com dificuldade. Por mais que tentasse, não estava conseguindo esconder o pânico que a invadira. Por que não escondera aquela bendita caixa num local mais seguro, sabendo que Nicolas ia sempre ao seu apartamento? Sabia que no dia em que ele a abrisse e visse seu conteúdo, toda a sua vida — e sua liberdade — estariam perdidas para sempre.

— São... coisas minhas. Não quero falar sobre isso.

— Por que não? Por que está tão trancada? Tem medo de que alguém a encontre? E esse alguém sou eu?

— Guarde esses questionamentos para os suspeitos de sua investigação, Nicolas. Parece até que está desconfiando de mim! — tornou Miah, tentando mostrar-se ofendida.

— É você quem está dando motivos para que eu desconfie — considerou Nicolas, afivelando o cinto da calça. — Ficou assustada e nervosa quando eu falei sobre a caixinha. Sei que ali tem algo que você não quer me mostrar e você sabe que não vou desistir enquanto não me disser o que é.

Miah não respondeu e cruzou os braços, fingindo mau humor. Ele terminou de se vestir, guardou a arma e se curvou para beijá-la, notando que ela não retribuiu seu gesto.

— Não adianta fazer cenas, Miah. Sabe que comigo isso não cola. Preciso ir embora agora, mas nós ainda vamos voltar a esse assunto. Tudo o que eu quero é ajudá-la, seja lá o que esteja escondendo de mim.

— Sua desconfiança me deixa furiosa.

— Você também não confia em mim, caso contrário diria a verdade. Eu deveria dar um jeito de abrir essa caixinha antes de sair. E é o que eu vou fazer.

Nicolas estava atrasado e sabia que não teria tempo para aquilo naquele momento, mas, ainda assim, fingiu que ia abaixar-se para apanhar a caixa de Miah. Imediatamente, ela saltou da cama e o deteve pelo braço, com os olhos arregalados.

— Não toque aí, Nicolas! São apenas alguns recortes de jornal sobre a morte do meu padrasto — ele notou que ela estava fazendo um grande esforço para não chorar. — Já disse o quanto ele foi cruel comigo.

— E por que guarda documentos que a fazem sofrer?

— Porque quando leio sobre sua morte, digo para mim mesma que todo aquele pesadelo finalmente chegou ao fim. Deixo essas lembranças bem trancadas, porque sei que, se as encontrasse, você iria me fazer muitas perguntas sobre o assunto. E isso só me traz dor e sofrimento. Agora, Nicolas, por favor, não fale mais nisso. Se você me ama como diz, prove deixando essa conversa de lado. Por favor, não me faça reviver tudo isso de novo — as lágrimas finalmente escorreram pelo rostinho redondo de Miah e pingaram sobre os lençóis macios.

Nicolas apenas a contemplou por alguns segundos em silêncio. Sentou-se na cama, segurou-a pelo queixo e a beijou com ternura. Miah encostou a cabeça em seu ombro, e ele beijou seus cabelos, afagando-os devagar.

— Eu amo você, Miah. Vou dizer isso todos os dias, todas as horas, se for preciso. Eu quero apenas que você veja em mim um amigo para todos os momentos.

Sabe que, quando estiver preparada para remexer nesse assunto, eu estarei à sua disposição. Apenas quero vê-la feliz e tranquila. Você foi a única mulher que me fez ver que o ser humano, o mesmo que assassina outros impiedosamente, é também capaz de amar.

    Miah ergueu o rosto, e Nicolas a beijou longamente. Por fim, despediu-se dizendo que já estava atrasado, pois o delegado o aguardava. Miah, ainda vestida com trajes íntimos, o seguiu até a porta e, quando ele finalmente entrou no elevador, ela fechou a porta atrás de si. Foi só então que caiu num pranto profundo, pois o medo que conseguira aprisionar finalmente viera à tona.

    — Não, Nicolas — disse ela em voz baixa. — No dia em que você descobrir o que eu realmente fiz no passado, vai apenas conseguir me odiar até o fim dos nossos dias.

Capítulo 19

Havia um número surpreendente de pessoas para o enterro de alguém que não tinha muitos amigos. O cemitério estava cheio, pois, além de Tamires, outros três corpos seriam enterrados na sequência. Familiares e parentes velavam seus entes queridos.

Nicolas avistou um nariz imenso entre a multidão e soube que ali estava Elias. O delegado estava vestido de terno e gravata. Nicolas questionou-se, então, se também deveria estar usando social. Elias se aproximou assim que o viu e estendeu a mão para cumprimentá-lo.

— A maior parte dessas pessoas nem sequer mantinha contato com Tamires ou a conhecia — esclareceu Elias. — Vieram na esperança de ver o corpo da moça assassinada, porém o caixão está lacrado. Ema vai liberar o corpo de Henrique hoje, e ele será enterrado amanhã, após o velório. Certamente, esse povo voltará aqui amanhã também.

Nicolas assentiu com a cabeça, olhando ao redor. Fixava cada rosto, notava a expressão de cada pessoa, como se pudesse memorizar quem estava ali. Viu algumas pessoas conhecidas, como Divina e Rafael. Ele viera dar o último adeus à sua ex-namorada e não trouxera

Nickita, sua atual companheira. Do outro lado, Nicolas notou Lucas falando ao celular e seu pai, Francisco, sentado em uma cadeira. Parada ao lado do caixão estava Edna, a gerente da *Músculos & Beleza* e, com ela, Graciano, o dono da academia.

O olhar fotográfico de Nicolas voltou a Lucas. Ele guardara o celular e olhava na direção do caixão inexpressivamente. Seus olhos não estavam vermelhos, portanto não estivera chorando. "De duas, uma. Ou Lucas está em estado de choque pela morte da namorada ou não está realmente se importando. Ele está agindo com excessiva naturalidade no enterro da mulher a quem dizia amar fervorosamente", refletiu Nicolas.

Nicolas sentiu o coração doer ao ver que Isaura, a avó de Tamires, chorava ao lado de duas acompanhantes, certamente suas amigas, que vieram oferecer-lhe apoio. Ele continuou passando os olhos pela multidão e notou, com desagrado, dois repórteres prontos para gravarem suas matérias. Um deles era Sabrina Dasso, que substituíra Miah. Nicolas se dirigiu imediatamente até eles, com o delegado em seu encalço.

— Vocês não estão pensando em fazer uma matéria no enterro de Tamires, certo? — Nicolas perguntou irritado.

— Qual é o seu problema, investigador? — perguntou Sabrina, agitando seus cabelos cacheados. — A imprensa é livre para ir aonde tiver vontade e necessidade para esclarecer fatos à população. E, obviamente, você não está autorizado a nos impedir.

— Qual é o seu problema, repórter? — devolveu Nicolas. — Veio aqui se aproveitar das pessoas que gostavam de Tamires e que estão chorando e sofrendo por sua morte? Será que você não tem nenhum senso de ética e respeito pelos amigos e familiares? — o investigador olhou para o outro repórter, que era de uma emissora concorrente ao Canal local, mas que parecia comungar da opinião de Sabrina. — Vocês estão pensando em audiência e mérito, enquanto uma jovem inocente, que tinha muitos anos de vida pela frente, está sendo enterrada? Vocês não têm nem um pingo de moral e compaixão?

— Nós estamos trabalhando — retrucou o outro repórter.

— E repito que você não pode impedir nossa presença aqui, senhor Bartole — destacou Sabrina. — Até onde eu saiba, o cemitério é um local público. Vamos ficar aqui e gravar nossas reportagens, goste você ou não.

Tentando conter a raiva, Nicolas virou-se para Elias.

— Quero alguns policiais impedindo esses repórteres de se aproximarem de qualquer pessoa que tenha vindo ao enterro de Tamires. E quero que isso seja cumprido imediatamente.

Sabrina se aproximou de Nicolas e sorriu com desdém:

— Ouse me proibir.

Nicolas ficou tão perto dela que os bicos de seus sapatos quase se tocaram.

— Ouse me desafiar — rebateu Nicolas, lançando chispas afiadas por meio dos olhos.

Sabrina, embora estivesse se sentindo insultada, recuou e ficou encostada no muro, ao lado de Ed. Ele não gostava de trabalhar com Sabrina e, depois que Miah fora demitida, até andava pensando em sair da emissora.

Vendo que Sabrina não iria afrontá-lo, Nicolas aguardou Elias abrir um chamado para os policiais bloquearem a passagem da mídia. Elias avisou que eles já estavam chegando, e Nicolas assentiu. Ele já estava afastando-se, quando ouviu Sabrina dizer:

— Seu ressentimento por mim tem algo a ver com a mulher com quem divide a cama?

Nicolas se voltou e a encarou. Olhou-a tão fixamente que Sabrina foi obrigada a olhar para outro lado.

— Meu ressentimento tem a ver com o fato de você ser uma jornalistazinha metida, esnobe e arrogante. E acho melhor você tomar cuidado com as palavras ao lidar com a polícia, principalmente porque eu não gosto de você nem um pouco.

— Acha que me intimida? — redarguiu Sabrina.
— Abuse de sua autoridade e eu farei uma denúncia contra você.

— Se você for realmente inteligente, vai me denunciar.

Sabrina não entendeu muito bem o que ele quis dizer com aquilo, mas achou melhor não esticar a conversa. Como ela não respondeu, Nicolas mais uma vez se afastou com o delegado, que fez um gesto indicando os repórteres a três policiais que acabavam de chegar ao cemitério.

O cortejo fúnebre partiu logo em seguida. Isaura caminhava devagar, secando as lágrimas do rosto, enquanto outra senhora a abraçava pela cintura. Com tristeza, Rafael olhava para o caixão, que seguia à frente. Francisco também parecia triste ao observar que a moça que seria sua nora seria enterrada. Nicolas observava os rostos das pessoas presentes e notou que alguns exibiam sofrimento e desolação, outros pareciam chocados e em transe, enquanto alguns simplesmente estavam lavados pelas lágrimas.

De repente, ele sentiu um toque no braço e virou o rosto. Lucas o olhava com curiosidade e fez um discreto gesto para o investigador. Nicolas o acompanhou até ficarem próximos das urnas funerárias que acompanhavam toda a extensão do muro do cemitério. Elias percebeu que a conversa seria particular e continuou seguindo o cortejo.

— Nunca achei que pudesse sofrer tanto — disse Lucas, embora não demonstrasse tanto sofrimento. — Eu amava Tamires e não consigo acreditar que hoje é seu enterro. Como coisas assim podem acontecer? Ela era um anjo bom e nunca havia feito nada de errado a ninguém.

— Até onde nós sabemos, não — considerou Nicolas.

— O que quer dizer com isso? Soube de algo errado que Tamires tenha feito? — Lucas mostrou-se incrédulo.

— De forma alguma. Eu disse que nós não conhecemos todas as atitudes de Tamires, mas quem fez isso, provavelmente, tinha bons motivos. Não se tira a vida de outra pessoa sem nenhuma razão, por mais ridícula que possa parecer.

— Eu sei disso. Mesmo assim... — Lucas olhou adiante e tornou a encarar Nicolas. — Rafael está aqui. Como ele teve a coragem de dar as caras? Tamires era minha namorada e não dele. Ela tinha terminado tudo com ele e o trocou por mim. Nem mesmo nos últimos momentos de sua morte, ele não nos dará paz?

— Não sabemos o que há no coração das pessoas, Lucas. E, pelo que eu soube, eles ainda eram bons amigos, mesmo não mantendo relações íntimas. Muitas pessoas rompem o namoro e nem por isso rompem a amizade, concorda?

— Pode ser. De qualquer forma, nada mais vai ter sentido — Lucas fungou e piscou os olhos com força, como se eles estivessem ardendo. — Eu só chamei o senhor aqui para dizer o que já falei antes. Nada me tira da cabeça que Rafael é o culpado. Se o senhor concentrasse sua investigação nele, logo encontraria as evidências.

— Lucas, uma segunda pessoa foi morta da mesma maneira que Tamires na tarde de ontem. E, aparentemente, eles não mantinham contato entre si. Os círculos de amizades de cada um eram diferentes. Qual seria a razão de Rafael assinar a segunda vítima?

Lucas não respondeu e relanceou o olhar para as pessoas que acompanhavam o caixão à distância. Depois, comentou:

— Seja quem for o culpado, eu quero justiça. É tudo o que eu peço em nome de Tamires.

— Vai tê-la, Lucas. Tem a minha palavra de que vai tê-la — prometeu Nicolas a ele e a si mesmo.

Capítulo 20

Assim que o corpo de Tamires foi enterrado, Nicolas se juntou a Elias e seguiram para o carro. Eles notaram que os repórteres não estavam presentes, e os policiais confirmaram que eles haviam partido, logo após Nicolas ter se afastado.

— Acho que Sabrina é mais inteligente do que pensei.

— Também acho, Bartole. Estava pensando em procurar o marceneiro que produziu as pombas de madeira — comentou Elias. — Acho que sua boa memória já deve ter voltado.

— Excelente ideia! Leve-o à delegacia, mas quero conduzir as perguntas do interrogatório — pediu Nicolas, abrindo a porta do veículo. Eles se acomodaram, e o investigador deu a partida no veículo, acrescentando: — Oscar sabe mais do que quis me dizer e vai ter que se lembrar de quem fez a encomenda daquelas pombas. Quem sabe se eu o ameaçar de colocá-lo na cela por uma noite, ele cante a melodia direitinho.

Elias concordou. Em determinado momento do percurso, Nicolas desceu do carro e cedeu o veículo ao delegado.

— Preciso visitar uma pessoa na floricultura. Como você está com o endereço de Oscar, vai achá-lo sem problemas. A gente se vê na delegacia logo mais.

— Combinado, Bartole. Até mais tarde — cumprimentou Elias, afastando-se rapidamente com o carro de Nicolas.

Com as mãos enfiadas nos bolsos, Nicolas olhou para o letreiro imenso anunciando o nome *Que Amores de Flores*. "É perfeito para o dono do estabelecimento", concluiu Nicolas.

A loira jovem e bonita dava os últimos retoques num belíssimo arranjo de papoulas, certamente encomenda de algum cliente. Atrás dela, Nicolas viu um belo vaso chinês, todo decorado, que ostentava lindas magnólias que ainda nem haviam desabrochado.

— Boa tarde, Zilá! Eu preciso falar com seu patrão.

— Thierry? — ela bateu as pestanas para Nicolas.

— Você tem outro patrão, além dele?

— Oh não, desculpe — ela sorriu e corou. — É que eu fico meio desconcertada quando vejo... quando penso... ah, deixa pra lá. Vou chamá-lo. Um momento.

Zilá tocou uma campainha, que começou a entoar uma suave melodia infantil. Nicolas apenas a olhava fixamente, sem saber o que pensar. Finalmente, ouviu o som de passinhos curtos se aproximando com rapidez. Zilá apontou para o investigador, e Thierry levou a mão ao coração. Nicolas se controlou para não fazer o mesmo.

Thierry estava vestido de branco e usava uma espécie de chapéu, que parecia um grande copo-de-leite ao contrário. Um cinto rosa-choque parecia lhe apertar a cintura com uma firmeza violenta. Na calça, na altura dos joelhos, havia o rosto de duas bonequinhas sorridentes, uma loira e outra morena. Os sapatos eram verdes como os pés de marcianos e das mangas de sua blusa saíam algo que se assemelhava a sapinhos, embora Nicolas não quisesse saber ao certo do que se tratava.

— O que veio fazer aqui? — Thierry perguntou com uma voz tão macia quanto de uma fada. — Aposto que está procurando um fascinante buquê de camélias para a sua namorada sortuda ou quem sabe você prefira tulipas?

— Na verdade, preciso de outro tipo de serviço — respondeu Nicolas, sentindo o aroma variado de dezenas de espécies de flores penetrando em suas narinas.

— Hum... — Thierry piscou os olhos verdes rapidamente. — O que quer de mim, garotão? Já aviso que sou difícil.

Nicolas não escondeu o riso.

— Qual é, Thierry? Você sabe que eu curto outro tipo de... flor. Além disso, você tem namorado e...

— Oh, nem me fale disso! — Thierry apoiou a mão no balcão, enquanto se inclinava como a Torre de Pisa. — É melhor conversarmos lá dentro. Assim, fico ao alcance dos meus remédios e tranquilizantes.

Nicolas o seguiu até uma espécie de escritório. Durante alguns instantes, passando entre tantos tipos de plantas e flores, ele se sentiu como Alice no País das Maravilhas. Não entendeu por que ficou surpreso quando descobriu que havia mais flores do que objetos no escritório de Thierry e imaginou que, se algo fosse perdido ali dentro, nem em duzentos anos seria encontrado.

— Quer dizer que agora está solteiro de novo? — Nicolas perguntou.

Thierry assentiu com os olhos fechados e expressão de desconsolo.

— Você não estava firme em seu relacionamento com o professor Alex?

— Sim, mas ao final de toda aquela confusão que aconteceu no mês passado, ele foi demitido. Aquela escola em que as crianças estudavam virou de pernas para o ar. A diretora passou o local e sumiu no mundo com seu amante coordenador. Alex não gostou da nova direção e pediu as contas. Veio até mim e me disse que tudo estava terminado, pois ele estava partindo para São Paulo naquela mesma noite.

Thierry olhou para o alto e sacudiu a cabeça para os lados. O chapéu exótico escapou-lhe da cabeça e despencou no chão, mas ele não se deu ao trabalho de pegá-lo.

— Não sabe como fiquei triste. Primeiro, caíram-me lágrimas de sofrimento e tristeza. Depois, eu vagava pela minha casa, arrastando-me pelos cômodos, como se cada passo fosse o último. Chorei por dois longos dias e, ao final do terceiro, comprei uma pizza e disse a mim mesmo que superaria minha dor.

Nicolas olhava para Thierry com um sorriso nos lábios. Conhecera o florista durante sua investigação passada e chegara a suspeitar que ele tivesse algo a ver com os assassinatos, mas logo o descartou. Thierry, apesar de suas manias estranhas, exalava bondade e paz, assim como suas flores exalavam perfume. Nicolas gostava dele e, de certa forma, já o considerava um grande amigo.

— Não vamos falar do meu passado, não é? — Thierry pigarreou. — Porque esse assunto me dá vontade de sofrer em meio à dor lancinante que me corrói a alma.

— Acho melhor mesmo falarmos de outra coisa

— Eu soube que aconteceram dois novos crimes. Credo, esta cidade está virando um verdadeiro trem-fantasma! Um monstro nos esperando em cada curva.

— Aliás, estou vindo do cemitério. Acompanhei o enterro de uma das vítimas.

— Cemitério? Ai, que medo! Os mortos me dão tanto medo que, quando penso neles, apenas um dos meus rins funciona.

— Minha irmã não pensa assim. Ela acredita que as pessoas que morrem continuam vivas, só que usando um corpo espiritual em vez do de carne. Eu não sei explicar muito bem — tornou Nicolas.

— Ai, isso vai me dar mais medo ainda! Meus dois rins vão parar de funcionar! — estremeceu Thierry.

— Olha, estou aqui por outro motivo. Preciso que você faça um orçamento para mim.

Thierry sorriu sedutoramente.

— Gostei. No meu apartamento ou no seu?

— Assédio dá cadeia, Thierry. Cuidado!

— Estraga-prazer. O que quer comigo afinal?

— Minha mãe vai fazer aniversário no próximo sábado. Ela quer que eu contrate e pague alguém para decorar a festa com flores. Esse seria meu presente de aniversário para ela. E lógico que pensei em você. Só há um problema: a festa será no Rio de Janeiro.

— No Rio? — Thierry abriu uma gaveta, apanhou um leque gigantesco enfeitado com pequenas margaridas e pôs-se a abanar-se freneticamente.

— Claro que eu vou pagar sua viagem também, além da estadia na cidade. Por isso, quero um preço bem camarada — Nicolas exibiu seu mais cintilante sorriso. — Lembre-se de que extorsão também dá cadeia.

— É por isso que eu não gosto de lidar com policiais! Vivem nos ameaçando! — Thierry esticou o braço com o leque, deu algumas abanadas em Nicolas e voltou a se refrescar. — Acho melhor você me dar o telefone de sua mãezinha. Assim, nós combinaremos todos os detalhes. E aviso que vou querer passar um dia me dourando ao sol na praia de Copacabana. Comidas e bebidas inclusas, por favor.

— Thierry, você sempre foi assim? — perguntou Nicolas, de repente.

— Assim como? Gay? Quando eu acabei de nascer, em vez de chorar, eu pisquei para o médico que fez o parto de minha mãe.

Os dois riram, e Thierry prosseguiu:

— Mesmo nos tempos de escola, eu adorava tudo o que era ligado a flores. Os meninos não gostavam de mim, mas as meninas me adoravam. Eu enfeitava os cabelos delas com flores coloridas e os prendia com...

Nicolas já não estava ouvindo o que Thierry estava falando. Algo no comentário do florista serviu como um alerta em sua mente. A súbita menção às palavras "tempos de escola" fez os instintos de Nicolas ficarem de prontidão. Ele não fez nenhum comentário, e Thierry, que continuava falando com empolgação, nada percebeu.

— Thierry, eu preciso ir embora — Nicolas enfiou a mão na jaqueta, sacou uma caneta e rabiscou um número num bloquinho sobre a mesa do florista. — Este é o telefone de minha mãe. Ela se chama Lourdes. Acerte todos os detalhes e depois me procure para me passar o orçamento. Obrigado.

— Por que essa pressa, de repente? Onde já se viu me cortar bem no meio da conversa?

— Tenha uma boa tarde e obrigado — agradeceu Nicolas, desaparecendo rapidamente entre os vasos coloridos.

Na parede de seu apartamento estavam coladas as fotografias, em cuidadosa ordem para que não houvesse confusão, embora soubesse que não tinha como confundir. Ali estavam os seis rostos, dispostos um ao lado do outro. Os dois primeiros haviam sido riscados com um canetão vermelho, enquanto os demais continuavam expostos, aguardando o momento certo.

Abaixo das fotografias, sobre a cabeceira de sua cama, quatro pombas brancas feitas de madeira estavam posicionadas em fila com as asas abertas, mais ou menos da mesma maneira que as fotos na parede. Todas estavam com o compartimento da barriga aberto, pois em breve mensagens seriam escritas e colocadas ali dentro. Tão logo os outros quatro estariam mortos. Sua mente atormentada pensava: "Tamires Tavares e Henrique Marine, vocês finalmente deixaram de existir. Aos pouquinhos, suas vozes em minha cabeça silenciarão. Devagar, vocês se calarão e apenas minha voz será ouvida. Seus belos corpos, sarados, malhados e esculturais servirão apenas de comida para os vermes, enquanto meu corpo permanecerá vivo, exposto à luz do sol. Tamires, você consegue me ouvir? Henrique, eu estou falando, você não fará nada para impedir?".

Uma súbita gargalhada nervosa eclodiu em todos os cômodos do apartamento. Não era uma risada bem-humorada. Não havia como sentir humor. Há muito seu humor fora arrebatado. Seu riso era apenas uma forma de ocultar as correntes de raiva, mágoa e, sobretudo, de vingança, que emergiam do fundo de seu ser.

Tornou a encarar os rostos nas fotografias e sentiu seu coração ficar apertado, exatamente como acontecera tantas e tantas vezes. Agora aquilo estava finalmente acabando. As pombinhas brancas estavam sendo espalhadas, a paz eterna estava sendo semeada. Em breve, o silêncio perduraria e todos ouviriam apenas sua voz, como um hino, um mantra, uma canção. Tudo o que restaria seria sua voz. E seu corpo.

Sentiu algo úmido em sua face e demorou muito tempo para entender que eram lágrimas. Não de vitória, nem de prazer ou satisfação. Eram lágrimas de tristeza, dor e pesar.

Capítulo 21

  Elias telefonou para Nicolas a fim de informar que Oscar já fora trazido para depor na delegacia e explicou que o marceneiro, que confeccionara as pombas, estava demonstrando nervosismo e irritação e que já acionara uma advogada para acompanhar o interrogatório. Nicolas afirmou que estava a caminho e tivera uma ideia importante, que poderia ser a peça fundamental para o rumo das investigações.

  Como Elias levara seu carro, ele acionou uma viatura que o deixou em frente à delegacia. Ao entrar, seguiu quase correndo à sala do delegado e fez uma careta quando reconheceu pelas costas a advogada Alessandra, a mesma que fizera a defesa de Lucas e de seu pai.

  — Senhor Nicolas Bartole, que prazer em revê-lo! — ela sorriu com escárnio.

  — Seria coincidência ou a senhora defende todos os carpinteiros e marceneiros desta cidade? — zombou Nicolas, irônico. E, como estava com pressa, foi direto ao assunto: — Podemos começar com o depoimento do senhor Oscar?

  — Quando quiser. É por isso que estou aqui — respondeu Alessandra animada.

Algo naquela empolgação não agradou Nicolas, que preferiu ignorar aquela sensação. Acompanhado de Elias e da advogada, ele seguiu para a sala de interrogatório.

Oscar estava sentado à mesa, branco como uma vela, com o suor molhando suas têmporas e sua testa. Quando todos se acomodaram, Nicolas ligou o gravador:

— Quem encomendou as seis pombinhas com o senhor?

— É que são tantas pessoas que eu...

— Acho bom se lembrar, senhor Oscar — ameaçou Nicolas. — Uma segunda pessoa foi morta, possivelmente pelo comprador de suas pombas, e não vou esperar pela terceira vítima. Quero que me diga agora quem comprou essas pombas do senhor — Nicolas apoiou as mãos sobre a mesa e encarou Oscar fixamente.

Oscar revirou os olhos e encarou a advogada, que, com um gesto de cabeça, o motivou a continuar falando:

— Eu tento me lembrar, mas já disse que não consigo. Quem fez a encomenda comigo usou o nome da senhorita Fiorentino, mas ela nunca esteve em minha loja antes.

— Pelo menos você se lembra do sexo do cliente? — indagou Elias, certo de que Oscar estava mentindo.

— Acho que era um homem. Ou seria uma mulher?

— Isso é ridículo — Nicolas começou a andar de um lado a outro da sala, o que deixou Oscar ainda mais nervoso. — Vou dizer o que vai acontecer aqui, meu senhor! Caso não se recorde da fisionomia do seu cliente, pedirei sua prisão imediata como cúmplice nos assassinatos!

— Um momento — interveio Alessandra. — O senhor não pode...

— Posso sim e a senhora sabe muito bem disso, doutora! — cortou Nicolas imediatamente e desviou os olhos para Oscar, cujos lábios ficavam mais esbranquiçados a cada minuto. — Vai continuar bancando o desmemoriado? Quem sabe se eu enfiar o senhor atrás das grades, sua memória seja recobrada?

— Foi um rapazinho — disse Oscar subitamente. — Sim, agora consigo me lembrar. Claro que ele veio a mando de alguém. Talvez fosse um *office boy* ou um mensageiro. Quem fez a compra não queria mostrar o rosto. Foi ele quem solicitou a encomenda em nome da senhorita Fiorentino.

Nicolas o encarou por alguns segundos, e Oscar, diante do olhar fixo do investigador, quase urinou nas calças.

— Não pense que, por estarmos em uma cidade do interior, eu não possa conseguir um detector de mentiras para submetê-lo, senhor Oscar. Tenho certeza de que não está dizendo a verdade, por isso vou repetir pela última vez: quem era seu cliente?

— Já disse que era um rapazinho de uns catorze ou quinze anos. Sei que ele não é o assassino. Ele apenas fez um serviço para o verdadeiro culpado — explicou Oscar, tremendo.

— Como conseguiu se lembrar de tudo isso de um momento para o outro? — questionou Elias, intrigado.

— As imagens chegaram à minha mente — ele justificou. — Sinto se não estou sendo convincente, mas a verdade é essa.

— Quero a prisão temporária deste senhor — pediu Nicolas, olhando para o delegado. — O interrogatório está encerrado.

— Nada disso, senhor Bartole — contestou Alessandra, colocando-se de pé. — O senhor não vai prender meu cliente. Sou a advogada dele e não existem provas que o incriminem.

— Ele produziu as peças que estão em poder do assassino, doutora. Ele viu o comprador, mas, talvez por medo de represália, não quer confessar quem é. Mantê-lo detido será uma forma gentil de preservar sua segurança.

— Eu não quero ficar preso — pediu Oscar. — Doutora Alessandra, a senhora tem que fazer alguma coisa!

— Acertem os detalhes judicialmente — concluiu Nicolas, já saindo da sala. — Até que consiga um pedido de liberdade temporária ou um *habeas corpus*, doutora, seu cliente ficará retido aqui.

Nicolas saiu sem olhar para trás e chamou Mike em sua sala. O policial entrou com cara de poucos amigos, e o investigador explodiu:

— É melhor deixar essa cara de buldogue frustrado do lado de fora da delegacia! Se vai trabalhar comigo, não mantenha o semblante carregado. Fui claro?

— Muito claro, senhor Nicolas Bartole — respondeu Mike, com voz magoada e ofendida.

Nicolas fechou os olhos e permaneceu por algum tempo assim. Quando os abriu e olhou para Mike, perguntou:

— Você ainda está com raiva de mim, certo?

— Em uma delegacia não existe espaço para...

— Pare de ficar repetindo isso toda hora — cortou Nicolas. — Eu sei muito bem o que lhe falei e confesso que você venceu. Não consigo me concentrar sabendo que você está me tratando como se eu fosse o capeta.

Mike não respondeu e aguardou Nicolas continuar.

— Muito bem. Eu lhe peço desculpas por ter dito que você era um policial de coração mole. Você sabe que é competente.

— O senhor disse que não gostava de mim — lembrou Mike, enquanto a mágoa extravasava por todos os seus poros.

— E como você foi acreditar nisso? Não consegue nem mesmo distinguir uma brincadeira? — Nicolas se levantou e sorriu. — Você é o melhor policial desta delegacia, Mike. E justamente por ser tão bom, você trabalha diretamente comigo. E tem mais: além de ser um ótimo profissional, eu também o vejo como um grande amigo. Não quero que continue triste por minha causa e espero que tenha entendido agora.

Nicolas virou as costas para Mike e quase teve as costelas dilaceradas, quando foi abraçado por trás, chegando a ser erguido alguns centímetros do chão. Quando conseguiu desvencilhar-se do "ataque", ele se virou e se deparou com duas lágrimas escorrendo dos olhos emocionados de Mike.

— O senhor é que o melhor, Bartole! Valeu mesmo.

— Não gosto nem um pouco da ideia de ter um homem me abraçando por trás — avisou Nicolas, fazendo Mike rir. — Principalmente quando se trata de um bruto como você.

— Eu queria lhe fazer uma pergunta. Posso ir à festa de sua mãe no Rio?

— Se você conseguir folga nesse fim de semana, eu o levo comigo. Aliás, faço questão. Tudo depende de Elias liberá-lo.

— Arre égua, que máximo! — exclamou Mike, feliz da vida. — Pode deixar que eu me entenderei com o narigudo.

Nicolas sorriu novamente e indicou uma cadeira para Mike se sentar.

— Agora que nos reconciliamos e estamos em paz novamente, podemos começar a trabalhar — ele abriu a gaveta e apanhou a pasta com as documentações sobre a investigação. — Antes de qualquer coisa, preciso que você consiga uma planta ou um mapa do museu. Acha que consegue?

— Ainda hoje, se quiser.

— Ótimo. Não sabemos quando o criminoso vai atacar novamente e tudo o que temos são as pistas deixadas em sua última mensagem com o corpo de Henrique. Eu e Elias vamos ao apartamento dele. Ele morava sozinho, logo existe a possibilidade de que eu consiga algo por lá. Ele era garoto de programa e devia ter uma agenda pessoal com os contatos de seus principais clientes. Preciso dar uma checada nessa agenda e conferir se algum nome ou telefone bate com os dados da agenda de Tamires, que a avó dela me entregou. O importante é selecionarmos as pessoas que conheciam os dois.

Mike balançou a cabeça em aprovação, e Nicolas continuou, sem perder a linha de raciocínio:

— Conversando com Thierry, o florista, eu tive uma ideia que pode ser bastante interessante. Tamires e Henrique, no passado, foram alunos da mesma classe por alguns anos. Eles podem ter estreitado essa amizade com o passar do tempo, já que moravam em uma cidade não muito grande. Quero descobrir o máximo que puder sobre isso. Pretendo ir à escola amanhã tentar ver se é possível conseguir uma relação com os nomes dos alunos que estudaram com Tamires e Henrique.

— Quando o senhor está pretendendo organizar a operação no museu? — indagou Mike, ansioso.

— Não sei se é um padrão do criminoso, mas Tamires foi morta em um domingo. Dois dias depois, na terça, ele matou Henrique. Se ele contar mais dois dias, a próxima vítima deve morrer amanhã, na quinta. Sei que estamos lidando com suposições, pois é impossível prever o que se passa na mente de um psicopata. De qualquer forma, quero acreditar que ele vai atacar sua vítima amanhã, de preferência no início da tarde, se nos basearmos nos assassinatos anteriores.

— E quem seria a vítima? Não temos a menor pista.

— Eu sei disso — confirmou Nicolas —, mas nossa operação terá que acontecer de qualquer forma. Elias vai me dizer com quantos policiais poderemos contar para nossa ação. Quero o máximo possível de policiais atuando amanhã. Iremos nos espalhar por todo o museu e ficaremos atentos a locais como banheiros e lanchonetes, já que a vítima, antes de ser atacada, é aparentemente drogada por um sonífero, certamente ingerido com uma bebida.

Nicolas sorriu ao notar que Mike estava anotando tudo rapidamente em uma caderneta. Quando percebeu que estava sendo observado, o gigante sorriu como um menino e justificou:

— É só para eu não me esquecer dos detalhes.

— Já que você está escrevendo, acrescente que devemos dar prioridade às pessoas com corpos saudáveis e bem definidos. Os típicos "saradões" que conhecemos.

Mike se levantou e avaliou o imenso corpo.

— Eu posso ser uma provável vítima?

— Sente aí e feche a matraca — ordenou Nicolas pensativo. — Não creio que haverá muitos visitantes na tarde de amanhã, o que deve facilitar nosso trabalho.

— Os habitantes de nossa cidade já estão carecas de saber o que há dentro daquele museu — observou Mike, novamente sentado. — Porém, quase todos os dias, costumam chegar excursões de grupos de estudantes vindos de cidades vizinhas. Se eles vierem amanhã, poderemos ter problemas.

— Talvez sim, já que a operação terá que ser realizada durante o expediente do museu. Se souberem que a polícia está agindo, o criminoso escapará.

— Ele vai saber, já que foi ele mesmo quem deu a dica na mensagem.

— Eu sei disso, porém ele imagina que colocaremos o museu em vigilância. Lembre-se de que novamente ele nos deu a dica de onde mataria a vítima, mas não disse quando e nem quem mataria. Ele estará consciente de nossa presença, mas não de uma operação bem articulada para detê-lo.

Era bem possível que o criminoso nem sequer atacasse, o que frustraria aquela força-tarefa. De qualquer forma, às vezes era preciso contar com a intuição.

Nicolas terminou de dar todas as orientações a Mike e logo depois seguiu com Elias até o apartamento de Henrique. Efetuaram uma busca geral, mas não encontraram nada de interessante. Havia diversos brinquedos eróticos e revistas pornográficas espalhados pelo único quarto do apartamento. Algumas fotografias de pessoas nuas, além de roupas e acessórios sexuais, deixavam claro que Henrique transava com pessoas de ambos os sexos, desde que fosse bem pago.

— Achei uma agenda — avisou Elias, depois de abrir a terceira gaveta de uma cômoda disposta no quarto.

Rapidamente, Nicolas folheou as páginas, mas não viu nada que lhe chamasse a atenção. Deteve-se em uma única letra, na última página da agenda. Era a letra "E" e abaixo dela havia um telefone. Henrique, por algum motivo que jamais seria descoberto, desenhara um coração vermelho em volta das informações.

— Precisamos descobrir a qual nome essa letra se refere — Nicolas notara que todos os nomes dos clientes de Henrique apareciam em forma de apelidos, já que sua profissão era bem comprometedora e seus clientes exigiam anonimato e sigilo. — Essa letra é a única que ele circulou em um coração.

— Vou efetuar a chamada agora mesmo do meu celular particular, para não afugentar ninguém — Elias pegou o aparelho e discou para o número de telefone escrito ali.

Atenderam após o segundo toque, e Elias apertou um botão para deixar a ligação no modo viva-voz.

— Alô? — perguntou a voz feminina.

— Com quem eu falo? — indagou Elias, mudando a própria voz.

— Com quem deseja falar? — a mulher devolveu.

— Meu nome é Elvis e estava revisando alguns papéis em meu escritório, pois estou fazendo uma limpeza e achei seu número. Pode me dizer de onde é?

— Academia *Músculos & Beleza* — respondeu a mulher —, mas esse é meu telefone pessoal. Como o conseguiu?

— Eu também não sei, já que achei seu número nas minhas coisas. Pode me dizer seu nome, senhorita?

— Edna. Se o senhor não disser de onde é...

Nicolas já ouvira o bastante e fez um sinal a Elias para que desligasse. Assim que o delegado desligou, o investigador atalhou:

— Edna é a gerente da academia em que Tamires foi morta. Eu estive conversando com ela.

— Sim, me lembro dela. Tem um par de pernas que me encheu os olhos — suspirou Elias.

— Entretanto, o par de pernas que o seduziu saía com um garoto de programa que foi morto, assim como estava presente na academia no dia do crime. Edna é a única pessoa em comum entre as duas vítimas até agora. Já vi que vou ter que voltar à academia para conversar com ela — Nicolas olhou as horas no relógio de pulso. — Acho melhor irmos embora. Não há nada mais interessante a ver aqui e amanhã precisamos estar bem cedo na delegacia. Quero que reúna o máximo de policiais que puder e que todos estejam vestidos como civis. Quero que nosso encontro seja o mais discreto possível.

Vou pedir ao Mike e a Moira que mantenham a mídia longe de nossa reunião. Quanto menos atenção chamarmos, melhor.

Como a tarde já morria, Nicolas encerrou seu expediente mais cedo e foi direto para casa.

Capítulo 22

Quando Nicolas entrou na sala de seu apartamento, sorriu ironicamente ao se deparar com Marian sentada no sofá, com as pernas cruzadas em posição de ioga, com a gata angorá adormecida ao seu lado. Ela assistia a uma reprise de um desenho animado, enquanto enfiava a mão na imensa tigela de pipocas em seu colo e levava-as à boca. Com os cabelos castanhos presos num rabo-de-cavalo, Nicolas achou a irmã parecida com uma adolescente caseira e bem-comportada.

— Sessão de cinema em plena quarta à noite? — Nicolas perguntou bem-humorado.

Marian desviou o rosto, sorriu para ele e apertou um botão no controle remoto para deixar a televisão no mudo.

— Hoje, eu não fiz o jantar. Se quiser, contente-se com essas pipocas, que, aliás, estão muito crocantes.

Nicolas resmungou algo ininteligível, aproximou-se da irmã e meteu a mão na tigela de pipoca, mastigando algumas com prazer. Érica emitiu um miado zangado, e Nicolas atirou uma das pipocas sobre ela.

— Achei que você fosse dormir na casa da Miah de novo, por isso nem me preocupei em fazer comida — justificou Marian, alegre. — Porém, se você quiser...

— Eu quero, irmãzinha linda — fez Nicolas, com voz suplicante. — Sabe que eu adoro sua comida.

Marian sorriu novamente, sem sair do lugar.

— Eu dizia que, se você quiser, se sinta à vontade na cozinha. Pipocas não matam a fome, mas distraem o estômago.

— Malvada! Cruel! Sangue-ruim! — provocou Nicolas, rindo. — Quais as novidades do dia da minha amada irmãzinha?

— Nada de novo, exceto que o síndico do prédio esteve aqui ontem à noite para nos entregar o boleto do condomínio, não sem antes me pedir em namoro — informou Marian, tranquilamente.

— Ah, você está brincando? Aliás, qual é o valor da conta deste mês?

— Está nessa gavetinha. Pegue-o. E garanto que estou falando sério. Eu logo o dispensei, mas com educação.

Nicolas apanhou o boleto do condomínio e seus olhos quase saltaram das órbitas ao conferir o valor. Raivoso, devolveu o título à gaveta do rack.

— O que esse cara está pensando? De onde ele tira tantas taxas? Vou reclamar para o dono do apartamento!

— Segundo ele, todas as taxas são legais. É assim mesmo, Nic. No Brasil, tudo aumenta de preço. Brigar com o rapaz não vai resolver nada, não acha? — considerou Marian, sempre bem-humorada.

— Eu vou atrás disso. Não estou gostando desse aumento todo. Só falta o aluguel subir também! — Nicolas inclinou a cabeça, para olhar melhor para a irmã. — Aliás, pode-se saber o motivo de tanta alegria nesse rostinho angelical?

Marian não respondeu, e ele logo captou a mensagem por meio de sua expressão.

— Hum, já sei... — ele sentou-se na poltrona de couro em frente ao sofá. — Tem algo a ver com o curandeiro?

— Não fale assim dele, seu ingrato! Foi Enzo quem fez os curativos em você quando foi atacado, ou já se esqueceu disso?

— Estou sentindo muita intimidade no modo como está falando dele — Nicolas curvou o corpo para frente e perguntou: — Rolou ou não rolou?

Marian corou e esticou as pernas.

— Que modo feio de falar, Nic! O que aconteceu foi que nós dois nos entendemos. Compartilhamos nossos segredos. Fiquei feliz por ter conseguido fazer Enzo confiar em mim a ponto de me confidenciar sua vida íntima.

Nicolas concordou em silêncio. Estava feliz pela irmã e gostava de Enzo. Sempre aprovou a ideia de um romance entre os dois, caso isso viesse a acontecer e, ao que tudo indicava, eles já tinham avançado além da amizade. Enzo fora honesto o suficiente com Marian, que acabava de dizer que já não havia mais segredos entre eles.

Nicolas desejava que acontecesse o mesmo entre ele e Miah. Por mais que a amasse e confiasse em tudo o que ela lhe dissera sobre seu passado, tinha certeza de que havia algo mais. Ela não lhe dissera tudo e o que faltava para ser revelado estava trancado dentro da caixinha de madeira sob sua cama.

— Vocês estão namorando?

— Ah... acho que sim — confirmou Marian, corando novamente. Por mais que gostasse de Nicolas, sentia-se encabulada de relatar sua vida íntima para ele. — Eu gosto de Enzo e sei que sou correspondida. Esse é o fundamento básico para o início de uma relação.

— Existem pessoas que não se amam, mas vivem bem durante o resto da vida — lembrou Nicolas, comendo mais pipoca.

— Será que realmente vivem bem? Eu me pergunto se existe felicidade onde não há amor.

— Já que hoje você está tão romântica, poderia me falar mais sobre o amor? O que é esse sentimento em sua opinião? Enquanto me explica, passe pra cá essa tigela de pipoca — num gesto rápido, ele apoderou-se do recipiente.

Marian sorriu e respondeu:

— O amor é um sentimento que possui muitas definições e interpretações, variando entre culturas e religiões. Em minha opinião, ele é o combustível que faz o ser humano conviver bem consigo mesmo. O amor enleva, ensina, consola, aproxima as pessoas, traz a felicidade, ajuda a superar problemas, mágoas e desavenças. Dizem que há muito desamor no mundo, embora eu pense diferente. O que realmente está faltando é cada um amar a si mesmo, em primeiro lugar. É a falta de amor-próprio e de autovalorização que gera esse clima ilusório de que o mundo está um caos. Acha que, se cada pessoa estivesse feliz consigo mesma, passasse a cuidar de si com amor e carinho, o planeta estaria assim?

— Talvez... Cada um não passaria apenas a pensar em si mesmo, de uma maneira egoísta?

— Ao contrário, Nic. Quando alguém começa a se gostar, reacende seu brilho natural. E você sabe que a luz funciona como um imã, atraindo outras pessoas. Repare como a gente se dá bem perto de uma pessoa alto-astral, animada, extrovertida, que emana uma energia gostosa. Essa pessoa nos faz ter vontade de imitá-la, porque para ela as coisas sempre dão certo.

Às vezes, até chega a causar certa inveja nos outros, que costumam dizer que a fulana é sortuda, que a vida a beneficia etc. O que ninguém percebe é que essa pessoa simplesmente aprendeu a valorizar-se, a amar-se em primeiro lugar. Se todo mundo agisse assim, haveria mais luz sendo compartilhada, mais vibrações positivas, mais harmonia e bem-estar. E, consequentemente, o mundo seria muito melhor.

— E quando as pessoas traem, mentem, brigam e se destroem em nome do amor? Ele também pode ser um sentimento destrutivo.

— Discordo, Nicolas. O amor é a maior expressão da vida e nada que é natural pode ser destrutivo. As pessoas tomam atitudes em nome daquilo que acreditam ser amor, mas que é apenas ilusão, um desejo de se sobrepor às outras. Ninguém mata por amor, Nic. O assassinato tem a ver com ódio, rancor, ira e raiva. As mentiras e as traições têm a ver com desejos não reprimidos, com a ganância, com a inveja e o ciúme. E nenhum desses sentimentos é sinônimo de amor.

— Átila, seu ex-namorado, a traiu com sua melhor amiga, e você jurou nunca mais se apaixonar por homem nenhum. E agora está caidinha de amores por Enzo. Átila a fez sofrer, então o amor também nos leva ao sofrimento.

— O que me fez sofrer foi a decepção que meu namoro com o Átila me trouxe. A decepção frustra, pois eu achava que era amada também. Hoje, eu vejo que não o amava realmente e nem ele a mim. Assim, não havia amor verdadeiro e sincero em nossa relação. E acho que atraí para minha vida um homem do tipo dele. Eu me deixei levar pela paixão cega e desmedida, porque talvez, na época, eu não me amasse também. Se nem eu gostava de mim, por que deveria esperar que outra pessoa o fizesse?

— Você decidiu não se envolver com mais ninguém — lembrou Nicolas, mastigando mais algumas pipocas.

— Porque eu tinha medo de me decepcionar de novo, até conhecer Enzo. Aí disse a mim mesma que era bobagem recusar as novas oportunidades que a vida estava me trazendo. Eu nasci para desfrutar do melhor e não para me fechar em copas e me alimentar de amarguras. O verdadeiro egoísmo está em nos privarmos daquilo com que a vida nos presenteia diariamente, é mergulhar na tristeza e esconder nossa beleza natural detrás das brumas da depressão, do desconsolo, do desânimo. Não dá para sermos egoístas com nós mesmos.

— Você estava com medo de amar?

— Provavelmente. Entretanto, rompi essas correntes repressivas e me libertei. Percebi que precisava me dar mais uma chance. E ontem, quando Enzo se abriu comigo, eu notei que gosto dele de verdade, de coração. Muitas vezes, nós nos perguntamos se estamos namorando a pessoa certa, mas só existe a possível, aquela que dá para ser, sem fantasias e ilusões. Além disso, acho válido questionarmos o coração diante de uma grande dúvida. Perguntando a ele, saberemos o que decidir, já que o coração é o órgão especificamente criado para ser a cápsula do amor divino que existe em cada um de nós. Ele sempre sabe a resposta certa.

Nicolas sorria para Marian, enquanto comia as últimas pipocas. Por fim, colocou a tigela no chão e brincou:

— Confesso que adoro quando você começa a falar assim. Suas palavras soam com uma naturalidade tão grande, que me impressiona. Parece que nem pensa no que vai dizer.

— Não penso mesmo. Às vezes, chego a pensar que é meu guia espiritual quem me intui a dizer coisas assim. Eu tenho sensibilidade para captar o pensamento de um espírito que me ajuda na pintura de meus quadros, mas nunca vi nenhum próximo de mim, além do espírito do papai em sonhos.

— Você já me falou sobre isso e novamente eu fico impressionado. É difícil aceitar que as pessoas não estão mortas de verdade.

— Já que falávamos de amor, aproveito para dizer que o amor de Deus por nós é tão grande, belo, poderoso, profundo e encorajador, que nos concede a vida depois da vida. Pode haver algo mais maravilhoso do que isso? Um pai que viu sua filha falecer se reencontrar com ela tempos depois ou os filhos reverem os pais, a quem consideravam mortos? Deparar-nos com os nossos amigos que já partiram felizes com nossa chegada? Nada é mais belo do que isso. As chances que a vida nos dá de sermos felizes são inúmeras. Somos espíritos eternos e imortais, cujo objetivo é aprender, vencer e progredir. Eu mesma, todos os dias, agradeço à vida por ter me dado tantas coisas boas. Sou muito grata por tudo o que tenho.

— Eu queria aprender mais sobre sua religião, mas o que eu menos tenho é tempo.

— O fato de eu ser espiritualizada não me obriga a ter uma religião, embora o espiritismo, por exemplo, para muitos adeptos, seja considerado religião e, para outros, uma filosofia unida à ciência. Do mesmo modo, a umbanda também é uma religião que reúne elementos de cultos africanos, e que muito tem ajudado as pessoas nos dias atuais. No entanto, lembre-se de que nenhuma placa na porta de uma igreja nos leva até Deus. Nós somos nosso próprio templo religioso e a nossa fé, que nos impulsiona em direção à descoberta dos verdadeiros valores do espírito.

— Eu fico sem palavras depois de a ouvir falar. Gostaria de saber como consegue ser tão pura e bondosa.

— Não sou nenhuma das duas coisas e estou longe de sê-las. Sou um ser humano, que erra, mas que aprende com os erros. Apenas busco aprender mais sobre a vida e sempre me surpreendo ao perceber sua forma de agir, pois ela não trabalha para nós e sim através de nós. Isso é sublime.

— Eu já fiz muitas coisas erradas, como policial e como homem — comentou Nicolas, falando em voz baixa.

— Errou? Recomece fazendo o certo. A cada manhã, ao abrirmos nossos olhos, a vida nos dá a chance de um recomeço e de novas possibilidades de conquistas. O erro de ontem será o acerto de hoje.

Nicolas começou a aplaudir a irmã, batendo no fundo da tigela de plástico, enquanto Marian ria como uma criança.

— Deixe de ser bobo — ela levantou-se do sofá, desligou a televisão e o beijou no rosto, abraçando-o em seguida. — Eu o amo pelo que você é agora e não pelos erros que pode ter cometido por aí. Aliás, o que são os erros? Ignorância em relação ao que era certo? E o que realmente é certo? Quem erra passa a borracha e refaz a tarefa. Ponto final.

— Não pudemos conversar ainda, mas eu voltei a sonhar com o inquisidor. Dessa vez, ocorreu um fato diferente dos demais sonhos. Passava-se durante o dia e havia uma execução em uma praça. Um senhor e sua neta foram queimados vivos, sem que pudessem ter a chance de se defenderem. E ele, Sebastian, estava lá. Foi ele quem os matou, sei disso.

Marian apertou as mãos de Nicolas, pois sabia o quanto ele ficava nervoso quando citava seus sonhos misteriosos.

— Ela também estava lá. Angelique, a bruxa — continuou Nicolas. — Curiosamente, ela desejou vingança contra ele. Não sei como, mas eu li seus pensamentos — Nicolas ergueu seus olhos azuis e encontrou os olhos castanhos da irmã. — Acha que isso é loucura? Será que meu trabalho está me deixando assim?

— Não há nenhuma loucura nisso. Em minha opinião, são fatos que revelam situações mal resolvidas de sua vida passada e que estão emergindo agora em busca de uma solução.

— E por que só agora? Por que só comigo? Que fatos podem estar pendentes exigindo um reequilíbrio?

— Eu não sei exatamente, mas provavelmente você precisará superar agora, na encarnação atual, algo que ficou em aberto na época da inquisição. Seu espírito está revivendo aqueles períodos e você vê as imagens como se fossem meros sonhos, mesmo sabendo que não são. Nossos sonhos podem dizer muito sobre nossas vidas passadas.

— Eu sempre me questiono se não seria muito melhor se nós conseguíssemos nos lembrar das encarnações anteriores no momento em que nós quiséssemos, mas você já me disse que não haveria mérito algum nisso e que o passado não importa. Nesse caso, ele está interferindo no presente, não? A vida é muito misteriosa.

— A vida tem seus enigmas sim, mas, aos poucos, o véu do mistério e do esquecimento é retirado e tudo fica às claras. O passado só retorna se existirem fatos mal resolvidos, que precisam ser revistos por quem o vivenciou. Mas lidar com o passado não é se deixar envolver por ele, nem permitir que ele interfira em sua rotina atual.

— Ouvindo você falar, eu fico mais tranquilo. Já estava pensando que era hora de me aposentar — sorriu Nicolas.

— Claro que trabalho em excesso faz mal, contudo, quando dosado na medida certa, impulsiona nosso espírito ao progresso. Todo trabalho dignifica a alma. Não vejo a hora de começaram minhas aulas na próxima semana. Não aguento mais ficar sem fazer nada, além de pintar meus quadros — tornou Marian, ainda abraçada a Nicolas.

— E, quando você estiver estudando, eu vou passar fome. Não posso viver à base de pipocas, não acha?

— Você sabe cozinhar, portanto se vire. A partir da próxima segunda-feira, tirarei férias do fogão. Ele será todinho seu — Marian riu e correu soltando uma alegre gargalhada, enquanto Nicolas atirava uma almofada em sua direção.

Capítulo 23

Nicolas achou que a conversa com Marian o faria sonhar com o caçador de bruxas e a lendária Angelique, mas, para sua surpresa, teve uma noite tranquila e um sono reparador. Na manhã seguinte, despertou às seis, tomou um banho rápido e antes das sete já estava na delegacia.

Alguns policiais já estavam presentes. Nicolas não conhecia a maior parte deles. Após as apresentações, ele percebeu que todos se mostravam tão ansiosos para a operação policial como se fosse uma grande novidade.

Um alegre policial com traços orientais confirmou essa suposição:

— É que nunca houve nada parecido por aqui. Claro que não perderíamos a chance de participar de uma força-tarefa como essa. Nosso currículo agradece.

Todos riram, inclusive Nicolas, que notou que a maioria dos soldados tinha menos de trinta anos e que, vestidos como civis, parecia um grande grupo de amigos descontraídos, reunidos para um encontro comemorativo. Quando Elias apareceu, confirmou que todos estavam ali. Nicolas contou vinte e dois ao todo, além dele e de Elias.

— Acho que estamos em número mais do que suficiente — comentou Nicolas, olhando para os policiais à sua frente. Alguns o encaravam com veneração e respeito, pois já tinham ouvido boatos sobre o investigador carioca, que solucionara um caso extremamente difícil no mês anterior. Outros tinham visto Nicolas pela televisão ou nos jornais, mas nem todos tiveram a oportunidade de trabalhar diretamente com ele. Dava para notar que o famoso Bartole era realmente um perito em sua área.

— Antes de começar a explicar como será nossa ação, gostaria que os senhores analisassem a planta que o policial Michael nos conseguiu — Nicolas esticou o braço, e Mike lhe estendeu uma grande folha dobrada. A planta foi aberta, e Nicolas foi movimentando-a lentamente para os lados a fim de que todos pudessem vê-la. — Não se preocupem em memorizar todos os detalhes, pois conseguimos uma versão reduzida da planta, que será entregue a cada um dos senhores. O que quero deixar claro é que a estrutura física do museu não é grande e conta apenas com o piso térreo e o primeiro andar. Segundo informações que eu obtive, no primeiro andar estão expostos quadros e esculturas de artistas famosos, além de um setor onde estão reunidas fotografias de nossa cidade desde sua fundação. No piso térreo, existem réplicas de objetos usados pelos escravos que viveram aqui, além de mais fotografias e informações.

Enquanto falava, Nicolas passava os dedos pela planta, indicando os pontos que mencionava.

— Existem quatro banheiros no térreo, sendo um para os funcionários, dois para o público em geral e um adaptado para os visitantes com deficiência física. No primeiro andar, a disposição dos banheiros é a mesma. Aqui — ele tocou na lateral da planta — há uma lanchonete. Quero vigilância redobrada nesses pontos entre os banheiros e a lanchonete.

Um policial, usando calça e blusa de moletom, ergueu a mão:

— Há uma prévia da duração da operação?

— Vamos nos distribuir e chegar aos poucos, a partir das onze horas. Ficaremos até o momento de o museu fechar, às dezessete horas. Para evitar suspeitas, não haverá comunicação via rádio. Usaremos nossos celulares. Meu número será distribuído a todos pelo policial Michael.

De repente, os homens se voltaram na direção da porta, e o major Lucena apareceu acompanhado de Duarte. Lucena parecia aflito e olhou para Nicolas como se estivesse pedindo desculpas.

— Bom dia a todos! — ele cumprimentou. — A pedido do comandante Alain, eu e o investigador Evaristo Duarte, presente ao meu lado, participaremos também da ação policial liderada pelo investigador Nicolas Bartole.

Nicolas não poderia estar mais irritado, mas tentou não demonstrar seu nervosismo na frente de todos, fazendo um esforço para ignorar o sorrisinho de deboche que Duarte mantinha nos lábios.

— Sejam bem-vindos — respondeu Nicolas, furioso, indicando algumas cadeiras vagas. Devagar, Lucena e Duarte se sentaram. — Só fiquei surpreso por não ter sido comunicado sobre essa decisão pelo comandante Alain.

— Eu acho que existem pessoas demais nessa operação para capturar um criminoso — comentou Duarte, irônico. — Afinal, não estamos atrás de Jack, o Estripador, não é mesmo?

— Quando sua opinião for solicitada, o senhor pode se pronunciar — cortou Nicolas, secamente. — Antes disso, peço que se mantenha em silêncio. Não quero falhas ou dispersão da parte de nenhum de nós. Está claro?

Cabeças balançaram em consentimento. Nicolas conteve a impaciência e prosseguiu:

— Eu dizia que nós manteremos contato por meio de nossos celulares — ele devolveu a planta a Mike e fez um gesto para que ele começasse a distribuir as versões reduzidas. — Vou dizer algumas palavras sobre a pessoa que estamos buscando. Não sabemos seu sexo nem sua faixa etária, mas, de acordo com as imagens que obtivemos por meio das câmeras de segurança da academia *Músculos & Beleza*, o indivíduo mede menos de um metro e setenta e possui compleição frágil. Naturalmente, sua cabeça estava encoberta, porém notamos que usava luvas. Nas mãos trazia um peso de academia e uma pomba branca com as asas abertas. Os dois objetos foram deixados ao lado das vítimas anteriores, ou seja, é provável que o procedimento se repita. Desta vez, creio que ele não andará pelo museu com os objetos nas mãos, pois sabe que pode estar sendo vigiado. Sabemos que estará em um museu, pois nos deu essa dica por meio de um recado que nos deixou.

— Não seria mais fácil se todas as bagagens dos visitantes fossem revistadas? — sugeriu uma policial negra. — Eu mesma já estive no museu e lá existe guarda-volumes. Não é permitida a entrada com mochilas ou sacolas.

— Esse procedimento seria correto, levando em conta que ele colocaria as peças em uma sacola. Como um frasco de sonífero é um objeto pequeno, nada impede que ele o leve dentro da roupa. Aliás, quero ressaltar um detalhe importante: mantenham atenção redobrada às pessoas que estejam com roupas largas e folgadas e que atendam às características físicas informadas.

— Que tipo de vítima o assassino procura? — perguntou um policial com o rosto marcado de espinhas.

— Esse era o tópico que eu ia mencionar agora. Baseando-nos nas vítimas anteriores, que são pessoas com corpos saudáveis, malhadas e jovens, com menos de trinta anos, homens ou mulheres, acreditamos que esse seja o perfil. Segundo o relatório da médica legista, a primeira vítima foi drogada por um sonífero servido em uma bebida. Ainda não consegui o relatório sobre o segundo corpo, mas estou certo de que o ritual foi o mesmo. Marquem as pessoas que estiverem acompanhadas na lanchonete. Ele irá drogar sua vítima dentro do museu.

Nicolas continuou explicando os detalhes da operação e esclarecendo as dúvidas. Ao final, concluiu:

— Há uma ordem que deve ser seguida. Quero evitar o uso de armas de fogo. Vamos nos concentrar na prisão. Lembrem-se de que o museu não será evacuado. Além do mais, soube que existem alunos excursionistas que visitam as exposições quase todos os dias. Não quero a menor possibilidade de risco a ninguém, certo?

— Eu tenho uma pergunta — Duarte levantou uma mão magra, sempre mantendo um sorrisinho sarcástico nos lábios finos e ressecados. — Reconheço que sua operação está bem organizada, mas como você pode ter certeza de que o crime vai acontecer hoje? E se tudo acabar em marmelada?

— Tenho fundamentos para acreditar que o crime acontecerá hoje — informou Nicolas, direcionando um olhar agressivo a Duarte. — E será depois do almoço.

— Nossa, um assassino que mata com horário marcado! — riu Duarte, na certeza de que alguém o imitaria. Como todos permaneceram sérios, ele foi deixando de rir aos poucos. — Assim fica fácil, não acham?

— Talvez seja por isso que o comandante Alain o incluiu em nossa operação — retrucou Nicolas. — Ele sabe que você é acostumado a lidar com coisas fáceis, que não dão trabalho nenhum para serem resolvidas.

Desta vez, houve algumas risadinhas discretas, e Duarte fulminou Nicolas com os olhos, segurando-se para não retrucar.

— Quero saber se alguém tem mais uma dúvida — como nenhuma mão foi levantada, Nicolas avisou que a reunião estava encerrada. — Quero desejar uma boa sorte a todos nós. Vamos nos encontrar no museu, nas próximas horas.

Nicolas apertou várias mãos educadamente até que se viu a sós com Elias, Mike e Lucena. Duarte também havia se retirado.

— Até agora eu não acredito que o retardado do Duarte foi inserido na minha operação — reclamou Nicolas, enquanto a raiva ressurgia novamente. — Se por causa dele algo sair errado, vou esmurrar aquela cara de maracujá de gaveta que ele tem.

— Acalme-se, Bartole — pediu Elias, colocando a mão sobre o ombro de Nicolas. — A intenção de Duarte não é outra senão nos irritar e torcer para que tudo saia errado. Não vamos dar esse gostinho a ele.

— Ademais, Duarte está furioso, porque o comandante lhe deu ordens expressas para seguir suas orientações — interveio Lucena. — É por isso que ele está disposto a comprar briga com você, Bartole. Não caia na dele.

Nicolas assentiu e, como naquele momento não tinha nada melhor a fazer, tornou a repassar os detalhes da operação com os outros homens.

———

Nicolas almoçou com Mike no *Caseiros* bem antes do meio-dia. Quando terminaram de comer, o policial comentou:

— Eu combinei com a Moira de fingirmos ser um casal apaixonado e com gosto pela arte.

— Também não vou usar nada chamativo. Apenas um disfarce básico, pois o criminoso já deve ter visto meu rosto nos noticiários.

— Sabe, Bartole, eu estive pensando... — comentou Mike, encarando os pratos vazios à sua frente. — Se prendermos esse sacana hoje, ficaremos tranquilos para a festa de aniversário de sua mãe, no sábado. E lá, quando me encontrar com sua irmã, pretendo ler um poema que fiz pra ela. Já que o cara deixa mensagens em forma de poemas dentro das pombinhas, eu também pensei em algo bem sedutor usando rimas.

— Ariadne vai adorar — comentou Nicolas, sorrindo. Ele sabia que Mike não escondera a atração que sentiu por sua irmã caçula, quando se conheceram há um mês durante uma quermesse. Ariadne, embora não admitisse, também estava bastante interessada no policial grandalhão. Nicolas achava que eles formavam um casal tão raro e exótico como um par de araras azuis.

Eles entraram no carro prateado do investigador e, assim que Nicolas deu a partida, perguntou:

— O poema está com você?

— Sim, aqui no meu bolso. Quer que eu o leia?

— Eu adoraria ouvir o que você escreveu.

Mike entoou a voz e começou:

Eu amo seu cabelo roxo.
Seu sorriso me deixa xoxo.
Seu perfume me inebria
Como um pão na padaria.
Seu olhar me entontece
E minha boca estremece.
Quero ser seu namorado
Para ficarmos agarrados.

— Mike, isso está péssimo — criticou Nicolas com uma careta. — Até minha gata psicopata faria algo melhor. E espero que não se ofenda novamente comigo, porque estou sendo sincero.

— Arre égua, e eu achando que era quase um Victor Hugo!

— Pode refazer isso, ou Ariadne vai afogá-lo na Lagoa Rodrigo de Freitas. E aposto que ela já mudou a cor dos cabelos. Agora, acho melhor deixarmos de brincadeira, porque temos algo muito importante a ser feito daqui a pouco.

— Obrigado pelas dicas, Bartole. Até sábado, isso estará refeito. Vou deixar sua irmã caidinha aos meus pés. Acho que até já posso chamá-lo de cunhado.

— Eu ainda não diria isso. Ariadne é osso duro de roer. Bem, vou para casa me preparar e nos encontramos no museu daqui a pouco. Até já, Mike — Nicolas deixou o policial numa esquina, que ficava a apenas duas quadras de sua casa. Dali, o investigador seguiu rapidamente para seu apartamento.

Capítulo 24

A fachada do museu público da cidade, localizado próximo à igreja central, era constituída de milhares de tijolinhos vermelhos. Era uma construção bem antiga, que já passara por muitas reformas. Certamente, o local era tombado pelo patrimônio público.

Os vários ônibus de viagem estacionados em fila ao longo da quadra seguinte fizeram Nicolas compreender que os alunos das excursões vindas de outras cidades estavam lá, fato que poderia dificultar o processo. Por outro lado, quanto mais pessoas houvesse no local, mais difícil seria para o assassino farejar a presença da polícia nos domínios do museu.

Buscando o máximo de discrição, Nicolas chegara a pé. Usava uma bermuda jeans até os joelhos, tênis e meias brancas, e uma blusa de moletom igualmente branca. Na cabeça, um boné no mesmo tom azul da bermuda. Nas mãos havia uma pequena máquina fotográfica, já que era permitida a entrada no museu com câmeras e celulares. Trazia no rosto óculos escuros elegantes para proteger as vistas do sol invernal. À exceção das dimensões de seu corpo, ele em nada lembrava o compenetrado investigador. Parecia-se com um simpático e descontraído turista.

Nicolas cruzou a recepção e conferiu o relógio de pulso. Meio-dia e meia. O museu estava mais cheio do que supunha e ele logo notou os grupos de crianças e adolescentes uniformizados sendo ciceroneados pelas guias do museu e pelos professores.

Admirando duas estatuetas que representavam um escravo no tronco e o feitor chicoteando-o estavam Moira e Mike. Nicolas sorriu ao observá-los de mãos dadas. A sisuda e carrancuda Moira soltara seus cabelos loiros, que lhe tocavam os ombros, e parecia falante e animada. Mas, ao avistar Nicolas, ela sussurrou algo para Mike, que acompanhou seu olhar e fez um discreto gesto com a cabeça indicando que tudo estava tranquilo.

Conforme andava pelos salões repletos de visitantes, Nicolas foi identificando os policiais que estavam atuando com ele na ação. Uma mulher segurando um bebê de colo, um atleta e sua namorada, um simpático faxineiro, todos os policiais estavam preparados para o ataque. Por uma questão de segurança, nem mesmo a direção do museu havia sido informada da operação que estava acontecendo ali. Era bom garantir que não ocorreria o vazamento de informações.

Elias parecia compenetrado nas explicações da guia sobre um imenso quadro pintado a óleo. Mais ao fundo, Nicolas avistou o major Lucena, que, ao lado de duas alunas, parecia o pai delas e mal conteve o riso quando finalmente se deparou com Duarte. Ele também estava de bermuda, mas vestia uma camiseta verde regata, que deixava seus braços finos e flácidos à mostra.

Nicolas evitou conversar com qualquer pessoa. Olhava atentamente para todos os lados, na esperança de ver algo que lhe chamasse a atenção. Estava subindo para o primeiro andar, quando seu telefone emitiu um discreto assovio. O investigador parou no meio dos degraus e atendeu:

— Bartole.

— Aqui é Fred. Provável vítima localizada na terceira cadeira da lanchonete. Não há sinal do suspeito.

— Ok, obrigado — imediatamente, Nicolas deu meia-volta, bem a tempo de ver outros policiais disfarçados se aproximando cautelosamente da pessoa informada pelo policial Fred.

Tratava-se de um rapaz loiro, com cerca de vinte e cinco anos. Ele estava sozinho e de fato atendia ao perfil das vítimas anteriores. Exibia braços musculosos e sua pele era bronzeada e bem-cuidada.

Nicolas se manteve a certa distância, até que uma mulher com cabelos longos e ruivos se aproximou e beijou o rapaz nos lábios. Eles começaram a conversar e pediram dois refrigerantes. Em nenhum momento, a ruiva aproximou a mão do copo do namorado e logo depois eles saíram do museu.

— Alarme falso — informou Nicolas por meio do celular ao delegado. — Continuemos observando.

A vigilância continuou sem novidades durante as duas horas seguintes, e, por volta de dezesseis horas, os policiais já se mostravam cansados e entediados. Pelo jeito, nada aconteceria naquele dia.

Meia hora mais tarde, até mesmo Nicolas já havia desanimado. O museu estava praticamente vazio, pois em meia hora seria fechado. A maior parte do público presente era composta pelos homens de Nicolas. A lanchonete estava vazia, e os últimos visitantes civis começavam a encaminhar-se para as portas de saída.

"Não acredito que não deu certo", pensou Nicolas consigo mesmo. E quando seu relógio registrou dezessete horas, o delegado já estava convidando os policiais a se retirarem, pois era evidente que a operação montada por Bartole caíra por terra. Nada dera certo e o criminoso não aparecera.

— E agora, Bartole? — perguntou Mike, parando ao lado de Nicolas. Eles repararam que alguns policiais estavam indo embora de cara feia, olhando torto para o investigador. Era óbvio que eles não tinham gostado de perder tempo ali.

— Não sei, Mike! — exclamou Nicolas, chateado. — Eu quero saber por que deu errado. Será que a dica do museu era falsa?

— Ou o crime não estava previsto para acontecer hoje — respondeu Duarte, rindo ironicamente. — Quer dizer que você cometeu mais um erro, Nicolas Bartole? Onde está sua valentia agora, sua excelente capacidade? Admita que seus planos foram para o ralo!

— Alguém mande Duarte calar essa boca asquerosa! — pediu Nicolas, explodindo num acesso de fúria. — Resta pouco para que eu desconte minha raiva no primeiro rosto que vir pela frente.

Duarte deu de ombros, desistindo de prolongar a discussão. Lucena apareceu e lamentou o ocorrido. Elias segurou Nicolas delicadamente pelo braço e o conduziu para a saída.

Naquele exato momento, uma pomba branca com as asas abertas era deixada ao lado de um corpo no *Museum*. Houve um instante de contemplação, enquanto os olhos frios e sem expressão fitavam o corpo inerte no chão. A cabeça da vítima fora esmagada por um haltere, como tinha que ser. Sua lista estava diminuindo bem depressa. Já eliminara a metade. Faltavam agora apenas três. E, além deles, também seria preciso dar um jeito em Oscar. Já soubera de sua prisão e sabia que ele daria com a língua nos dentes a qualquer momento. Amanhã mesmo pretendia cuidar do marceneiro.

Em sua mente doentia alguns pensamentos formavam-se: "A terceira pomba branca ficará aqui. Eu consegui silenciar mais uma voz. Um lindo corpo a menos. Sei que, se continuar assim, até o final da próxima semana concluirei minha missão. Depois disso, pouco me importa se a polícia irá me localizar. Não tenho medo da prisão, pois já enfrentei coisas muito piores antes. Todas as seis vozes se calarão, seus belos corpos serão extintos. E eu finalmente poderei falar e exibir meu corpo, sem medo ou vergonha. E que a paz reine para sempre".

Só havia uma maneira de aliviar todo o estresse acumulado devido à operação frustrada e seu nome era Miah. Nicolas encontrou-a em seu apartamento, vestida em uma camisola minúscula, que a deixava ainda mais sensual. Porém, Miah não parecia nada animada.

— Não aguento ficar o dia inteiro em casa — expôs ela, assim que Nicolas entrou e a beijou. — A falta de ação e movimento está me deixando doente. Eu quero ver gente, ir atrás de notícias, perturbar você...

— Só não gostei da última parte — considerou Nicolas.

— E você? Aonde vai assim, todo bonitão, de boné e bermuda jeans? — reparou Miah, tentando melhorar o próprio humor. Vestido daquela forma, Nicolas parecia um adolescente.

— Estou voltando, na verdade. Eu e diversos policiais estávamos preparados para deter o criminoso no museu, pois foi o local onde ele nos disse que atacaria. Achei que ele fosse tentar algo com a nova vítima hoje, mas me enganei. E você sabe o quanto detesto me enganar com alguma coisa. Meus instintos me diziam que ele mataria alguém hoje, mas talvez tenha mudado de tática justamente para nos distrair.

— Quem sabia da operação?

— Somente nós, policiais, além do impertinente do Duarte, que apareceu por lá com suas perninhas secas.

— Espero que não haja nenhum policial envolvido. No mês passado, você confiou demais em um deles e se decepcionou.

— Porque em momento algum eu imaginei que Oswaldo estivesse fazendo aquilo. Nada impede que eu esteja lado a lado com o criminoso novamente, mas acho que não. Não posso ser tão "pé-frio"!

— Ah, eu sei que seus pés não têm nada de frios — alegou Miah, tirando o boné de Nicolas e colocando-o na própria cabeça. — Eu preciso encontrar alguma ocupação, mas ser repórter está no meu sangue, assim como ser investigador está no seu. Agora há pouco, fui obrigada a assistir Sabrina Dasso fazendo uma matéria que era para ser minha. Puxa vida, estou tão triste...

— Então nós dois estamos tristes — atalhou Nicolas. — Em vez de afogarmos nossas mágoas, eu pensei em algo melhor. O que acha de sairmos para comer uma pizza por aí? Assim, relaxamos e nos esquecemos dos nossos problemas. Outro dia, a Marian me disse que pensar demais nos problemas nos deixa tão desgastados a ponto de nos sentirmos mal fisicamente. Não vamos deixar que isso aconteça conosco.

— Ótima ideia. Vamos mostrar aos outros que nós dois somos os melhores. Só me dê um minuto para tirar essa camisola.

— Dessa parte eu gosto — riu Nicolas.

— Pervertido!

Dez minutos depois, Miah reapareceu de calça jeans e uma jaqueta também jeans. Entraram no carro de

Nicolas, e ela o guiou até um local onde serviam pizzas excelentes. Tão logo chegaram, fizeram o pedido. Um garçom, então, perguntou:

— Você é a senhorita Fiorentino, né? Está de férias?

Miah olhou de Nicolas para o rapaz.

— Por enquanto eu estou... em pausa para reflexão.

— Não gosto daquela moça que ficou em seu lugar. Acho que ela vai derrubar a audiência do jornal. Eu quero a senhorita de volta. Seu jeito era bem mais dinâmico.

— Acho que não volto tão cedo — justificou-se ela. — Traga nossa pizza, sim?

O garçom assentiu com a cabeça, e Miah ponderou:

— Todos a odeiam. Por que me demitiram e a colocaram em meu lugar?

— Já disse que as emissoras concorrentes vão contratá-la se for procurá-las. Eu já estou até sentindo sua falta segurando um microfone.

— E se ninguém me contratar? Onde vou me empregar? Tem alguma vaguinha na delegacia?

— Nem pra fazer limpeza. Não se preocupe. Garanto que na próxima semana você estará empregada novamente.

— E o aniversário de sua mãe? Você vai mesmo?

— *Nós* vamos. Tenho apenas amanhã para encerrar o caso, mas, depois do que aconteceu hoje, duvido que eu vá conseguir. Só que a festa eu não perco por nada. O Thierry fará a decoração das flores. Só falta ele me passar o valor do orçamento.

— Com certeza vai estar tudo muito lindo. Eu vou pra lá com você, mas espero que sua mãe não tente voar na minha jugular assim que ela nos ver juntos.

— Ela não aprendeu essa tática. Ainda bem.

A pizza chegou e, enquanto comiam, mudaram o assunto. Nicolas pagou a conta e dirigiu devagar para o apartamento de Miah. A rua em que ela morava era bastante arborizada e bem deserta, afastada de quase tudo. Àquela hora da noite, as calçadas tornavam-se bem mal-iluminadas, mas, segundo Miah, nunca tivera nenhum problema de violência por ali.

Nicolas estacionou o carro sob os galhos de uma figueira, a uns vinte metros da entrada do edifício de Miah. A rua estava vazia e ouvia-se apenas os estrilos dos grilos.

— Sabe qual é a melhor parte da história? — Nicolas virou o rosto para Miah. — É que nós dois estamos juntos. Um tem ao outro. Não sei o que faria sem você.

— Você não é sozinho. Tem a Marian, seus colegas na delegacia, sua família no Rio de Janeiro. Já eu... não tenho nem sequer um animalzinho de estimação para me fazer companhia.

— Estou doando minha gata. Se você quiser, eu a trago amanhã mesmo.

— Érica é um amorzinho, mas ela é sua.

— Não precisa ficar me lembrando disso — resmungou ele.

— Eu me considero uma felizarda por ter conhecido você. Apesar de nossas brigas e nossos desentendimentos ocasionais, eu descobri que o amo desde quando o conheci. Não sei o que faria sem você ao meu lado, Nicolas.

Ele sorriu, desprendeu o cinto de segurança e a beijou no rosto. Ela acariciou o rosto de Nicolas e continuou:

— Eu tenho aprendido coisas novas com você. Gosto da sua forma de trabalhar e da maneira que busca fazer justiça pelas vítimas dos crimes e por seus familiares. Poucos policiais ainda são dignos e honestos como você. Ainda bem que fui rápida e agarrei logo o meu, que, de quebra, é bonito ainda por cima.

— Depois de tantos elogios fantásticos, eu me senti renovado. Você aliviou uma carga de cima dos meus ombros, Miah. É por isso que eu a amo de uma forma quase dolorosa, sabia? Marian me disse um bocado de coisas bonitas sobre o amor, mas ela se esqueceu de dizer que o amor é o encontro de almas perdidas em busca de sonhos em comum e da felicidade.

— Que profundo! Amei. Será que nós somos almas perdidas? Acreditando na reencarnação, provavelmente nós já vivemos juntos em outras ocasiões, o que explicaria essa atração tão forte que sentimos um pelo outro logo de cara.

— De repente, é isso mesmo. Nosso amor veio de outras vidas e isso torna tudo ainda mais belo e contagiante. Um amor que transcende todas as fronteiras do tempo e do espaço — Nicolas sorriu e desligou todas as luzes do carro. — E tudo isso se resume a nós dois aqui, dentro deste veículo, olhando um nos olhos do outro, lendo e vendo através deles que o amor emite luzes e que acende nossa alma.

— Já que você está tão filosófico, gostaria apenas que me desse um beijo para provar tudo isso — pediu Miah sorrindo e fechando os olhos.

Nicolas também sorriu e apertou a alavanca do assento de Miah, que se curvou lentamente para trás. Ele desprendeu o cinto de segurança dela e começou a beijá-la suavemente, descendo para o queixo e para o pescoço. Juntos, eles efetuaram uma incrível viagem rumo ao mundo das sensações e das artimanhas da paixão.

Quebrando a magia do momento, o rádio de Nicolas emitiu um bipe suave.

— Eu não acredito — ele murmurou, ainda beijando Miah. — Vou jogar essa porcaria pela janela e vamos continuar.

— Acho melhor atender. Pode ser importante — sugeriu Miah, empurrando Nicolas para o lado. Quando encontrou o aparelho, ela entregou-o ao investigador.

— Bartole falando — ele atendeu, contrariado.
— A pomba branca pousou novamente — informou Elias. — Precisamos de você.

Capítulo 25

Nicolas seguiu as indicações fornecidas pelo delegado até parar diante de uma casa noturna localizada na saída da cidade, praticamente à beira da estrada, do lado oposto ao clube *Quatro Luas*. O lugar era algo semelhante a um prostíbulo pelo que Nicolas avaliou. Era um sobrado grande, sendo que na parte inferior havia uma pista de dança, agora desligada, e no piso superior ficavam os quartos onde eram oferecidos serviços de prostituição. Todas as "meninas" da casa jaziam em um canto, apavoradas com a súbita presença da polícia. A mulher que se dizia gerente do local estava igualmente trêmula e mal conseguia falar, apesar de ter sido ela quem chamara a polícia ao descobrir o corpo caído no banheiro.

Quando Nicolas leu o nome do estabelecimento, compreendeu em que ponto errara. A casa noturna se chamava *Museum*. Ele se virou para Elias e para Mike.

— Por que não me disseram que havia um lugar chamado *Museum*? Se eu soubesse disso, não teria concentrado os policiais no museu.

Como Nicolas estava bastante zangado, nem Mike nem Elias retrucaram e o delegado apenas fez um gesto indicando o banheiro. Nicolas seguiu rapidamente para lá e fez uma careta de desagrado ao se deparar com o rapaz caído no chão, próximo às privadas. Ele estava bem-vestido, mas, através de suas roupas, dava para notar o quanto era forte e bem-encorpado. Era jovem e tivera o crânio golpeado pelo haltere preto de academia, que jazia ao seu lado. Como Nicolas já conhecia todos esses detalhes, seguiu diretamente para o único aspecto novo que surgia a cada crime: as mensagens contidas no interior das pombinhas de madeira.

Pablo Gouveia deixou de existir.
De repente, vi sua vida se extinguir.
Feliz é como vou me sentir.
Ontem fui vítima e hoje o algoz.
Quero silenciar a próxima voz.
Muito em breve, na Braga Queiroz.

— Este é o nome de uma praça localizada na zona leste da cidade — informou Mike assim que terminou de ler a mensagem, logo depois de Nicolas e do delegado. — E Pablo Gouveia certamente é o nome dessa vítima.
 — Com certeza — reforçou Nicolas. — Ele conhecia todas as vítimas e sabe os nomes completos de cada uma delas.
 Elias entregou a Nicolas o documento de identidade de Pablo, que localizara em sua carteira. O investigador foi direto ao ano de nascimento e observou:
 — Adivinhem sua idade?
 — Vinte e seis anos? — apostou Mike.
 — Na mosca. Agora já sabemos que ele procura pessoas que tenham a mesma faixa etária. Só que nessa mensagem notei algo inédito — comentou Nicolas, erguendo as sobrancelhas.
 — E o que é? Ele mencionar não ter medo da prisão?

— Não, Elias. Ele diz que ontem foi a vítima e hoje é o algoz. E acho que isso explica tudo.

— Tudo o quê? — perguntou Mike sem entender.

— O lance aqui é vingança. Nosso assassino está matando as pessoas das quais foi vítima em algum momento. É algo como uma retribuição, entendem? A arma do crime, que é um peso de academia, a pomba branca simbolizando a paz, as mensagens em poemas, a faixa etária das vítimas, o fato de todas possuírem corpos belos e invejados, tudo isso faz parte de um processo que o leva à satisfação. Tenho certeza de que ele conhece tudo a respeito de cada vítima.

— O que não o isenta de ser um louco perigoso — reforçou Elias.

— Aí é que está nosso próximo desafio. Compreender quem ou por que essas pessoas o deixaram louco. Descobrir o motivo da vingança contra essas pessoas. Existe um fato que os ligaram anteriormente. Tenho quase certeza de onde encontraremos essa pista.

— No colégio em que Tamires e Henrique estudaram?

— Se Pablo também foi aluno da turma, matamos metade da charada. Precisamos obter uma lista com os nomes de todos os alunos que estudaram com eles e tentar descobrir quem teria motivos para assassiná-los. Amanhã cedo, eu irei ao colégio ver o que posso conseguir — avisou Nicolas, raciocinando sem parar. — Os peritos já foram chamados?

— Sim, devem estar a caminho. A propósito, Bartole, aqui não existem câmeras de segurança também. Não teremos imagens de circuito interno — informou Elias.

— Mesmo assim, quero conversar com algumas garotas que trabalham aqui. E, por fim, vamos conversar com a dona desta espécie de cabaré moderno.

Havia seis prostitutas ao todo e todas ficaram ainda mais assustadas do que já estavam quando Nicolas avisou que iria interrogá-las. Ele levou uma por uma para a cozinha do estabelecimento. A primeira a depor foi uma loira de cabelos escorridos. Antes de Nicolas abrir a boca, ela disparou:

— Não fumo, não bebo, não cheiro e não roubo. Faço sexo seguro e não transo com menores de idade. Tenho todos os meus documentos e não tenho passagem pela polícia. Pode conferir meus dados, se quiser.. Eu presto...

— Fique quietinha só por alguns segundos, pode ser? — pediu Nicolas, falando macio. — Quero apenas que me diga tudo o que sabia sobre Pablo Gouveia, o rapaz que está morto no banheiro. Sabe se ele sempre vinha aqui?

— Eu nem vi quem morreu. Como ele é?

Nicolas apanhou um retrato 3x4 que Elias achara na carteira de Pablo junto com seus documentos e o mostrou à moça. Ela se pôs a falar novamente:

— Eu já o vi aqui sim, mas nunca fez programa comigo. Ele costuma vir aos fins de semana e, às vezes, durante a semana. Garanto ao senhor que não tenho nada a ver com isso. Vou ser liberada, não é? Pois não fumo, não bebo, não cheiro e não roubo. Eu faço...

— Você já me disse isso. Sabe se esse rapaz costumava sair com uma de suas colegas?

— A Dani talvez já tenha dado uns tratos nele. É a mais bonita da casa e por isso é mais procurada. Nós costumamos fazer sexo com os homens que chegam aqui, afinal, rolam baladinhas todas as noites na pista de dança lá embaixo.

— Você tinha visto Pablo hoje? Nas últimas vezes em que o viu, sabe se ele estava sozinho?

— Sempre estava sozinho, porém nunca conversamos. Com certeza, se a Dani não saiu com ele, Madame Chiquinha já. Ela é a gerente daqui, mas também sai com alguns homens — a loira torceu as mãos nervosamente. — Desculpe eu estar assim, pálida e trêmula. Acontece que a polícia nunca me interrogou, já que não fumo, não bebo, não cheiro e...

— Não rouba — completou Nicolas. — Tudo bem, pode ir. Obrigado pelas informações.

A prostituta saiu da cozinha rapidamente, e outras moças foram interrogadas a seguir. Propositadamente, Nicolas deixou a garota conhecida como Dani para o final. Antes dela, entrou Madame Chiquinha, trajando um vestido negro até os joelhos. Era bonitona ainda e muito elegante.

— Fui eu quem descobriu o corpo — ela começou a dizer antes que Nicolas lhe fizesse alguma pergunta. — Costumo espiar o banheiro masculino de vez em quando, pois sempre pego alguns beberrões caídos por lá ou usando drogas. Nesses casos, eles são jogados para fora daqui.

— Foi assim que descobriu o corpo de Pablo?

— Exatamente. Eu cheguei a chamá-lo, achando que fosse outro bêbado, mas, quando cheguei mais perto e vi todo aquele sangue, entendi que não fora um acidente. Era um crime e dos mais feios por sinal. Estouraram a cabeça dele.

— A senhora se lembra de tê-lo visto hoje?

— Bem, ele sempre vem aqui, já que gosta de sair com a Dani. Hoje não estava tão cheio e... — Madame Chiquinha olhou para o chão e cruzou as pernas bonitas — acho que me lembro de ter visto esse moço sentado no bar.

— Ele estava sozinho ou acompanhado?

Chiquinha olhou maliciosamente para as coxas de Nicolas e passou a língua pelos lábios muito vermelhos.

— Desculpe, investigador, mas o senhor está me deixando excitada. É muito bonito, sabia? Se quiser me experimentar...

Nicolas não gostou nem um pouco do que ouviu.

— Ou a senhora responde às minhas perguntas sem se desviar do assunto, ou vou providenciar a interdição de seu estabelecimento. Aposto que, se fizermos uma busca, vamos encontrar muitas coisas erradas.

Chiquinha empalideceu e desviou o olhar de Nicolas.

— Perdão pelo descontrole. Não vai acontecer de novo — ela suspirou. — E acho que Pablo veio sozinho, sim. Depois, eu o vi conversando com alguém.

Interessado, Nicolas curvou o corpo para frente.

— Homem ou mulher?

— Não lembro direito, porque não estava prestando atenção, talvez a Dani. Era uma pessoa não muito alta, magra e estranha. Suas roupas eram esquisitas. Estava usando calça e blusa de cor escura e uma touca ou capuz na cabeça. Como aqui sempre vêm uns tipos bizarros, não dei atenção a esse detalhe. Pablo ouvia atentamente as palavras da pessoa que o estava acompanhando.

— Quem estava atendendo no bar e servindo as bebidas?

— Quem faz esse serviço é o Roberto. Como ele está com uma virose e não tem vindo trabalhar, as meninas têm se revezado no bar. Qualquer uma pode tê-lo servido, principalmente a Dani. É melhor falar com ela.

— Obrigado pela dica. Pode se retirar.

Cautelosa, Madame Chiquinha se levantou, tornou a olhar discretamente para as pernas de Nicolas, balançou a cabeça negativamente e saiu rápido.

Na vez de Dani, que era realmente lindíssima, Nicolas perguntou:

— Já viu ou saiu com esse homem? — o investigador mostrou-lhe a foto.

— É ele quem está morto lá no banheiro? Estou morrendo de medo. Acho que nunca estive tão perto de uma pessoa morta — respondeu Dani, tão assustada quanto as outras meninas.

— Por que diz isso?

— Pablo era meu cliente. Saíamos juntos todas as quintas-feiras. Não transávamos aqui. Ele pagava um motel perto daqui e nos divertíamos por horas. Eu gostava dele, tanto pelo sexo quanto por sua pessoa. Lamento que ele tenha morrido — de repente, Dani arregalou os olhos negros. — Não está achando que eu o tenha matado, não é mesmo?

— Você não teria motivos para isso, imagino.

— Não mesmo! Como acabei de lhe dizer, eu sentia algo especial por ele. Talvez até nos tornássemos amigos um dia. Concedia a ele certas liberdades durante o sexo, que não permito a outros homens.

— Sei. Há quanto tempo você o conhecia?

— Há uns seis meses, eu acho..

— Como ele era? O que você sabia sobre ele?

— Fisicamente ele era lindo. Possuía um corpo de um deus grego. Um homem como aquele deveria ter sua própria namorada. Não sei por que recorria aos serviços de uma garota de programa. A pedido de Madame Chiquinha, eu não costumo fazer perguntas pessoais aos meus clientes. O sexo é anônimo, já que muitos clientes são casados ou possuem família. Pablo, às vezes, falava um pouco sobre a vida dele. Dizia que tinha sua própria academia em casa e que sempre fora meio narcisista. Ele amava o próprio corpo. Poucos modelos masculinos têm o corpo que ele tinha. Até onde sei, ele era sozinho, mas nasceu e cresceu aqui na cidade. Não sei se ele me dizia a verdade. Eu acreditava nas palavras dele.

— Soube que ele esteve no bar acompanhado de uma pessoa. Lembra-se de ter visto algo assim?

— Sim, fui eu quem serviu as bebidas, pois nosso *barman* está doente. Pablo estava mesmo conversando com um tipo esquisito, mas eles falavam baixinho e não pude ouvi-los devido ao som forte da música.

— Viu se essa pessoa tinha algo nas mãos?

— Hum... Acho que uma sacola preta ou uma bolsa. Estava meio escuro. Fosse quem fosse, era conhecido de Pablo. A conversa fluía de modo natural.

— Alguma vez Pablo trouxe algum amigo pra cá? Ele costumava mencionar algum conhecido?

— Bem, certa vez ele veio com uma mulher. Confesso que fiquei bastante enciumada por isso, mesmo sabendo que não tinha esse direito, afinal ele não era nada meu. Mais tarde, Pablo me disse que Sabrina era apenas uma amiga. Não tinha nada com ela além de amizade.

— Sabrina? — repetiu Nicolas.

— Sim. Sabrina Dasso. Ela é repórter de televisão. Nessa semana, ela assumiu o lugar da jornalista anterior, uma doidinha com nome esquisito. Nem sei o que ela veio fazer aqui. Ela é chique e refinada. Acredito que tenha só acompanhado Pablo.

— Sabe dizer se era Sabrina quem estava com ele hoje?

— A pessoa estava usando uma touca. Sabrina é negra, mas a escuridão do local não me deixou ver a cor da pele de quem falava com Pablo — Dani ergueu o olhar triste para Nicolas. — Será que foi ela quem o matou?

— Pablo alguma vez mencionou um inimigo? Alguém de quem não gostasse?

— Nunca.

Nicolas apanhou do bolso duas fotografias pequenas, uma de Tamires e outra de Henrique, mostrou-as a Dani e perguntou:

— Já viu essas pessoas por aqui antes?

— Nunca — ela repetiu.

— Se recorda de alguma vez Pablo ter mencionado nomes como Tamires Tavares ou Henrique Marine?

— Não, ele... — subitamente, Dani parou de falar, e Nicolas soube que ela se lembrara de algo. — Pode repetir os nomes?

— Tamires Tavares e Henrique Marine.

— Agora que o senhor falou... acho que ele já me disse esses nomes uma vez.

Nicolas não perdia nenhuma palavra ou expressão da garota e pediu que ela continuasse.

— Não faz tanto tempo assim. Nós estávamos no motel que mencionei e tínhamos acabado de transar, já que uma prostituta nunca faz amor — Dani sorriu francamente. — Ele me falou alguma coisa sobre ter sido mau um dia e que agora queria ser bom. Disse que fizera coisas terríveis e que eu ficaria chocada se me contasse. Eu o ouvi dizer:

"Tamires Tavares e Henrique Marine eram ainda piores. A ideia do armário foi deles."

"Que armário?", eu perguntei.

"Não vale a pena contar. Já passou. Só que algumas brincadeiras são de muito mau gosto."

— Como não costumo fazer perguntas, não disse mais nada, e Pablo também não prosseguiu com o assunto. Isso prova que ele conhecia ou conheceu essas pessoas de que o senhor acabou de me falar.

— Ótimo, Dani. Você me ajudou muito com essas informações. Agora está dispensada.

Dani se levantou e olhou para Nicolas com firmeza.

— Eu tinha esperanças de que um dia Pablo fosse me pedir em namoro. Se isso acontecesse, eu deixaria a vida de prostituta para ficar com ele — duas lágrimas brilharam em seus olhos, mas não chegaram a deslizar por seu rosto. Por fim, Dani sorriu para Nicolas e saiu da cozinha.

Logo em seguida, o investigador se reuniu com Mike e Elias, que haviam feito uma revista geral em todos os cantos do *Museum*. Nada de interessante fora descoberto. Os peritos, que já estavam trabalhando com o corpo, disseram que o crime acontecera cerca de três horas antes, e Nicolas presumiu, então, que não havia mais nada que ele pudesse fazer ali.

— Vamos embora. Consegui algumas informações fundamentais sobre a ligação entre as vítimas — revelou Nicolas. — Aparentemente, tudo está relacionado ao passado. Aposto meu fígado que tem a ver com o período em que eles estudaram juntos na mesma classe.

— A próxima parada realmente será o colégio?

— É aonde irei amanhã cedo. Tenho até esperanças de que consigamos fechar esse caso amanhã. Pretendo nem mesmo almoçar, se for o caso, pois quero meu fim de semana livre para ir ao Rio.

— Você irá de qualquer forma — opinou Elias.

— Irei mais tranquilo se souber que mais um assassino está atrás das grades. E como já está bem tarde, é melhor cada um seguir para suas casas.

— Em museus só se expõem coisas velhas — comentou Mike —, mas nessa casa noturna só tinha filé. A ruivinha ficou de olho em mim, perceberam?

— E Madame Chiquinha ficou com os hormônios alterados, enquanto era interrogada por mim — lembrou Nicolas. — Realmente, a vida de um policial não é nada fácil.

Capítulo 26

Nicolas hesitou entre seguir para o apartamento de Miah ou para o dele, mas acabou escolhendo a segunda opção. Ainda no corredor em seu andar, ele pôde ouvir as vozes animadas que soavam por trás de sua porta. E antes mesmo de colocar a chave na fechadura, ele já reconhecera as quatro vozes.

Assim que entrou, enfiou as mãos nos bolsos enquanto contemplava Enzo sentado no sofá abraçado a Marian, tendo à sua frente Miah e Thierry, que tagarelavam animados. Os quatro sorriram para Nicolas, que fez questão de manter o rosto sério e enfezado.

— Posso saber por que essa cara de braveza? — perguntou Miah, levantando-se para receber Nicolas com um beijo. Entretanto, já sabia o que havia acontecido. Estava com ele no carro, quando Nicolas fora chamado pelo rádio, e conhecia bem as expressões do namorado para compreender que mais uma pessoa fora morta.

— Temos festa por aqui? — ele perguntou, ainda fingindo irritação. — Ou vocês estão organizando um amigo-secreto?

— Bem, eu vim ver Marian — disse Enzo, orgulhoso. — E quero anunciar, para quem ainda não sabe, que ela e eu estamos namorando firme — rindo, ele puxou Marian para junto de si e a beijou no rosto.

— E eu vim porque tenho o direito de ir e vir — justificou Miah, apertando a mão de Nicolas.

— Estou aqui, porque vim trazer o orçamento da decoração da festa de sua mãe — completou Thierry, cuja roupa trazia diversas borboletas de acrílico, que piscavam como uma árvore natalina. De repente, ele deu um uivo agudo quando uma massa peluda passou entre suas pernas. — Meu doce santinho, é um gato!

— Isso não é exatamente um gato — corrigiu Nicolas. — Este ser chamado Érica é uma espécie ainda não estudada pelo homem com inteligência própria e péssimo gênio. Recomendo que não a toque, pois suas unhadas são fatais.

— Ela parece tão meiga — comentou Thierry, deslizando a mão pelas costas da gata felpuda. — Acho que ela não vai me arranhar. Talvez ela esteja achando que sou um belo tigre siberiano perdido neste fim de mundo.

— Érica não ataca ninguém, a não ser o próprio dono — explicou Marian, sorrindo. — Mesmo assim, ainda penso que um dia eles vão dormir juntos.

— Marian, desde quando você tem apresentado esses sintomas de doença mental? — devolveu Nicolas.

Todos riram bem-humorados, e Nicolas avisou que ia tomar um banho, pois disse que estava cheirando a cadáver.

— Que horror! — exclamou Thierry olhando para Miah. — Como você ainda tem coragem de ir para a cama com esse homem?

— Duvido que você não teria — retrucou Miah, sorridente.

— Nada que um bom perfume não resolva, é claro — provocou Thierry, fazendo todos rirem novamente.

Enquanto Nicolas se banhava, os quatro continuaram em uma animada conversa até que, em dado momento, Thierry comentou com Marian:

— Seu irmão me disse que você mexe com espíritos. Menina, como você não tem medo dessas coisas tão horripilantes?

— Ninguém "mexe" com os espíritos, Thierry — atalhou Marian, recostando a cabeça no ombro de Enzo. — Eles são as mesmas pessoas que viveram conosco e também estiveram aqui na Terra usando um corpo físico. Eles podem interagir conosco, dando sugestões, orientações... Tudo está ligado a tudo e a todos, Thierry.

— Sempre estaremos convivendo com os espíritos? — perguntou Miah. — É estranho pensar que estamos sendo observados a todo instante por eles.

— Estou me sentindo em um *reality show* — tornou Thierry, unindo as mãos como em uma prece. — Já ouvi falar que os espíritos assombram os vivos. Se isso acontecesse comigo, morreria em menos de dez segundos.

— E aí se tornaria um deles — sorriu Marian. — Não precisamos ficar preocupados com a possibilidade de estarmos sendo vigiados constantemente pelos espíritos. Os mais instruídos respeitam nossa privacidade. No astral, assim como aqui, há muito serviço a ser feito, e eles não podem ficar o tempo todo ao nosso lado, acompanhando o que estamos fazendo.

— Existem espíritos maus? — perguntou Miah.

— Existem espíritos que vivem nas trevas da ignorância, assim como existem pessoas aqui na Terra que também dão força para o mal. Sempre o que vai contar são as atitudes de cada um, baseadas naquilo em que se coloca a fé. Quem acredita na maldade certamente atrairá maldade. Quem se veste de beleza atraíra coisas belas. É verdade que existem muitos espíritos mal-intencionados, que se aproximam de alguém por infinitas razões e podem dar início a um processo de obsessão. Por outro lado, isso só acontece se a pessoa estiver propensa a ser obsidiada.

— Como assim? — interessou-se Thierry.

— Eu falei que tudo funciona por meio da lei da atração. São os iguais que se atraem, não os opostos. Se você atraiu um espírito inferior, é porque certamente houve uma afinidade. Eles só chegam até alguém se a pessoa permitir. Cada um escolhe para si o que acredita ser o melhor, mas terá que assumir a consequência de seus atos. Quem acredita no bem e mantém uma visão otimista e positiva da vida jamais terá ao seu lado um espírito ignorante.

— É hoje que eu não durmo — estremeceu Thierry, olhando para todos os lados. — Miah, você permite que eu durma com seu namorado hoje?

— Eu até deixaria, mas você não gosta de quem cheira a cadáver — respondeu Miah, sorrindo, e virou o rosto para Marian. — Você está assustando o Thierry.

— Não há do que ter medo e no fundo ele sabe disso. Algumas pessoas que moram sozinhas têm grande tendência a se tornarem medrosas, impressionáveis ou assustadiças, e a psicologia tem algumas explicações para essa questão. Por isso, eu recomendaria a vocês dois que moram sozinhos que conseguissem uma companhia, nem que fosse de um bichinho de estimação. Dizem que os animais possuem o poder de restaurar nossas energias. Os cães renovam as energias, os gatos as filtram, os peixes as suavizam e por aí vai. Se as pessoas que moram sozinhas acatassem essa sugestão, não sentiriam a solidão com tanta força.

— Érica não filtra minhas energias — comentou Nicolas, surgindo na sala com uma toalha nas mãos. — Aliás, eu até fico sem energias quando estou diante dela.

— Você e sua gata são exceções — provocou Miah.

— Hum, agora você está com o cheirinho de que eu gosto.

Eles se beijaram, e Nicolas considerou:

— Eu ouvi que vocês falavam sobre espiritualidade, o assunto preferido da minha irmã. Eu gostaria de lhe fazer uma pergunta, Marian. Os espíritos bons não protegem os vivos?

— Tudo depende de cada um. É certo que todos nós temos um guia espiritual que nos auxilia quando necessário, mas sempre dependerá daquilo em que acreditamos. A causa sempre está em nós mesmos. Por exemplo: se sou uma mulher corajosa, que aceito numa boa o que a vida coloca em meu caminho, sem fazer dramas, e se tenho plena convicção de que as coisas acontecem para meu amadurecimento espiritual, então sempre terei amparo dos amigos invisíveis, porque eles sabem que estou aqui para o que der e vier e vão me ajudar porque eu também me ajudo. Agora, se eu ficar de braços cruzados à espera de um milagre do céu, resmungando contra tudo e todos, irritada porque os acontecimentos não se deram do jeito que eu queria, deixarei de me proteger. Logo, a proteção dos amigos espirituais também diminuirá, o que possibilitará a aproximação das forças astrais negativas que mencionei há pouco. Isso acontece porque quem briga com a vida sempre perde — Marian fitou o irmão com curiosidade. — Por que você me fez essa pergunta, Nic?

— Hoje, mais uma pessoa foi morta da mesma forma que as últimas vítimas. Os mentores tiraram férias ou estão deixando os inocentes morrerem a torto e a direito?

— Para a vida, não existem vítimas nem inocentes. Tanto o assassino quanto as pessoas que morreram estão aprendendo algo com essa experiência, porque tudo é aprendizado para o espírito. Mais uma vez, menciono a lei da atração, em que cada pessoa atrai para si as circunstâncias que precisa vivenciar para expandir sua consciência. Os amigos espirituais não interferem em um crime, se isso for o melhor para os envolvidos.

Todos olhavam para Marian, atentos às suas palavras. Ela prosseguiu:

— O que sabemos sobre as encarnações passadas dessas pessoas? Criticamos um homicídio, ficamos chocados e assustados, porque temos uma visão limitada e, obviamente, humana das coisas. Enxergamos o ponto de vista da injustiça e da crueldade, mas jamais paramos para refletir sob a ótica espiritual. O que é a morte, senão um recomeço? Quem morre continua vivo, pois só o corpo físico deixou de funcionar, reencarna tempos depois e o ciclo da vida continua. O que acontece é que entramos no drama e fazemos escândalo sem tentarmos compreender o que está por trás disso. A vida é justa e sabe como agir.

Lembrando-se das mensagens que o assassino havia deixado, Nicolas ponderou:

— Não quero comentar nada ainda porque minha investigação é confidencial. Eu sei que, geralmente, a vingança costuma levar até a morte. Qual seria o aprendizado para quem a pratica? Realização pessoal? Satisfação e reconhecimento por seu feito? Uma espécie de felicidade?

— Um sentimento de vingança nunca será algo agradável, por sempre resultar em consequências prejudiciais. Entretanto, quem a comete muitas vezes não enxerga o ato como uma prática maldosa, mas sim como uma atitude de justiça, dentro do seu nível de consciência — Marian brincou com as pontas de seus cabelos e continuou: — E quem somos nós para classificar as ações alheias como certas ou erradas? Quem se embrenha nos meandros da vingança terá de responder por isso. As verdadeiras razões que levaram aos atos extremos dizem respeito exclusivamente a quem as praticou. Desculpe perguntar, Nic, mas alguém em sua investigação está se vingando?

Ele assentiu com a cabeça, e Miah pulou:

— Você está falando do assassino? Já sabe quem é?

— Você não é mais repórter, Miah, portanto contenha as perguntas — cortou Nicolas. — Só posso adiantar que a vingança parece estar relacionada ao meu caso, sim. Suponho que os crimes estejam acontecendo porque alguém está se vingando das vítimas.

— É possível que as vítimas tenham praticado algo de ruim contra o assassino anteriormente — considerou Marian. — Se isso aconteceu há muito tempo, é bem provável que eles nem se lembrem mais dos seus feitos. Todavia, quem sofreu jamais se esquece. Se a pessoa não souber encarar o ocorrido como uma experiência, nutrindo o ódio e a revolta, certamente adotará a vingança como uma forma de represália. Alguns planos de vingança demoram anos para serem idealizados. Se este for o caso, o momento da desforra chegou.

— Depois eu preciso que você me fale mais sobre isso, Marian. Agora não é possível, porque temos muitos pares de orelhas escutando a conversa.

— Ei, eu estou aqui a trabalho — lembrou Thierry. — Se me ofender, vou-me embora.

— Tudo bem, Thierry. Mostre logo o valor do seu orçamento — pediu Nicolas. — Quero saber se meus bolsos rasos poderão pagá-lo.

Thierry sacou de uma pasta um papel colorido e enfeitado com flores vermelhas nas bordas e o estendeu a Nicolas.

— Parcelo esse valor em três vezes. Não estão inclusas as despesas com viagem, estadia, alimentação e passeios.

— Que passeios? — resmungou Nicolas.

— Ora, os que eu farei pelo Rio afora — informou Thierry.

Nicolas conferiu o valor total da decoração floral e sentiu a bile subir à garganta, mas tentou disfarçar com um pigarreio.

— Tá muito caro, meu amigo. Cadê o desconto para seu amigo investigador?

— Tiro dez por cento se pagar à vista. Garanto que sua mãezinha nunca mais ficará tão feliz, a não ser que me contrate para seus próximos aniversários.

— Realmente está caro, Thierry — ajuntou Miah olhando o valor. — E a mãe dele nem merece tudo isso.

— Miah, menos, por favor — pediu Nicolas. — Bem, Thierry, eu tenho um dinheiro guardado e pagarei à vista, apesar de que aqui vai todo um salário meu e mais um pouco. Minha mãe nunca ganhou nada tão caro.

— Eu ajudo você a pagar as prestações — ofereceu-se Marian. — Antes, no entanto, eu preciso trabalhar, ou vender mais quadros.

— Não, tudo bem, eu me viro — Nicolas apertou a mão de Thierry, puxou-o pelo braço e o conduziu devagar até a porta. — Amanhã eu levo seu dinheiro na floricultura. Muito obrigado pela visita e tenha uma boa noite!

— Você está me dispensando como se eu fosse um touro doente? — Thierry fez bico e cara de ofendido. — Em meus trinta e um anos de vida, nunca fui tão humilhado. Estão me atirando à sarjeta como um indigente — subitamente, ele desligou todos os botões das borboletas luminosas grudadas em sua roupa. — Minha luz se apagou e agora viverei para sempre nas sombras.

— Thierry é um palhaço — comentou Enzo, depois que o florista saiu. — Vai me enxotar também, Bartole?

— Não, só porque você é quase um cunhado pra mim.

Eles riram, e pouco depois Nicolas se despedia, levando Miah para seu quarto.

Capítulo 27

O colégio estadual em que Tamires e Henrique estudaram no passado estava bem conservado, apesar das pichações agressivas nos muros e no portão. Nicolas surgiu na secretaria e, logo após se identificar, foi levado à sala do diretor. Ao fundo, no local onde ele supôs corretamente que fosse a quadra de Educação Física, ouviam-se gritos animados.

Nicolas já vira muita coisa para se assustar facilmente, mas foi difícil conter o espanto quando o diretor surgiu na sua frente. Ele não se lembrava de já ter visto alguém tão obeso. O responsável por aquela unidade escolar deveria pesar, no mínimo, duzentos e cinquenta quilos.

O homem estava largado por trás de uma mesa cheia de livros e papéis. Nicolas reparou que toda a sala fora adaptada para que ele pudesse trabalhar melhor. Sua cadeira era reforçada para sustentar com segurança todo o seu peso.

— Meu nome é Nicolas Bartole — ele esticou a mão, e o diretor, após alguns gemidos e ofegos, esticou um braço curto e roliço para retribuir o cumprimento do investigador.

— Antero de Louveira. Em que posso ajudá-lo? — de repente, ele apertou os olhos, quase ocultos na massa de gordura que formava seu rosto. — Você é o mesmo que cuidou do caso daquelas crianças? Não vá dizer que algum aluno meu...

— Não se preocupe, senhor. Antero, seus alunos estão bem e não me interessam, pelo menos não os atuais.

— Explique-se melhor — ele pediu, sempre respirando aos ofegos.

— Anos atrás, algumas crianças, hoje adultos, estudaram aqui. Preciso que o senhor me forneça uma relação com os nomes de todos os alunos desta classe. Acredito que vocês costumam manter tudo isso em arquivo. Pelo menos, eu espero.

— Tem uma papelada antiga ali — Antero apontou um dedo gordo na direção de imensos arquivos de ferro. — Por que eu faria isso pelo senhor?

A boa educação de Nicolas começou a dizer adeus.

— Eu volto a repetir que trabalho como investigador de polícia e preciso dessas informações para o caso que estou gerenciando atualmente.

— Eu ouvi falar que mataram uma moça numa academia e um rapaz num clube — Antero deslizou a mão por sua imensa papada. — Onde entram meus ex-alunos nisso?

— Essa informação é confidencial, senhor Antero. Garanto que o nome de sua instituição e principalmente seu nome permanecerão sob os cuidados da polícia. Nada disso chegará à mídia, se é o que teme.

— Esmiúce essa história melhor — pediu Antero.

— O assunto é confidencial, já falei — tornou Nicolas, irritado. — Vim até aqui para lhe pedir que me faça um levantamento. Tenho os nomes dos alunos e o ano em que estiveram matriculados aqui.

— A polícia é muito mandona, mas a mim não causa medo. Não sou obrigado a fazer nada disso que está me pedindo. Não sem um mandado de busca.

— Por que complicar as coisas, senhor Antero?

— O mundo é complicado, senhor Bartole. Por que eu deveria agir diferente? — ele tornou a esticar a mão rechonchuda. — Acho que nossa conversa acabou, não é mesmo?

— Sabe que vou conseguir o mandado e vou voltar. Não sei por que quer me fazer perder tempo — revidou Nicolas, impaciente e doido para dizer uns desaforos àquele diretor com cara de lua cheia.

— Por favor, saia daqui — ele indicou os livros e a papelada sobre sua mesa. — Como vê, estou muito ocupado.

Nicolas levantou-se visivelmente furioso.

— Vou conseguir o mandado ainda hoje e, quando voltar aqui, não estarei tão generoso e tranquilo como agora.

— Já disse que o senhor não me assusta.

"Mas sua cara gorda me assusta", pensou Nicolas, chispando. Só que ele sabia que estava de mãos atadas naquele momento e ficou sem outra opção a não ser ir embora.

Nicolas entrou na sala de Elias como o líder de uma guerrilha e foi direto ao assunto.

— Entre em contato com algum juiz ágil e simpático. Preciso de um mandado de busca para hoje à tarde. O diretor se recusou a me dar a relação de alunos. Aliás, ele me tratou como se eu nem estivesse ali — Nicolas estava indignado.

— Mais um obstáculo em nosso caminho, não?

— Obstáculo? Aquilo estava mais para o Monte Sião. O cara parece um buda sentado. Nem balança de carga deve suportar toda aquela banha.

Elias se limitou a sorrir e, seguindo a indicação do investigador, telefonou para alguns contatos que possuía no fórum. As notícias não eram animadoras.

— Não conseguiremos isso hoje, Bartole. A juíza Rosane, uma velha conhecida minha, está de cama e o juiz Carlos só irá trabalhar na próxima segunda-feira. Não podemos fazer nada até lá.

— Não existe outro juiz que possa emitir o maldito mandado? É uma investigação policial, por Deus!

— E você acha que isso realmente importa, Bartole?

Na sala do delegado, Nicolas ficou andando de um lado para outro enquanto refletia. Por fim, decidiu:

— Não vou ficar parado até lá, esperando pela próxima vítima. Amanhã, sábado, deve acontecer mais um crime. O assassino está pulando um dia e matando no dia seguinte. As mortes ocorreram no domingo, na terça e na quinta. É muito provável que ele mate o próximo amanhã. Quero ir até a Praça Braga Queiroz.

— O comandante Alain já me informou que não irá liberar tantos homens para uma nova operação, pois a última foi frustrada — alertou Elias.

— Não importa. Eu me viro para pegar esse cara sozinho. Não preciso da ajuda do comandante — Nicolas estava levemente vermelho, e Elias achou que ele estava à beira de uma explosão. — Vou averiguar essa praça. Quero o Mike comigo. De lá, vou conversar com duas mulheres que estão relacionadas com as vítimas. Segundo as testemunhas, o criminoso não é alto e pode perfeitamente ser uma mulher.

O telefone na mesa tocou e Elias esticou a mão para atendê-lo.

— Pronto? — ele ouviu por alguns instantes e esticou o fone para Nicolas. — Moira diz que é pra você.

— Para mim? — Nicolas apanhou o fone. — Alô?

— É você quem está cuidando dos crimes? — perguntou uma voz baixa e sussurrada.

Imediatamente, Nicolas soube de quem se tratava e pôs-se a gesticular freneticamente para Elias, que pegou a mensagem no ato. Velozmente, o delegado saiu correndo da sala a fim de pedir que os policiais rastreassem a ligação.

— Sim, sou eu — respondeu Nicolas, mantendo a serenidade. — É você quem está matando aquelas pessoas?

— Não estou matando ninguém — explicou a voz irreconhecível. — Estou apenas silenciando suas vozes.

— Entendi. Você esmaga as cabeças das pessoas e diz que apenas as está mandando calar a boca? — revidou Nicolas, sabendo que o importante naquele momento seria manter o indivíduo o máximo de tempo possível na linha.

— Você é ingênuo demais para conhecer meus motivos. Eu telefonei apenas para lhe dar os parabéns.

— E posso saber por quê? Estou apenas fazendo meu trabalho, que é encontrar você e enfiá-lo atrás das grades.

Houve um som parecido com algo fritando no óleo, e Nicolas soube que aquilo era uma risada. Um riso sem humor. Havia nervosismo e tensão ali.

— Acha mesmo que eu sou um homem, não é? Tem certeza disso?

— Seja qual for seu sexo, você irá para a cadeia.

"Quanto tempo mais? Será que já puderam rastrear este telefonema?", questionou-se Nicolas.

— Isso não me assusta. Se me prenderem, ao menos terei silenciado todas as vozes. Ainda faltam três.

— Eu já entendi qual é a sua. Você está se vingando deles. Pensa que eu não sei? Tudo está relacionado ao seu passado. Foi na escola, não é mesmo? O que eles fizeram com você?

Houve um instante de silêncio tão longo que Nicolas achou que a pessoa tivesse desligado, mas ouviu sua respiração em seguida.

— Como soube disso?

— Você e eu poderíamos conversar. Prometo reduzir sua pena, caso se entregue à polícia.

— Eu mesmo farei isso, mas antes as seis pombinhas brancas da paz deverão fazer seu pouso — outro chiado estranho, outra risada.

— Me diga uma coisa. Já ouviu falar de Sabrina Dasso? — indagou Nicolas, ansioso pela resposta.

A ligação foi cortada nesse momento. Nicolas sabia que ele havia desligado. O investigador mal teve tempo de recolocar o fone no gancho, quando Elias reapareceu na sala com ar esbaforido.

— Parabéns, Bartole. Conseguimos rastrear a origem da ligação. Esse maldito está a apenas duas quadras daqui, ao sul, ligando de um orelhão.

— Encaminhe todas as viaturas para essa região — gritou Nicolas para Elias, já correndo pelos corredores. Mike e outros três policiais juntaram-se a eles. — Diga que todos têm ordem para deter qualquer pessoa com menos de um metro e setenta nesta área, principalmente se estiver portando mochila ou sacola.

Enquanto Elias transmitia a ordem, Nicolas entrava na viatura mais próxima. E o policial ao volante, após ter ligado as sirenes, saiu cantando os pneus.

Capítulo 28

A simpática freira sorriu para Moira, postada atrás do balcão da recepção. A policial estava preocupada com a perseguição que deveria estar acontecendo e teria dado um dente para poder participar, mas Elias nem sequer a convocou para a operação. O jeito era ficar por ali mesmo.

— Bom dia, em que posso ajudá-la? — perguntou Moira, ainda irritada por não ter sido chamada.

A freira, cujo rosto era branco como a neve, ampliou seu sorriso. Ela usava luvas brancas e segurava uma bíblia em uma delas.

— Vim fazer uma visita ao meu irmão. Soube que ele está detido aqui.

— Irmão? Como ele se chama?

— Oscar Teixeira — afirmou a freirinha, sempre amável.

— Aqui não consta que ele possui irmãos — verificou Moira.

— Ele é meu irmão em Cristo, se é que me entende. Em seu telefonema, que lhe é de direito, ele pediu à madre de meu convento que eu viesse aqui para lhe fazer uma oração. Oscar sempre foi muito católico e não quer se sentir abandonado por Deus durante o tempo em que estiver preso.

— Não há horário de visitas agora.

— Oh! — a freira mostrou-se surpresa. — E que horas será? Vim de tão longe... — sua voz era macia e rouca.

— Será daqui a duas horas — Moira olhou para o relógio e deu de ombros. — Quer saber? A senhora, como freira, pode quebrar o protocolo. Vou pedir para um policial levá-la até Oscar. Afinal, o delegado não se encontra mesmo aqui.

— Deus a abençoe sempre, menina — agradeceu a freira de rosto branquíssimo.

Moira chamou um policial militar e, após ter lhe dado as instruções, ele guiou a freira por um corredor até chegarem a uma sala com uma mesa de dois lugares. Instantes depois, Oscar surgiu. O policial se afastou para um canto e pôs-se a analisar algo em seu celular. A freira sorriu para Oscar.

— Finalmente eu cheguei, Oscar.

Ele se sentou diante dela e a encarou com estranheza.

— O que quer comigo? Quem a mandou aqui?

Nem Oscar, o policial, e talvez nem mesmo a própria freira tivessem escutado o suave e quase imperceptível estalido. Oscar apenas arregalou os olhos enquanto a bala, que fora disparada por baixo da mesa a partir de um revólver com silenciador, atingia seu coração. E, em seus últimos instantes de vida, ele viu. Eram os olhos da freira. Como não pudera ter reconhecido aqueles olhos? Estava diante da pessoa que lhe encomendara as pombas. Como pudera ser tão tolo?

— Você... é...

— Tenha bons sonhos, Oscar — desejou a freirinha, levantando-se. E, ao passar pelo policial distraído, ela apontou para Oscar, cuja cabeça estava caída sobre a mesa. — Ele está muito sonolento. Nem conseguiu ouvir minha oração. É melhor ajudá-lo.

Quando o policial finalmente compreendeu o que tinha acontecido e deu o alarme, não havia nem vestígios da freira com uma bíblia nas mãos.

Quando as viaturas policiais estacionaram diante do orelhão de onde o assassino havia efetuado a ligação, Nicolas já sabia que ninguém seria encontrado. As buscas em toda a região foram feitas, mas não encontraram ninguém com as descrições físicas do suspeito.

— Ele é esperto e sabia que estava sendo rastreado — determinou Nicolas ao final da busca. — Ele já havia se precavido em relação a todos os detalhes.

— Ele não deve estar tão longe — opinou Elias, inconformado com a má sorte pela qual seus policiais estavam passando. Não era possível que tantas pessoas juntas não conseguissem deter um criminoso em uma cidade pequena.

Nicolas telefonou para Elias, que o atendeu imediatamente. Assim que terminou de ouvir o recado de Moira, as cores de seu rosto desapareceram.

— O que foi, Elias? Mais notícias ruins?

— Moira me disse que acabaram de matar Oscar dentro de nossa delegacia — e, antes que Nicolas pudesse fazer uma única pergunta, Elias desfechou: — E, segundo ela, o criminoso era uma freira.

Nicolas levou três segundos para assimilar as palavras que ouvia, mas, dentro desse tempo tão pequeno, ele concluiu o que havia acontecido.

— Pela segunda vez, esse cara nos fez de idiotas, Elias! Telefonou do orelhão para que fosse rastreado e, enquanto seguíamos pra cá, ele foi para a delegacia disfarçado de freira. Não me diga que ele também esmagou o crânio de Oscar!

— Não. O método do crime foi outro. Usou um revólver com silenciador e atirou em Oscar por baixo da mesa. Tudo para calar o marceneiro, é claro.

Nicolas engoliu o ar como forma de conter a ira que irrompeu de dentro de seu peito, aproximou-se de uma das viaturas e aplicou um murro violento contra a lataria do veículo. Seu gesto chamou a atenção dos demais policiais, inclusive de Mike, que apenas ficaram observando-o em silêncio. Ninguém jamais o vira tão furioso.

— O que está acontecendo conosco, pessoal? O que está acontecendo comigo? O que está acontecendo com o mundo? — Nicolas esbravejou, sentindo vontade de chutar a viatura. — Esta é a quarta pessoa morta em menos de uma semana. O que esta cidade está virando? Um palco de carnificina? Por que esse bandido assassino continua matando, e nós não conseguimos fazer absolutamente nada para detê-lo até agora? O que mais vai acontecer? Ele vai exterminar todos os habitantes de nossa cidade? Ou vai continuar rindo de nossa ineficiência, destacando o quanto a polícia brasileira é lenta e incompetente, já que não conseguimos nem ao menos ter uma ideia de quem seja essa pessoa?

— Ficar exaltado vai nos ajudar em quê? — atalhou Elias em voz baixa. — Aposto que, se nos desestabilizarmos, ele só vai sair ganhando. Não somos mágicos, Bartole. Não somos Deus. Não temos o dom da adivinhação. É impossível prever o que se passa na mente desse psicopata. E ficar se culpando torna tudo ainda pior. Esta é a primeira vez que estou trabalhando com você desde que vim substituir o outro delegado e admito que você é uma peça rara. Poucos dão tanto de si ao trabalho. Aliás, você faz muito mais do que sua função. Você batalha para fazer justiça pelos familiares das vítimas. Você quer a justiça que a cidade tanto almeja. E isso faz de você o homem tão especial que é.

Elias correu os olhos pelos demais policiais que o encaravam em silêncio.

— Não tenho medo nem vergonha de confessar diante de todos o quanto você é importante para a força policial de nosso país, Bartole. Se não fizemos melhor, é porque ainda não tivemos oportunidades para isso. Aliás, o líder de nosso grupo é você. Todos nós aqui admiramos sua inteligência rápida e seu senso racional que dificilmente falha. Nós estamos indo na direção correta. Alguns crimes levam anos para serem desvendados, enquanto há outros que ficam sem respostas ou soluções. Você já percorreu mais da metade de todo esse caminho em pouquíssimo tempo. Eu desafio qualquer homem nesta cidade, incluindo Duarte, o major Lucena ou o próprio comandante, a conseguir o que você já conseguiu. Se a operação do museu não deu certo, a próxima vai dar. Todos nós, como homens e como policiais, estamos propensos a erros, por isso quero que você levante a cabeça e continue do ponto onde paramos. Dar chilique não combina com seu perfil.

Alguns policiais sorriram, enquanto Nicolas, sem perceber que estava corado, olhava boquiaberto para o delegado, pois não esperava uma declaração tão profunda e sincera de Elias.

— Arre égua, Bartole! — exclamou Mike, animado. — Agora é melhor pagar o estrago da viatura do delegado. Você amassou o capô.

Houve mais algumas risadas, agora mais tranquilas. Nicolas, sem saber que outra ação tomar, aproximou-se de Elias e lhe deu um forte abraço, como se o delegado fosse seu próprio pai. Ouviu-se uma rápida salva de palmas. Tossindo para recuperar a compostura, ele disparou:

— Você está coberto de razão, Elias. Obrigado pela sacudida. Vamos mostrar a esse criminoso quem manda nesta cidade.

— Gostei. É assim que se fala — aprovou Elias.

— Vamos voltar à delegacia. Quero que Moira nos explique em detalhes o que realmente aconteceu.

Apesar de nervoso e agitado, Nicolas era justo o suficiente a ponto de não culpar Moira ou o outro policial que atendera a freira em sua visita a Oscar pelo que ocorrera. Nenhum deles poderia imaginar qual era a verdadeira intenção da visitante.

Moira relatou minuciosamente a Nicolas as características físicas da pessoa que estava vestindo o hábito e disse ser alguém de estatura mediana, cujo rosto estava tingido de algo semelhante a cal. Assim, não foi possível distinguir a cor verdadeira de sua pele.

— Eu reparei naquele rosto estranhamente branco, como se estivesse muito pálido — dizia Moira, temendo uma recriminação de Nicolas ou do delegado a qualquer momento. — Não imaginei que a freira não fosse o que aparentava ser.

— Na ligação que o criminoso fez, ele usava algum misturador de voz para que seu som saísse indefinível. Como era a voz dessa freira?

— Estranha, quase sussurrada. Desculpem-me mais uma vez, mas eu não conseguiria dizer se era voz masculina ou feminina — justificou-se a policial. — Confesso que não estava prestando atenção a esses detalhes. Observei somente que ela usava luvas brancas nas mãos e carregava uma bíblia em uma delas.

— Eu poderia lhe mostrar as fotografias de nossos suspeitos, mas não adiantaria nada — considerou Nicolas. — Essa pessoa foi esperta o suficiente para não deixar que alguém a reconhecesse. Deveria estar usando enchimentos e outros artifícios para evitar desconfianças.

— Estamos lidando com uma mente que possui um Q.I. elevado, então?

— Reconheço sua inteligência, que, infelizmente, é voltada para o mal. É uma pessoa audaciosa, que gosta de matar em locais públicos, com muitas pessoas a seu redor. Tamires foi morta em uma movimentada academia, Henrique foi golpeado dentro de um clube bastante frequentado, e Pablo foi assassinado em uma casa noturna. E Oscar, o único que foge dos padrões dos crimes, foi eliminado dentro de nossa própria delegacia. Eu só imagino o que o comandante dirá quando essa história chegar aos seus ouvidos.

— Duarte também vai reavivar o fogo dessa lareira, Bartole — expôs Elias.

— Ele é o que menos me preocupa. Só quero ver aonde isso vai parar — Nicolas suspirou impaciente. — E esse bendito mandado que não conseguimos? Sem a lista dos ex-alunos da escola, não posso fazer mais nada.

— E se eu, como delegado, fosse conversar com o diretor da escola? — sugeriu Elias. — Posso pedir a ajuda do major Lucena, para causar mais impacto.

— Vocês podem tentar, mas duvido que conseguirão alguma coisa. Aquele depósito de banha vai tentar colocar impeditivos até o final — subitamente, Nicolas se lembrou de algo. — Acho que sei quem pode conversar com ele e até convencê-lo.

— Quem? O próprio comandante?

— Não — Nicolas sorriu, orgulhoso. — Nossa ajuda virá de Miah. Vou solicitar a autorização do comandante para que uma civil intervenha em nossa investigação. Se ele liberar, Miah saberá cumprir seu papel.

Capítulo 29

Embora a contragosto, Alain concordou. Achava que Nicolas "daria com os burros n'água" mais uma vez. Sua atual investigação não estava dando muito certo e era melhor que algo fosse feito o quanto antes, pois o prefeito já cobrara uma solução da polícia. Por mais que estivessem abafando os detalhes sobre os assassinatos, não conseguiram esconder por muito tempo as informações da imprensa local e regional. Como a senhorita Fiorentino não pertencia mais à mídia, Alain não viu problemas em permitir sua ida à escola, desde que fosse acompanhada por um representante da polícia e que não fosse o próprio Nicolas. Para isso, ele destacou o major Lucena.

Miah ficou alvoroçada quando recebeu o convite. Escolheu uma de suas melhores roupas, maquiou-se com perfeição e se reuniu com os policiais na delegacia. Ela usava um conjunto social cor de lavanda e as pontas mais longas de seus cabelos lhe tocavam os ombros. Nicolas não pôde deixar de admirar sua beleza, embora aquele não fosse o momento adequado para tecer elogios à namorada.

— Senhorita Fiorentino, creio que já fomos apresentados — iniciou Elias. Ao lado dele estava o major

Lucena e, atrás deles, Nicolas e Mike. — Conhece o major Lucena?

— Claro que sim — ela sorriu e cumprimentou o major. — Já tentei entrevistá-lo várias vezes, mas ele nunca autorizou.

Lucena não escondeu o sorriso.

— Eu espero que possamos ser amigos mesmo assim.

— Eu jamais guardo mágoas de ninguém — ela sorriu, olhou discretamente para Nicolas e perguntou: — O que exatamente eu tenho que dizer ao diretor?

— No caminho, eu lhe explicarei — prometeu Lucena. — Vamos?

Quarenta minutos depois, eles eram conduzidos à sala da direção pela mesma mulher que levara Nicolas lá na parte da manhã. Miah franziu os lábios ao deparar-se com o imenso homem aboletado sobre uma cadeira. Lucena, vestido na farda cinza, também controlou o espanto.

— Vieram atrás dos meus arquivos? Já estiveram aqui hoje de manhã e eu lhes disse que não vou liberar nada até que consiga o mandado.

— Não sei do que o senhor está falando — argumentou Miah, com voz melosa. — Meu nome é Miah e sou repórter, ou seja, trabalho com relações pessoais. E este, ao meu lado, é o major Baltasar Lucena, da polícia local. Somos casados.

Lucena olhou vivamente para Miah. Não fora aquilo que eles haviam combinado durante o trajeto até ali.

— Sim, já vi a senhorita nos noticiários noturnos. É mesmo muito boa, sabe? — Antero piscou os olhinhos miúdos. — O que querem falar comigo, então?

— Nós queremos matricular nosso filho aqui, para o próximo semestre. Meu marido e eu morávamos em

Ribeirão Preto, mas ele foi transferido para o batalhão policial daqui e, logicamente, e eu me mudei junto. Dadau estava muito habituado à escola anterior e por isso concordou em continuar morando lá com sua avó, minha mãe — Miah pareceu pensativa por alguns instantes e seus olhos ficaram embaçados pelas lágrimas. — Acontece que minha mãezinha faleceu no começo do mês passado, e Dadau teve que vir pra cá. Ele está sem estudar, e o senhor sabe que, pela Lei de Diretrizes e Bases da Educação Nacional, nenhuma criança pode ficar sem escola.

— Lamento muito por sua mãe, mas não precisa ensinar a missa ao vigário — sorriu Antero. E ele só sorria para Miah porque gostara dela. — Podemos matricular seu filho, basta trazer os documentos da criança e o histórico do colégio anterior.

— Aí está o problema. Dadau está com medo — lamentou Miah, franzindo as sobrancelhas. Lucena, de pé ao seu lado, acompanhava o diálogo sem conseguir esboçar reação. — Sabe como os outros meninos são. Basta chegar pessoas novas à cidade que eles começam a botar medo. Já contaram para Dadau sobre seus ex-alunos.

Antero cruzou os braços gordos sobre a barriga, redonda como um pequeno planeta.

— Que ex-alunos? Do que a senhorita está falando?

— É que nossa vizinha foi aluna daqui. E ela também me disse coisas assustadoras sobre os alunos de sua escola. Na época, ela contou que houve um crime aqui dentro.

— Isso é mentira! De onde ela tirou isso?

— Há quanto tempo o senhor é o diretor daqui?

— Há oito anos e nunca ouvi falar de...

— Não estava aqui na época, não é mesmo? — Miah balançou a cabeça com pesar. — Quero me certificar de que ela me dizia a verdade. O senhor ouviu falar sobre o crime da academia ocorrido no último domingo?

— Ultimamente ando sem tempo para acompanhar os jornais — avisou Antero. — O ócio tem me levado a engordar alguns quilinhos.

"Alguns quilinhos?", pensou Miah horrorizada. "Santo Deus, esse homem só pode se pesar numa balança industrial e vem me falar de quilinhos?".

— O que o crime da academia tem a ver com meus ex-alunos?

— Curiosidade. Minha vizinha, Tamires, foi quem me contou sobre sua classe. — "Ao menos ele não sabe que Tamires está morta", refletiu Miah. — Ela foi aluna daqui. Disse-me que um tal Cosme, amigo seu, foi morto no banheiro.

— Essa mulher é louca. Vou provar que ela não sabe o que diz — Antero olhou para o atordoado major. — O senhor, como policial, deveria deter essa louca.

Lucena apenas assentiu com a cabeça. Houve uma série de gemidos, grunhidos e ofegos, enquanto Antero, apoiando as mãos sobre a mesa, colocava-se de pé.

"Jura que ele consegue andar?", disse Miah a si mesma em pensamento.

Devagar, ele seguiu até os arquivos, enquanto Miah informava os anos em que sua vizinha fora aluna da instituição. Antero abriu um gavetão, vasculhou algumas pastas suspensas e alguns envelopes até apanhar uma pasta preta imensa e estufada.

Houve mais resmungos e gemidos, enquanto ele retornava à mesa e sentava-se na cadeira. Com uma precisão de quem conhecia o que estava fazendo, Antero conferiu algumas listas com a ajuda de uma régua até deter o dedo em um nome.

— Você está falando de Tamires Tavares?

Miah trocou um discreto olhar com Lucena, sentindo um frenesi de emoção.

— É ela mesma.

— Ela entrou aqui com sete anos e ficou até o ensino médio. Não estou encontrando nenhum Cosme que tenha estudado com ela.

— Será que me enganei de nome? — Miah sorriu com doçura. — Posso ver essa lista?

Como queria pôr fim àquela conversa o quanto antes, Antero deu de ombros e estendeu a lista para Miah.

Lucena curvou o pescoço para analisar melhor a lista, enquanto Miah fingia que procurava o nome de Cosme. Ele não teve dificuldades para localizar os nomes de Henrique e Pablo na mesma relação e notou que, por três anos, as três vítimas estudaram juntas na mesma sala.

De repente, Miah levou ambas as mãos à cabeça como se tivesse sentido uma súbita tontura. Lucena, sem saber se ela estava fingindo ou não, amparou-a pelos ombros no momento em que ela desabou sobre a mesa atulhada de papéis do diretor.

— Ai, não — alarmou-se Antero. — Doroteia! Elise! Alguém acuda aqui. A moça desmaiou.

Lucena mediu a pulsação de Miah, que parecia estar normal. Ele ergueu seu rosto e notou que ela estava levemente pálida. "Se essa moça tiver um ataque, Bartole matará esse cara", pensou Lucena, assustado.

Miah entreabriu os olhos, murmurou algumas coisas desconexas e tentou se levantar. Subitamente, sua tontura pareceu ficar mais forte, pois ela apoiou as mãos sobre a mesa e foi ao chão, derrubando pastas e envelopes.

As inspetoras entraram em disparada na sala, enquanto Lucena abria um chamado pelo rádio. Em segundos, a sala do diretor virou um reboliço, com gritos agitados e ordens imperiosas. Alguém tentou reanimar Miah com álcool, mas não surtiu o efeito desejado.

Finalmente, dois policiais adentraram a sala dizendo que os paramédicos já estavam a caminho. Foi nesse momento que Miah tornou a abrir os olhos.

— O que... aconteceu? — ela perguntou com a voz fraca.

— Você desmaiou — informou Lucena. — A ambulância está a caminho.

— Eu não quero. Estou melhor. Levem-me até o carro, por favor — pediu Miah. — Depois, voltarei aqui para conversar com diretor sobre a vaga do Dadau.

Os policiais recém-chegados cumpriram a ordem e logo Miah estava acomodada no carro em que viera com Lucena. Ela já parecia mais corada e já falava com lucidez.

— Você está melhor? É melhor eu deixá-la em casa.

Lucena já se afastava da escola, quando olhou preocupado para Miah. Ela parecia estar se recuperando depressa.

— A história que você inventou foi fantástica — sorriu Lucena. — Nem sei como me prestei a esse papel de ser cúmplice de sua mentira. Só que, infelizmente, não funcionou. Não pudemos convencer Antero a nos entregar as listas com os nomes dos alunos.

— Ele nunca iria nos entregar — Miah virou-se para Lucena e abriu um sorriso de princesa, enquanto tirava uns papéis de dentro da blusa. — Por isso, eu tive que "pegar emprestado". Espero que você não me prenda pelo furto.

Atordoado, Lucena alternou o olhar de Miah para as listas em sua mão e não sabia se deveria rir e concordar com ela ou achar que ambos haviam enlouquecido.

Capítulo 30

— Ou seja, você se tornou uma ladra? — sondou Nicolas, quando Lucena e Miah lhe contaram o ocorrido na escola de Antero. — Você cometeu um roubo diante de um major da polícia!

— Ora, vamos, Bartole, ninguém vai ficar sabendo disso, além de nós três — expôs Lucena. — Nem mesmo para o Elias eu detalhei de que maneira Miah conseguiu as listas. Eu admito que você está bem arranjado com essa mulher ao seu lado!

— E nem venha me chamar de ladra! — defendeu-se Miah. — Se eu estou lembrada, você confiscou meu gravador de dentro da minha bota e isso também é furto. Eu apenas segui seu exemplo. Se a polícia pode, nós, civis, também podemos.

— Eu quero mais uma vez reiterar meus elogios a Miah — atalhou Lucena, sorridente. — Quanta criatividade! Criou uma história tão mirabolante e convincente que até eu já estava acreditando que tínhamos mesmo um filho chamado Dadau.

— Dadau? — Nicolas ergueu as sobrancelhas. — Não tinham um nome melhor?

— Nosso primeiro filho, se um dia chegarmos a esse ponto, se chamará Dadau — Miah sorriu perversamente e se abanou com as listas nas mãos. — Roubar aquele diretor peso-pesado foi fácil. Ele tinha espalhado os papéis sobre a mesa e bastou que eu caísse sobre eles. Depois, me joguei no chão e derrubei os envelopes. Ninguém imaginaria que uma moça com tonturas estava cometendo um pequeno delito. Acho que acabei trazendo algumas coisas desnecessárias, mas não tinha como escolher muito bem. O que vocês precisavam, eu consegui. Pelo menos não precisam mais aguardar a emissão do mandado.

— O comandante Alain não vai gostar dessa ideia, embora ele tenha autorizado sua participação nesta investigação — supôs Lucena, reflexivo. — Pelas regras, não é permitido a atuação de um civil, principalmente quando essa pessoa mantém vínculos com alguém da corporação. E você, Miah, tem um relacionamento com Bartole.

— Bem, para mostrar o quanto nosso vínculo é forte — sorriu Miah para Nicolas —, quero que me beije e, em seguida, eu lhe entregarei essas benditas listas.

— Vou acrescentar chantagem à sua lista de acusações — prometeu Nicolas, beijando Miah carinhosamente.

Lucena pigarreou e desviou o olhar para outro lado.

— Se quiserem que eu saia... — ele sugeriu.

— De forma alguma! Fique, por favor — Nicolas apanhou as listas das mãos de Miah, deu uma rápida conferida no conteúdo e tornou a encarar o major. — Amanhã será o aniversário de minha mãe, no Rio de Janeiro. Sei que é meio fora de mão devido à distância, mas eu me sentiria honrado se pudesse ir conosco. Minha irmã Marian viajará de carro com o doutor Enzo, pois eles estão namorando. Thierry, o florista, quer partir logo hoje à noite. Ele vai de avião, pois quer começar os preparativos da festa amanhã cedo. Mike e Moira também foram convidados e acho que Elias irá dispensá-los, embora o próprio Elias tenha recusado o convite para a festa. Como vou retornar no domingo, já que não posso me ausentar por muito tempo e a investigação ainda está em aberto, Miah irá comigo de avião amanhã. Eu ficaria muito feliz se o senhor aceitasse meu convite.

— Eu não tinha planejado nada para amanhã à noite — explicou Lucena. — E minha esposa, quando souber disso, vai saltitar como uma rã. Ela é louca por festas e quase enfarta quando é convidada para uma. Pena que em nossa cidade os moradores festejem pouco.

— Pode levá-la também. E seus filhos? Também não gostariam de ir? — convidou Nicolas, subitamente interessado na vida particular de Baltasar Lucena. O investigador percebera que era a primeira vez que conversava com o major de forma particular, além dos assuntos relacionados ao trabalho, e que nada sabia sobre Lucena.

— Eu... só tenho uma filha — disse Lucena e sua voz assumiu um tom triste. — Aracy vai levá-la, é claro. Levamos nossa adorada Nelly para todos os lugares.

— Ela é pequena? — indagou Miah.

— Não... É que Nelly nasceu com um problema de visão — Lucena fez uma pausa, como se não estivesse muito à vontade para falar sobre aquele assunto. Parecia que ele só o fazia em respeito a Miah e a Nicolas. — Ela é praticamente cega. Não vê nada com um dos olhos e tem apenas quinze por cento de visão no outro. Por outro lado, sua deficiência nunca foi um impeditivo para nossa vida familiar. Nelly também adora sair. E respondendo à sua pergunta, Miah, ela já não é tão pequena. Completou dezenove anos há dois meses. Minha Nelly é uma mulher agora — declarou Lucena, com orgulho. Então, estranhamente, como se precisasse continuar a falar, o major concluiu: — Nelly não foi a única filha que Aracy e eu tivemos.

Nicolas percebeu que Lucena estava ficando vermelho e emotivo e que não parecia estar gostando de falar sobre aquele assunto. Ele supôs que o outro filho de Lucena houvesse morrido e que isso ainda deveria machucá-lo.

— Desculpe-me, major. Acho que Miah e eu fizemos mais perguntas do que deveríamos.

— Concordo — confirmou Miah. — Sinto muito se estamos invadindo sua privacidade.

Lucena enfiou as mãos nos bolsos, tirou-as em seguida e sentou-se devagar em uma das cadeiras vagas da sala de Nicolas, que continuava em pé ao lado de Miah, observando-o e aguardando em respeitoso silêncio.

— Anos antes de Nelly nascer, eu tive um filho. Quando eu me casei com Aracy, ela já estava grávida de nossa primeira criança. Éramos muito jovens ainda. Na época, eu tinha vinte anos e ela dezoito. O casamento foi imposto por nossos pais quando souberam da gravidez. De qualquer forma, eu amava Aracy e ainda a amo intensamente até agora. Nunca me arrependi de nosso casamento. Ela só me trouxe alegrias até hoje, além de dois presentes maravilhosos: nossos dois filhos.

Lucena não gostava de se lembrar de certos fatos sobre seu passado e, muitas vezes, evitava discuti-los até mesmo com a esposa, pois sabia que no final ambos sofreriam.

— Nosso lindo menino nasceu forte e saudável. Ficamos tão felizes que mal podíamos esconder nossa alegria. Aracy e eu tínhamos vontade de abraçar as pessoas estranhas nas ruas, somente para compartilharmos nossa felicidade.

Lucena sorriu. Sua mente retrocedia a acontecimentos distantes no tempo.

— Nós o batizamos e lhe demos o nome de Apolo, já que Aracy sempre gostou de personagens da mitologia. Nosso bebê era lindo, fazia jus ao nome, pois se parecia com um pequeno deus grego. Quase não tinha cabelos, mas os olhos eram iguais aos meus, apenas mais verdes. Eu exibia meu garoto para todo mundo, como se fosse um pequeno troféu. Ou, como Aracy dizia, o presente sob encomenda enviado por Deus. Apolo crescia forte, bonito, divertido e esperto. Fazia coisas espantosas para um bebezinho de sua idade. Quando completou seis meses, já não queria mais saber de mamar nos seios da mãe e com um ano e meio já andava, falava e fazia diversas gracinhas para divertir os adultos à sua volta. Foi quando aconteceu a tragédia.

Nicolas se aproximou de Lucena e lhe apertou o ombro com firmeza, consolando-o.

— Sabe que não precisa dizer nada se não quiser, Lucena. Se servir de apoio, eu lhe dou meus pêsames atrasados.

— Meu filho não morreu! — exclamou o major. — Ele foi sequestrado.

Houve um silêncio pesado e opressivo na sala, e ninguém disse nada por quase um minuto. Ao final, Lucena continuou contando:

— Nós estávamos passeando com Apolo na praça, aquela que fica em frente à igreja matriz, quando subitamente Aracy começou a gritar. O carrinho do bebê estava vazio. A princípio, não entendi muito bem o que tinha acontecido. Apolo estava ali e no minuto seguinte não estava mais. Como era possível que ele houvesse sumido do nada, bem debaixo do nosso nariz? As pessoas que estavam na praça afirmaram que não tinham visto ninguém carregando uma criança nos braços. A polícia foi chamada, mas nunca conseguiu nos dar nada de concreto. Apolo simplesmente evaporou.

Havia tristeza nos olhos de Lucena, mas ele prosseguiu mesmo assim:

— Aracy e eu quase enlouquecemos. Só depois de algum tempo, quando o desespero e a aflição cederam lugar à tristeza e à angústia, nós pudemos refletir sobre o que poderia ter acontecido. Lembramo-nos de que paramos em uma barraca de artesanato que havia na praça e ficamos admirando as peças que estavam sendo vendidas ali. Foi o único instante em que nos descuidamos do carrinho. Quem levou nosso Apolo se aproveitou de alguns poucos segundos para tirá-lo de nós. A verdade, porém, é que nós nunca saberemos. Não houve pedido de resgate nem mensagens anônimas. Nada. Quem levou Apolo o queria para si. Ele pode ter sido adotado pelos sequestradores ou sido vendido para o estrangeiro, hipótese que acho mais plausível.

Lucena esfregou as mãos nervosamente.

— Aquele foi o dia mais trágico da minha vida e da de Aracy. Quando Nelly nasceu, foi uma alegria para nós, mesmo considerando seu problema com a visão. Mas um filho nunca substitui o outro. Até hoje, existe aqui — ele tocou o peito — um vazio, uma verdadeira cratera. Tudo o que eu queria saber era como ele está atualmente. Aracy não acredita, porém eu tenho certeza absoluta de que Apolo ainda está vivo. Eu sinto isso. Meus sentimentos de pai afirmam que ele está vivo, perdido por aí, talvez longe, talvez aqui em nossa cidade. Não acredito que um dia eu vá reencontrá-lo, mas me contentaria em saber como ele é agora, se está casado, se Aracy e eu temos netos.

O major lançou um olhar distante para a parede antes de continuar:

— Confesso a vocês que eu entrei para a polícia após o sequestro do meu filho, pois achava que de alguma forma a justiça precisava ser feita. Resolvi muitas coisas ao longo desses anos, quase todas bobagens de povo do interior, mas nunca encontrei as respostas para o misterioso sumiço do meu filho. Ninguém na cidade sabia de nada, ninguém viu nada suspeito, nem souberam de alguém que pudesse estar criando uma criança pequena por aí. Nem os dois detetives que Aracy contratou na época nos trouxeram resultados satisfatórios sobre o caso.

— Quantos anos seu filho teria hoje? — perguntou Miah, emocionada com a história que acabara de ouvir.

— Trinta e um. Hoje ele é um homem feito — Lucena ergueu rapidamente a mão para enxugar as duas lágrimas que rolaram por seu rosto. — Hoje estou com quase cinquenta e dois anos e me considero um homem feliz. Mas enquanto não descobrir o que houve com meu Apolo, não me sentirei completo — ele olhou para Nicolas e brincou: — Bartole, se seus olhos fossem verdes, eu poderia estar desconfiado agora.

Nicolas sorriu:

— Eu me sentiria honrado em tê-lo como pai, Lucena, mas lamento desapontá-lo, pois já estou com trinta e três anos. Além disso, conheci meu pai biológico, embora tenha convivido com o outro homem com quem minha mãe se casou. Este último é pai de Willian e Ariadne, meus irmãos mais novos. Se o senhor for à festa, irá conhecê-los.

Lucena assentiu com a cabeça e ficou em pé.

— Acho que depois do que houve na escola entre eu e Miah e agora, ao compartilhar minha história com vocês dois, posso considerar ambos muito mais do que amigos. Sinto que temos algo além das relações profissionais.

— Eu já me considero seu amigo, Lucena — garantiu Nicolas, abraçando o homem efusivamente. — Sempre que precisar, recorra ao velho Bartole.

— Nunca vou me esquecer disso. E obrigado a você também, Miah. Mais uma vez, parabéns por sua mentira. É uma contadora nata de histórias.

O major a beijou no rosto e, antes de deixar a sala, prometeu:

— Irei ao aniversário de sua mãe, Nicolas. Depois, nós conversaremos para combinar todos os detalhes. Obrigado mais uma vez por terem sido meus ouvintes.

Depois que Lucena saiu, Nicolas olhou para Miah, refletindo sobre o que o major dissera a respeito da repórter: que ela era uma excelente contadora de mentiras. Essa ideia levou Nicolas a pensar na caixinha de madeira escondida debaixo da cama da namorada, que lhe contara partes sobre seu passado de maneira confusa e nebulosa. Intimamente, Nicolas sabia que havia algo mais ali e que ela poderia estar mentindo também, já que até mesmo Lucena havia confirmado a habilidade de Miah com a mentira.

— Miah, hoje à noite eu gostaria de ir ao seu apartamento — ele avisou, beijando-a. — Quero conversar com você sobre algumas coisinhas particulares.

Apesar do tom de Nicolas, Miah sabia que ele não estava referindo-se a sexo e sentia o dedo gelado do medo percorrer-lhe a espinha.

— Sabe o quanto fico feliz quando o recebo lá. Eu estou realmente surpresa com a história de Lucena. Triste, não?

Nicolas fingiu não perceber que Miah estava desviando-se do assunto. Não queria discutir com a namorada naquele momento, principalmente levando em conta que ela fora de prestimosa ajuda para sua investigação. Ele mal podia esperar para analisar as listas com os nomes dos alunos em companhia de Elias.

Capítulo 31

Depois que Miah se despediu, Nicolas se reuniu com o delegado na sala dele. As listas estavam em sua mão e Elias teceu um rápido elogio ao trabalho de Miah. Agora, estava mais concentrado no material obtido na escola. Nicolas tirou cópias das listas e as entregou ao delegado, retendo as originais consigo.

— Vamos ver o que temos aqui — disse ele com uma caneta marca-texto entre os dedos, falando para si mesmo. — Aqui está o nome de Tamires, um dos últimos da listagem, já que estão todos classificados por ordem alfabética. Também encontrei o nome de Henrique e confesso que não estou surpreso em saber que Pablo também pertenceu à turma.

— Eles estudaram juntos por três anos, dos onze aos treze anos. No ano seguinte, aparentemente houve uma reformulação nas turmas e nos horários das aulas e eles foram separados.

— Eram praticamente crianças — notou Nicolas. — Foi nesse período que o problema, cujas consequências estão vindo à tona agora, certamente se originou — Nicolas parou de falar, enquanto reparava em outro nome que não havia notado na primeira análise. — Elias, veja o nome da única aluna com a letra S. Ela também estudou com eles nesses três anos.

— Sabrina Dasso — murmurou Elias. — A repórter nojenta que substituiu Miah. Engraçado que até no enterro de Tamires ela estava, embora alegasse estar ali a trabalho.

— Precisamos descobrir mais sobre a vida dessa moça. A altura e o porte físico de Sabrina batem perfeitamente com as descrições que as testemunhas interrogadas nos forneceram. Vamos terminar de olhar essas folhas.

Não acharam mais nada que lhes chamasse a atenção. Havia muitos nomes, mas Nicolas nunca ouvira falar de nenhum deles. A maioria das crianças havia estudado na mesma classe durante três anos, até ocorrer a reestruturação dos grupos.

— Eu estou quase dando meu veredicto de que o assassino também foi aluno dessa turma. Ele conheceu Pablo, Henrique e Tamires. Todos estudaram juntos. Acredito que eles prejudicaram a criança que hoje se tornou um matador. Ele está matando por vingança. Ele está "silenciando as vozes", provavelmente as vozes do passado que ainda emergem em sua mente. O uso do haltere e a pomba de madeira também estão ligados de alguma maneira. Os crimes cometidos em lugares públicos, as mensagens organizadas em poemas e o fato de todas as vítimas possuírem corpos perfeitos também não são ao acaso. Nada em um crime acontece por acaso.

— Excelente sua linha de pensamento, Bartole — aprovou o delegado. — O ideal seria conversarmos com um ex-aluno, não acha? Passaram-se mais de dez anos, mas creio que a maior parte deles ainda more na cidade. É bem possível que eles saibam quem possa estar matando os ex-colegas.

— Acho que não. Os crimes aconteceram muitos anos depois. Não sei se eles ligaram uma coisa à outra.

Todos eram apenas crianças naquele tempo, Elias. As pessoas não se importam muito com brincadeiras infantis. Infelizmente, alguém guardou rancor por muitos anos e agora chegou o momento da desforra — Nicolas ergueu os olhos azuis e encarou Elias: — Precisamos descobrir o que Tamires, Henrique e Pablo fizeram de tão errado nessa época e qual o papel de Sabrina em tudo isso. Se ela não for a própria criminosa, com certeza conhece a identidade do assassino.

— Penso que ela seja a culpada, Bartole — deduziu Elias. — É a única pessoa que poderia prejudicar Miah. Não podemos nos esquecer de que o criminoso encomendou as pombas com Oscar utilizando o nome dela.

— Creio que o objetivo ali tenha sido justamente me provocar. Ele ou ela sabia que eu assumiria o caso, por isso deu o nome de Miah quando encomendou as pombas. A intenção era me desorientar com aquela pista falsa. Claro que isso não isenta Sabrina da responsabilidade.

— E os suspeitos anteriores, como Edna, Lucas e o pai, Rafael e a mãe? Eles podem ser inocentes?

— É cedo demais para falarmos em inocentes, Elias. Como eu sempre digo, todos são culpados. Para se livrar da culpa, basta me provar sua inocência.

Nicolas sorriu sem humor, e Elias o imitou. Continuaram estudando as listas até o início da noite, tentando encontrar mais alguma conexão com as vítimas. Por enquanto, as únicas informações valiosas eram as que eles já tinham conseguido.

Antes de ir embora, Nicolas avisou a Elias que o sábado seria bastante corrido para ele e que iria trabalhar até o horário do almoço. O investigador voltaria para seu apartamento e partiria com Miah em um voo direto para o Rio. Nicolas garantiu que ao anoitecer do domingo ele estaria de volta à cidade.

— Você não vai mesmo ao aniversário de minha mãe, Elias? Eu convidei o major Lucena e ele se sentiu bastante motivado a ir com a esposa. Gostaria que fosse também. Seria uma excelente oportunidade para nos conhecermos melhor além das fronteiras profissionais. O que acha?

— Acho que não daria certo, Bartole. Você já está pretendendo levar Mike e Moira com você. Se eu for também, a delegacia vai ficar meio largada, mesmo que apenas por um dia. E temos um assassino perigoso à solta por aí, que ainda está longe de ser capturado. Não quero ouvir nenhuma reclamação do comandante. Duarte também pode usar isso a favor dele. Por isso, acho melhor eu segurar as pontas por aqui. Vou ficar, mas espero que não se ofenda com isso.

— De forma alguma — animado, Nicolas o abraçou. — Fico feliz em saber que vai dispensar Mike e Moira.

— Eles trabalharam bem nos últimos dias e acho que merecem essa viagem. Noto que os dois ficam muito animados por estarem trabalhando com você. Aliás, quem não fica? Você é brasa para qualquer churrasco.

— Essa eu não conhecia — brincou Nicolas, rindo animado. — Bem, eu vou indo então. Amanhã, eu estarei bem cedo por aqui. Vamos tentar descansar um pouco.

— É isso mesmo. Boa noite!

Nicolas se despediu do delegado e, enquanto dirigia para casa, seu celular tocou. Certo de que era sua mãe novamente, ele pensou em ignorar a chamada, mas, quando olhou para o visor digital, surpreendeu-se ao reconhecer o número particular da doutora Ema.

— Diga, doutora.

— Olá, Bartole. Atrapalho ligando agora?

— Eu estou dirigindo, mas podemos conversar. Conseguiu novidades?

— Já recebi algumas amostras do sangue de Henrique e de Pablo. Ambos também foram drogados por uma forte dose de sonífero que foi adicionado a uma bebida. Os crânios de ambos foram duramente danificados com os golpes sofridos. Ouso dizer que o assassino os golpeou umas dez vezes, sempre usando de muita força. Como já disse antes, ele agiu movido por muita raiva.

— Infelizmente, eu já esperava por tudo isso, doutora — afirmou Nicolas, reduzindo a velocidade do carro até parar perto de um semáforo.

— Eu tenho uma informação que você não esperava. A última vítima, Pablo, chegou a reagir ao ataque. Deve ter arranhado seu agressor em alguma parte do corpo. Havia um resíduo mínimo de pele humana debaixo de sua unha. Eu colhi essa amostra e a encaminhei ao laboratório responsável, que fica em São Paulo. Pedi urgência nos resultados, porém eles já avisaram que estão atolados em serviço. Essas coisas não ficam prontas antes de uma semana.

— Não pretendo esperar tanto tempo. De qualquer forma, obrigado por ter me ligado.

— Eu soube que você convidou metade da cidade para ir à festa de aniversário de sua mãe no Rio de Janeiro — disse Ema rapidamente, antes que Nicolas desligasse.

— A rede "Fofoca Viva" já entrou em ação, né? A senhora ficou sabendo demais, doutora Ema. Eu apenas convidei os mais chegados. A festa é longe daqui e a maioria não tem meios ou condições de ir até lá. Falo financeiramente, claro.

— Isso porque você não me convidou. Há tempos meu marido queria me conceder um fim de semana para descansarmos de nossa rotina estressante. Assim, teríamos a chance de levarmos nossos trigêmeos para conhecerem outras cidades. Ariel, Mizael e Rafael são loucos por praia.

Nicolas apenas sorriu, enquanto ouvia os nomes dos filhos da médica legista. Como as pessoas podiam ter tão pouca criatividade, principalmente dar nome aos próprios filhos?

— Minha mãe ficaria feliz se puderem ir. Meus convites estão sendo feitos por boca a boca, pois não tenho nada impresso para distribuir. A senhora também está convidada. A festa começará amanhã, a partir das dezoito horas. Se quiser, passe na delegacia bem cedo amanhã, que lhe darei por escrito o endereço da minha mãe.

— Estou feliz, Bartole — a voz de Ema soou realmente animada. — Até que valeu a pena lhe telefonar. Obrigada! Amanhã, nos falamos.

— Está certo. Até amanhã então.

Quando entrou em seu apartamento, Nicolas viu que Marian dividia um sanduíche de rosbife com a gata gorducha e também reparou na pequena mala encostada no sofá.

— Boa noite, Marian! É por isso que esse ser cheio de pelos está tão gordo! Você o abastece com mais gordura ainda.

— Eu sei o que posso dar para Érica e a quantidade correta. Aliás, Nicolas, quem vai cuidar dela durante nossa ausência? — perguntou Marian, afagando a cabeça da felina.

— Ninguém. Ela sabe se virar. É ruim o bastante pra isso.

— Dormiremos uma noite fora. Eu não vou ficar tranquila se souber que ela ficou sozinha. Ela está acostumada a ter alguém em casa.

— Quanta frescura! — resmungou Nicolas em voz baixa.

— Não é frescura. Todos os animais requerem os mesmos cuidados que dedicamos aos seres humanos. Eles também são criações divinas e estão aqui por uma razão. Também são seres vivos e pensantes.

— Animais são irracionais — retrucou Nicolas.

— Achei que você fosse mais inteligente para acreditar em uma bobagem dessas — criticou Marian. — O nível de inteligência deles é menor se comparado com os humanos, mas isso não os impede de raciocinar. Acredite, Nicolas, todos os animais pensam, sentem, amam e sofrem tal qual um humano.

— Érica não é um animal. Além disso, ela teria que passar em uma consulta com um veterinário para sabermos se ela está em condições de viajar — lembrou Nicolas, notando que a irmã sorria. — Posso saber por que está rindo?

— Porque você é engraçado, Nic. Diz odiar a gata e está preocupado com a saúde e o bem-estar dela durante a viagem. Retiro o que acabei de dizer. Você é mesmo um homem inteligente.

Marian riu de novo, e Nicolas fechou a cara.

— Eu não disse que estava preocupado com ela. Não venha querer colocar caraminholas na minha cabeça. Se quiser levá-la, tudo bem. E se ela tiver que ficar sozinha, não me importo nem um pouco.

Como se tivesse se cansado de ser ofendida, Érica saltou do sofá para o chão e se aproximou de Nicolas, caminhando como uma princesa. Depois, encarou seu dono fixamente, como uma mulher baixinha à procura de encrenca.

— Ela quer sair na mão com você, Nic — brincou Marian, rindo a valer. — E eu aposto nela como vencedora.

Nicolas resmungou e pulou por cima da gata. Depois, foi para o quarto, murmurando:

— Duas doidas. Irmã doida, gata doida.

O investigador reapareceu alguns minutos depois com algumas peças de roupas no braço e uma mala vazia na outra mão. Jogou-a aberta sobre o outro sofá e começou a colocar suas roupas dentro.

— Não vou levar muita coisa. Eu volto no domingo.

— Eu também não estou levando quase nada — informou Marian, olhando Nicolas guardar as próprias roupas. — Também vou voltar logo após o almoço, no domingo, porque o Enzo vai assumir o plantão da noite de domingo para segunda. E finalmente minhas aulas de mestrado vão começar nessa segunda. Quero estar preparada para minhas pesquisas. Ah, o Thierry me telefonou uns vinte minutos antes de você chegar. Ele ia pegar o voo das oito horas. Amanhã cedo, ele vai acionar um grande distribuidor de flores com sede no Rio e mandar entregar as encomendas na casa da mamãe para que comece as decorações. E ainda na parte da manhã Enzo vai passar com o carro dele para me buscar. A caixinha de transporte de Érica já está separada também. Só espero que não chova amanhã, ou a mamãe vai chorar até secar todo o líquido de seu corpo.

— Sem dúvida. Eu não vou dormir aqui hoje. Vou para o apartamento de Miah pra ver se ela também já se organizou.

— Maravilha — com a praticidade que lhe era peculiar, Marian ajudou o irmão a guardar o restante das roupas na mala. — E sobre a investigação? Alguma novidade?

— Nem sinal do suspeito ainda. Já sabemos que o motivo dos crimes pode estar ligado ao passado. Parece que ele está criando seu próprio julgamento e condenando todos à morte. Ele é o juiz o tempo inteiro, entende?

— Sim. Isso é o que nós fazemos o tempo inteiro, Nic — como ele a olhou com estranheza, Marian continuou:

— Se você reparar, a todo instante nós estamos julgando, condenando, absolvendo ou rotulando as pessoas. E agimos assim como se tivéssemos o direito de julgá-las. Sempre queremos agir conforme os pareceres morais, éticos e sociais pregados pela sociedade em que vivemos. Reduzimos nosso próximo como se realmente fôssemos superiores ao nosso semelhante. Ninguém é melhor do que ninguém, independente de estudo, dinheiro, estabilidade amorosa ou do círculo social.

— E há como deixarmos esse vício de lado?

— Todos os vícios podem ser deixados de lado, desde que a pessoa tenha força de vontade. A partir do momento que nos conscientizamos de que há uma força inteligente que rege o universo e não condena ninguém, passamos a respeitar e a aceitar os outros do jeito que eles são.

— Acho que são poucas as pessoas que se conscientizam disso. Por que isso acontece de forma tão lenta?

— Todos nós somos alunos na escola da vida. Estamos aprendendo aos poucos. Uma criança não tem que ficar vários e vários anos na escola, passando por séries distintas, conhecendo colegas, professores e lições diferentes? A cada ano, o desafio aumenta. Na vida as coisas também funcionam assim. Estamos caminhando gradualmente e, se cairmos, basta que nos levantemos e tentemos de novo. A vida é feita de tentativas e sempre nos fornece ferramentas para que consigamos realizar nossas tarefas com êxito. Por isso, a caminhada é lenta, mas constante. O amadurecimento espiritual é necessário, e quanto antes esse desenvolvimento da consciência começar, melhor será. Entretanto, não há pressa, pois cada pessoa avança no seu próprio tempo.

— É muito bom ouvir suas sábias palavras, Marian. Quando terminar esse caso, quero me sentar sossegado ao seu lado para conversarmos sobre espiritualidade por horas e horas. Tenho muitas dúvidas ainda.

— Se eu souber respondê-las, o farei com prazer. Quando você terminar essa investigação, quero levá-lo a uma escola de estudos espiritualistas. Acho que você precisa descobrir como viver melhor. Quem sabe você não obtém assim a resposta para seus sonhos?

— Tomara que sim. Só nessa semana, já tive esse sonho duas vezes. Com certeza, vou atrás de minhas respostas. Como você me falou, preciso saber quais são os fatos que a vida está ocultando de mim.

Marian sorriu, enquanto Nicolas fechava o zíper da mala. Ele curvou o corpo e deu um beijo estalado no rosto da irmã.

— Nos vemos amanhã na casa da mamãe. Faça uma boa viagem com o Enzo. Se quiser deixar essa gata irritante no meio da estrada, terá minha total aprovação.

— Quero ver se você é homem o bastante para repetir isso diante da mamãe — desafiou Marian, sempre bem-humorada. — E não chegue atrasado com Miah amanhã. Não vamos enfurecer a mamãe no dia em que ela completa primaveras.

Nicolas sorriu e se despediu da irmã. De volta ao carro, dirigiu rapidamente até o apartamento de Miah.

Capítulo 32

Miah esperava por Nicolas enquanto assistia à reportagem de uma jornalista que falava sobre o problema do trânsito nas grandes cidades. Como dera uma cópia da chave de seu apartamento ao namorado, não precisou abrir a porta para ele.

— Sinto tanta falta de ter um microfone nas mãos... Parece que perdi um parente próximo — choramingou Miah, assim que Nicolas apareceu em seu campo de visão.

Nicolas chegou mais perto e beijou Miah longamente. Soprava um vento frio do lado de fora do apartamento e ele estava com o rosto e as mãos geladas, que contrastavam com a temperatura quente do corpo de Miah.

— Já fiz minha mala e a deixei no porta-malas do meu carro. E você? Já separou o que vai levar?

— Claro — ela apontou para uma pequena mala com rodinhas. — Coloquei ali biquínis, bronzeadores, cremes, protetores labiais, duas toalhas de banho e outros acessórios para praia. Preciso pegar uma cor — ela esticou a perna. — Veja só minha pele. Pareço uma lagartixa anêmica.

— Eu gosto do jeito que está. Branquinha, macia e cheirosa — ele olhou para a porta do banheiro. —

Preciso de um banho. Quando eu voltar, nós precisamos conversar.

Miah assentiu. Nicolas escolheu algumas peças de roupa que já deixava no apartamento dela e seguiu para o banheiro. Como sempre fazia, tomou um banho demorado e, quando retornou, parecia calmo e sereno. Miah continuava sentada no mesmo lugar, diante da televisão, na sala. A diferença é que a televisão fora desligada e ela estava nua.

Nicolas apenas sorriu, nem se dando ao trabalho de terminar de se secar. Rapidamente, ele tirou a bermuda que tinha acabado de colocar, deitou seu corpo sobre o dela, e ambos se entregaram à exigência do momento, mergulhados num ritmo de amor que somente os dois conseguiam acompanhar.

Terminaram no chão, jogados um sobre o outro, exaustos. Miah mordicou o lábio inferior de Nicolas e sorriu:

— Eu quis aproveitar essa chance. Não sei o que sua mãe reservou pra mim amanhã. Podemos até estar brigados daqui a vinte e quatro horas.

— Minha mãe não chega a esse ponto — garantiu Nicolas. — Ela não tem forças suficientes para nos separar.

— Espero mesmo que seja assim — Miah se sentou sobre o tapete e contemplou o rosto de Nicolas. — O que você queria me dizer, afinal?

— Quero ver o que você guarda naquela caixinha de madeira embaixo de sua cama — disse Nicolas, ainda deitado sobre o tapete, no chão da sala.

— Vai começar a desconfiança de novo? — ela passou as mãos pelos cabelos mal cortados. — Acho que nossa briga vai começar bem antes de vinte e quatro horas.

— Não tem por que brigarmos — ele também se sentou e beijou o queixo da namorada. — Vamos, Miah, precisamos confiar um no outro. Acho que nos amamos além dessa etapa, não acha?

Ela assentiu e ficou de pé. Nicolas lançou um olhar embevecido para a nudez de Miah, perfeita e sensual, enquanto ela seguia para o quarto. A lâmpada foi acesa e ela apontou para a cama com ar exausto.

— Acho que é preciso acabarmos logo com isso — Miah cruzou os braços. — A caixa está aí embaixo e as chaves estão na segunda gaveta da cômoda atrás de você.

Nicolas abaixou-se e pegou a caixinha, colocando-a sobre a cama. Ele encontrou as chaves no local informado por Miah e destrancou os dois cadeados pequenos. Ela prendeu a respiração, quando Nicolas levantou a tampa de madeira.

— Esse é o meu segredo — Miah revelou com voz sussurrada. — Era isso o que eu escondia de você.

Atônito, ele observou alguns documentos dobrados, contas antigas já quitadas e o contrato de compra do apartamento dela. Não viu nada suspeito ou estranho. Eram apenas documentos comuns.

— E então? Não vai me dizer nada? — perguntou Miah.

— Por que você tranca esses documentos com dois cadeados? Não vi nada de errado com eles.

Miah apertou os lábios e se sentou na cama, alisando um dos papéis.

— Meu padrasto tinha essa mania de trancar as contas que não haviam sido pagas de maneira que ninguém as descobrisse — explicou Miah. — Ele era caloteiro e nunca as pagava em dia. Trancava todas em um cofre de ferro, porque tinha vergonha de que alguém visse e o fizesse passar vergonha. Ele se considerava um homem perfeito e não ficaria bem para sua imagem de bom samaritano se os amigos e vizinhos soubessem que ele não era nada daquilo que aparentava. E eu, como fui criada por ele, herdei suas manias — Miah sorriu —, mas pelo menos eu honro minhas obrigações e pago tudo em dia. Ou pagava enquanto estava empregada.

— Você tinha dito que aqui dentro havia apenas recortes de jornais sobre a morte dele. Por que mentiu?

— Porque eu achei que, se dissesse a verdade, você me chamaria de louca — balbuciou Miah, de cabeça baixa.

— Você não pode seguir o modelo de uma pessoa que lhe fez tanto mal, Miah — alertou Nicolas, sentando-se ao lado da namorada e tomando-lhe as mãos com carinho.

— Não é fácil superar um trauma. Ele me fez muito mal, mas de certa forma me ensinou algumas coisas úteis. Eu repito suas manias automaticamente e nem me dou conta disso — lentamente, Miah recolocou suas contas de volta na caixinha e trancou-a novamente com os dois cadeados. — Eu não queria que você tocasse nesse assunto, porque me traz lembranças dolorosas. Era por isso que eu evitava falar sobre essa caixinha. Explicar tudo isso é reviver a vida ao lado do meu padrasto e isso ainda me machuca. Desculpe-me se eu pareci mentirosa em algum momento, Nicolas.

Ele sorriu, instantaneamente arrependido por ter duvidado de Miah e feito a namorada se recordar de sua vida com o padrasto cruel. Fatos ocorridos no passado das pessoas ferem, magoam e traumatizam, e Nicolas imaginou que algo assim deveria ter acontecido com a pessoa que estava cometendo os crimes na cidade. Só que, diferente de Miah, que sofria em silêncio, essa pessoa levara sua vingança adiante, fazendo os outros pagarem com a própria vida.

— Sou eu quem lhe deve desculpas. Acho que quis invadir mais do que sua privacidade, Miah. Talvez eu jamais tenha esse direito.

Miah sorriu e o beijou. Nicolas guardou a caixinha de volta debaixo da cama e atirou as chaves sobre a cômoda, enquanto aumentava a intensidade do beijo. Eles tornaram a se amar na cama e, quando finalmente se saciaram, ele repetiu que a amava e adormeceu.

Miah ainda permaneceu alguns minutos acordada. Olhou para Nicolas ao seu lado e sorriu. Ela também o amava e era grata por ter encontrado um homem como ele, mas se sentia mal ao pensar que estava enganando-o. Ele era bom demais para ser tapeado e ludibriado por ela, mas não havia outro jeito. Seu verdadeiro segredo continuaria muito bem guardado até o dia em que ela morresse.

Miah já sabia que Nicolas, quando chegasse a seu apartamento, voltaria a falar sobre a caixinha. Ela fora rápida e retirara de dentro da caixa tudo o que escondia e trancara em outro lugar mais seguro. Em seu lugar ela colocara os boletos pagos e inventara a história de que seu padrasto era caloteiro. Miah também se sentia mal quando se via obrigada a falar mal de seu padrasto, um homem que vivera para amá-la e protegê-la, como se fosse seu próprio pai.

Já inventara muitas outras mentiras para Nicolas e para os amigos. Também mentira para conseguir seu emprego de jornalista no Canal local quando chegara à cidade, embora ela realmente tivesse formação em jornalismo. Era tarde demais para revelar a verdade e sabia que não haveria conserto se um dia o fizesse. Nicolas jamais a perdoaria e seu fim, como o de todas as pessoas que fazem o que ela fizera, seria a prisão. E pensar que poderia ser levada para a cadeia pelas mãos do próprio Nicolas era o que mais a apavorava.

Miah procurou afastar os pensamentos e mentalmente pediu perdão a Deus pelo que estava fazendo, mas mesmo que Ele a ouvisse, ela duvidava que pudesse ser perdoada. O que fizera ia além de qualquer possibilidade de perdão. A repórter se aninhou junto ao corpo de Nicolas e fechou os olhos aos poucos, enquanto o sono a dominava.

Pela primeira vez em muito tempo, ele sentia-se cansado. Não sabia o motivo daquela exaustão que o deixava tão desanimado. Era como se ele não se sentisse mais motivado a prosseguir com as torturas dos prisioneiros, que clamavam por piedade e liberdade das profundezas das masmorras gélidas e escuras. Sabia que, por mais que os pressionasse, ninguém o informaria sobre o paradeiro de Angelique.

Sebastian entrou em seus aposentos e olhou ao redor. Lá havia apenas uma cama e móveis de madeira simples. De sua janela, era possível contemplar a imensidão das campinas de beleza luxuriante, embora à noite tudo se tornasse um imenso tapete negro. Ele sabia que, além daquelas montanhas imensas, das florestas cheias de vida e dos domínios da Igreja, em algum lugar Angelique se escondia. E provavelmente estava preparada para reencontrá-lo.

Ele despiu-se das armaduras e pôs a espada, sua eterna companheira, sobre uma mesa de pernas tortas. Com movimentos calculados, Sebastian vestiu o traje de dormir e analisou-se. Sem todos os aparatos ou acessórios de inquisidor, ele se transformava em um homem comum, longe da imagem do guerreiro violento e sanguinário que ele era. Agora, Sebastian era apenas um homem jovem que contemplava a vista pela janela enquanto se trocava.

Houve uma leve batida à porta, e uma criada jovem e bonita entrou nos aposentos de Sebastian. Ele já a levara para a cama diversas vezes, assim como fizera com quase todas as mulheres que habitavam os domínios do castelo dos cardeais em que ele residia. Algumas tinham medo dele, outras fingiam sentir prazer, outras lhe faziam juras de amor. Sebastian sabia que nenhuma delas realmente o amava, assim como ele também não as amava. Não sabia o que era amor, porque desconhecia esse sentimento. Nunca pudera experimentá-lo antes. Para ele, o que realmente existia eram as regras morais e cívicas ditadas pela Igreja. Quem não estivesse de acordo com tais regras era considerado um herege e a heresia era castigada com a morte, que muitas vezes era causada pelos mais diversos tipos de tortura ou pelas chamas fortes da fogueira, quase sempre montadas em praças públicas.

— Aqui está seu caldo de todas as noites, senhor — murmurou a criada em tom respeitoso depositando uma tigela sobre a mesa, ao lado da espada.

Sebastian apenas fez um gesto de assentimento com a cabeça.

— Deseja algo mais de mim, senhor? — perguntou a criada com voz sensual, enquanto piscava seus belos olhos verdes sedutoramente.

— Como se chama, jovem? — Sebastian perguntou, e ela se surpreendeu.

— Belle, senhor — respondeu a moça em tom cortês.

— Está dispensada, Belle. Pode retirar-se.

A jovem fez uma reverência e saiu dos aposentos de Sebastian. Se quisesse, poderia tê-la levado para a cama e se deleitado com o corpo da criada por muitas horas, porém estava cansado e indisposto. Nem os prazeres da carne o seduziam mais. Reflexivo, ele tornou a olhar pela janela, como se esperasse que alguém aparecesse ali. Sabia intimamente, embora lutasse para não aceitar, que estava pensando nela. Lembrava-se da noite em que eles finalmente ficaram cara a cara, olhos fitando olhos, ódio se mesclando com ódio. Ele a odiava pelo que ela era e sabia que era odiado pelo que fizera com seu povo. No entanto, ele tinha o apoio dos tribunais da Inquisição, que estava se proliferando sobremaneira, pois mais seitas heréticas estavam sendo descobertas, mais pessoas estavam cometendo atos pecaminosos e, por essa razão, estavam sendo perseguidas e capturadas pelos inquisidores. E a Igreja continuava mantendo seu domínio sobre o mundo.

Sebastian voltou os olhos para a lua redonda e prateada, que brilhava no céu como uma joia de Deus. Depois, ele caminhou devagar até sua cama e se deitou. Ao amanhecer, um novo dia surgiria e com ele novas chances de conquistar seu maior desafio. Cedo ou tarde, Angelique morreria pela lâmina de sua espada. Essa era a sua missão e ele não ficaria em paz enquanto não a concluísse.

Capítulo 33

O sábado amanheceu chuvoso e a primeira coisa em que Nicolas pensou foi no aniversário da mãe. "Se o tempo no Rio estiver assim também, a chuva vai estragar a decoração de Thierry, além de afastar a maior parte dos convidados", ele pensou a caminho da delegacia.

Pouco antes de chegar, a chuva intensificou-se. Nicolas havia tomado café da manhã com Miah e resolveu passar em uma lojinha de conveniência para comprar algumas guloseimas a fim de comer no avião. Quem sabe se ficasse distraindo o estômago, seu medo de altura pudesse ser suprimido.

Nicolas fez o desvio para a direita e estacionou ao lado de uma das bombas de gasolina do posto. Imediatamente, um simpático frentista se prontificou a abastecer o carro, e Nicolas saiu do veículo.

— Bom dia! — cumprimentou o atendente. Ao encarar melhor Nicolas, o reconheceu. — Bom dia, senhor Bartole! Minha mãe virou sua fã depois que o senhor solucionou os crimes no mês passado.

— É mesmo? Mande um beijo grande para sua mãe — na falta de algo melhor a dizer, Nicolas indicou o carro: — Pode encher o tanque, por favor? Vou até a lojinha comprar algumas coisas e lhe pago na volta.

— *Xá* comigo, senhor Bartole. Nossa, minha mãe não vai acreditar quando eu disser que falei com o novo investigador da cidade! — murmurou o frentista para que Nicolas escutasse.

Ele não respondeu, mas sorriu, sentindo-se praticamente uma celebridade. "Quem sabe eu até possa distribuir uns autógrafos por aí", pensou Nicolas, bem-humorado.

Na lojinha de conveniência havia apenas um casal de idosos, um adolescente de boné e a atendente responsável pela loja parada atrás do caixa, no balcão. Nicolas apanhou uma cestinha e colocou dentro dela balas, chocolates, salgadinhos, refrigerantes, biscoitos recheados e tortinhas de morango.

"Espero que o frentista não me veja agora, ou sua mãe ficaria decepcionada se visse minhas compras", refletiu.

O casal de idosos já havia ido embora, e o adolescente trocava algumas palavras com a moça do caixa, enquanto Nicolas refletia se deveria levar rosquinhas de coco também. Na dúvida, o investigador colocou o pacote na cestinha e se aproximou do adolescente. Foi quando viu o cano do revólver apontado para o peito da moça, que mal conseguia disfarçar o terror.

— Vai passar a grana ou não, sua idiota? — resmungou o assaltante. Quando ele virou o rosto, Nicolas notou que ele estava drogado até a alma.

— Já disse que abri o caixa agora. Tenho apenas cinquenta reais, que é todo o meu troco — sussurrou a jovem, dirigindo um olhar de súplica para Nicolas. — Hoje o movimento começou fraco por causa da chuva. Sinto muito.

— Sente nada. Não vou repetir. Quero toda a grana e grana alta, porque sei que você tem mais em algum lugar!

— Você quer dinheiro para comprar mais drogas? — indagou Nicolas, colocando a cestinha sobre o balcão. — Não acha que já está chapado o suficiente?

O adolescente o encarou com olhos vermelhos e parados.

— Cala a tua boca, "Zé". Finge que não tá vendo nada disso, senão sobra pra você também.

— Com essa arma de brinquedo você não me assusta — provocou Nicolas, embora já tivesse reconhecido que a pistola era tão verdadeira quanto o medo da lojista.

— Quer levar um tiro na pança para ver se é brinquedo? — ele desviou a arma para Nicolas, que reparou que o menino não tinha nem quinze anos. "Malditas drogas que fazem isso com as pessoas", pensou Nicolas.

Em um gesto rápido, Nicolas estendeu a mão para frente e, num puxão repentino, arrebatou a arma do adolescente. Em seguida, ergueu a blusa para que o menino pudesse ver seu revólver preso no cinto da calça.

— Você é um menino muito chatinho, que faz coisas feias como assaltar essa trabalhadora — avisou Nicolas.

O garoto tentou correr na direção da porta de saída, mas Nicolas o imobilizou pelo capuz da blusa.

— Não precisa sair a pé. Vou conseguir um carro exclusivo para levá-lo daqui — o investigador olhou para a atendente. — Chame, por favor, uma viatura e diga que o investigador Nicolas Bartole também está aqui.

— Oh, céus — murmurou a apavorada mocinha, correndo para cumprir a ordem.

O menino continuava se debatendo.

— Eu não gostei de você ter me chamado de "Zé" e muito menos de dizer que ia atirar na minha pança. Saiba que eu me orgulho da minha barriga, que não tem nem um dedinho de gordura. Minha namorada diz que é tanquinho. E por isso eu deveria lhe dar uma boa surra, mas vou deixar essa função para seu pai.

— Seu cavalo! — xingou o jovem ladrãozinho, tentando se livrar da pressão de Nicolas, que puxava seu capuz para trás, quase o enforcando. — Vai defender a mãe no inferno!

— E vou mesmo, mas vai ser num lugar melhor do que o inferno. O que acha do Rio de Janeiro? — debochou Nicolas.

O menino proferiu uma série de palavrões e só se conteve quando ouviu a viatura chegar. Os dois policiais, que haviam participado da operação no museu, sorriram para Nicolas, que apontou para o meliante.

— Enfiem esse menino na escola, mas digam para o pai dele lhe dar uma boa sova antes e procurar afastar o filho das drogas. Essa arma estava com ele.

— Vou transar com sua mãe! — insultou o garoto, olhando furiosamente para Nicolas e mostrando o dedo do meio.

— Vou dizer isso a ela hoje à noite. Se ela topar, marcaremos o encontro — prometeu Nicolas, sorrindo com sarcasmo.

Depois que os policiais saíram com o garoto, a jovem olhou para Nicolas, que sorriu como um menino levado.

— E aí? Não vai ensacar minhas compras?

―――――

Quando entrou na delegacia, a chuva havia dado uma trégua, porém um vento frio típico de inverno entrara em cena. Moira cumprimentou Nicolas e avisou:

— Estou com minha mala pronta. Mike conseguiu um carro emprestado para nos levar até o Rio de Janeiro.

— Excelente, Moira. Vocês já deveriam estar na estrada, não acha? São muitas horas de viagem.

— É que o doutor Elias ainda não chegou para nos dispensar. Assim que ele nos liberar, vamos embora.

— Bartole! — gritou Mike, pulando e agitando os braços. — Finalmente chegou o grande dia! Arre égua, nem dormi essa noite só pensando na viagem.

— Mike, nós não vamos passar uma semana fora. É apenas uma noite, pois amanhã temos que estar de volta.

— Não importa. E quem disse que eu vou dormir? Galera do Rio, me aguarde! Preciso curtir todos os eventos badalados da cidade. Vou passar a noite na orla, andando nu como Adão. Quem sabe eu encontro minha Eva por lá?

— A Eva eu não sei, mas é bem provável que encontre alguns policiais para prendê-lo. E não fica bem para um dos policiais que trabalham comigo ser detido — Nicolas suspirou. — Já bastou o Oswaldo no mês passado.

— Será que também está chovendo lá? — quis saber Moira.

— Espero que não. Daqui a pouco, vou telefonar para minha mãe em busca de notícias meteorológicas — avisou Nicolas. — Aí vem o doutor Elias.

De fato, Elias entrava naquele momento e agitou o guarda-chuva antes de entrar na recepção.

— Bom dia a todos! Está chovendo de novo. Novidades?

— Bom dia! — respondeu Nicolas. — Eu só prendi um drogado mirim, que estava assaltando uma loja de conveniência. Fora isso não tem mais nada.

— Quantos assaltos! — comentou Mike. — Nossa cidade já não é como antes. Está ficando muito agitada. Posso até resolver morar definitivamente no Rio de Janeiro. Pelo menos lá tem o Pão de Açúcar, o bondinho, as praias fantásticas... Aliás, doutor Elias, Moira e eu já podemos ir embora?

Elias não pôde deixar de sorrir.

— Sim, já podem sair. Façam boa viagem.

Mike abriu um imenso sorriso, e Moira apenas agradeceu com a cabeça, mantendo a mesma expressão fechada de sempre. Instantes depois, os dois sumiam de vista e Nicolas brincou:

— Parecem crianças.

— Eu acho que todos nós, em algum momento, parecemos crianças — concordou Elias. — Vamos à minha sala?

Nicolas o seguiu e, assim que se acomodaram, Elias avisou:

— Eu pretendo ir até a academia conversar com Edna. Ela saía com Henrique e seu nome constava na agenda dele como cliente preferencial. Quem sabe ela possa nos dar mais informações.

— Sim, eu estava mesmo pensando nisso. Como hoje meu dia será corrido, vou agora ao Canal local conversar com o pessoal de recursos humanos. Quero todas as informações possíveis sobre Sabrina Dasso e seu papel em nossa investigação. Pretendo voltar a falar com Lucas e Rafael. Talvez eles caiam em alguma contradição que possa nos ajudar no caso. Ah, ontem à noite a doutora Ema me telefonou dizendo ter encontrado resíduos de pele sob a unha de Pablo e acrescentou que os resultados só estarão disponíveis na próxima semana.

— Esses laboratórios são uma porcaria — criticou Elias. — Nunca estão do nosso lado. A Praça Braga Queiroz, local onde o assassino avisou que faria a próxima vítima, já está sob vigilância desde a madrugada de hoje. Os policiais já foram informados de que devem deter qualquer pessoa que lhes pareça suspeita, principalmente se for uma freira.

Nicolas sorriu:

— O disfarce de freira não será mais usado, Elias. Ele não é tolo para criar uma armadilha para si mesmo.

No entanto, ele pode usar outro tipo de disfarce. E, se nossos cálculos estiverem certos, o próximo crime está previsto para hoje — Nicolas colocou as mãos sobre a mesa de Elias e juntou-as. — Eu queria tanto pegar esse cara antes de viajar! Iria com a cabeça leve e tranquila.

— Seria um presente para o nosso fim de semana. Agora acho melhor nos separarmos, já que o tempo está passando — determinou o delegado. — Vamos nos encontrar para almoçarmos juntos, se até lá não surgirem novidades.

— Com certeza. Até mais tarde, Elias — despediu-se Nicolas, retornando ao carro. Para sua preocupação, estava chovendo bem forte outra vez.

Capítulo 34

Nicolas parou diante da mesma recepcionista da sede do Canal local, quando fora até lá à procura de Miah. A mulher sorriu para o investigador com dentes muito brancos.

— Desta vez quem o senhor procura? — ela perguntou, de forma amável e solícita.

— Quero falar com o responsável pelo departamento de recursos humanos.

— Claro. Pode me adiantar o assunto?

— Não, não posso — respondeu Nicolas secamente.

A mulher o olhou por alguns segundos, deu de ombros e fez uma chamada. Murmurou algumas palavras num tom tão baixo que Nicolas não entendeu nenhuma palavra. Quando desligou, informou:

— Seu Augusto quer saber qual o motivo de sua visita. Disse que, se for algo relacionado ao emprego de dona Miah, ele não mudará de opinião.

Nicolas ficou irritado e falou entredentes:

— Avise ao seu Augusto que se trata de uma investigação policial e que não tem nada a ver com Miah. Se ele não quiser me receber aqui, terá que prestar depoimento na delegacia. Eu vou conversar com ele em qualquer um dos dois lugares.

A moça assentiu, tornou a interfonar e a murmurar algumas palavras em voz baixa. Por fim, disse a Nicolas que ele estava autorizado a falar com Augusto.

— Muito obrigado. Você é muito gentil — Nicolas agradeceu, após ela lhe informar o andar do setor de recursos humanos.

Quando chegou diante da sala, o investigador bateu na porta, e uma mulher magricela, com cabelos mal tingidos de loiro, a abriu.

A mulher, mal humorada, olhou para o visitante e não disse nenhuma palavra. Apenas lhe indicou um sofá, mas Nicolas não se sentou. A mulher tornou a apontar para o sofá, e ele balançou a cabeça negativamente.

— Você é muda? — ele perguntou. — Ou surda?

Ela corou até a raiz dos cabelos, e Nicolas soube que a mulher escutava bem.

— Pode se sentar e aguardar — disse ela por fim. — Seu Augusto tem algumas coisas mais importantes para resolver. Assim que terminar, o senhor poderá falar com ele.

— Não vou me sentar nem aguardar. Quero falar com ele agora, pois também tenho outros afazeres — irritado, Nicolas sacou a identificação policial e mostrou para a mulher.

Ela sacudiu a cabeça negativamente.

— Sinto muito, mas não adianta teimar. Seu Augusto não poderá atendê-lo agora, pois está...

— Dá licença — cortou Nicolas, empurrando a mulher para o lado e avançando para o fundo da sala.

— Ei, não ouviu o que eu disse? — a mulherzinha correu atrás de Nicolas. — Não pode entrar aí sem autorização.

— Acho melhor chamar a polícia pra mim — retrucou Nicolas, abrindo a única porta que havia no final da sala.

Não ficou nem um pouco surpreso quando viu o homem magro e distinto digitando algo em um computador. Havia uma fileira imensa de arquivos de ferro ao lado da mesa dele.

O homem relanceou o olhar de Nicolas para sua secretária e não parecia estar feliz.

— Eneide, quais foram as ordens que lhe dei?

— O senhor prefere conversar aqui ou na delegacia? — interrompeu Nicolas. — Porque para mim tanto faz.

— Não me diga que sou suspeito de alguma coisa.

— Quem não deve não teme. Preciso apenas de um favor seu. Se me ajudar, prometo não demorar.

Augusto concordou com a cabeça e dispensou Eneide, que fechou a porta atrás de Nicolas. Claro que ele já ouvira falar do famoso Bartole, namorado da melhor repórter que sua emissora já conheceu. Momentos antes de Nicolas chegar, ele se reunira com o presidente e a direção do Canal local. Estavam bastante preocupados com a audiência de seus programas, que vinha caindo dia a dia desde a saída de Miah. Lamentavelmente, Sabrina e os demais repórteres estavam perdendo todos os telespectadores para os canais concorrentes. A demissão de Miah já estava saindo caro e sendo prejudicial ao canal.

— E então? O que o senhor deseja?

— O senhor, como chefe do departamento de recursos humanos, controla todas as documentações de seus funcionários. Preciso da ficha de Sabrina Dasso, pois ela está relacionada à minha investigação.

— De que forma?

— A forma não importa. Quero que o senhor me conceda essas informações sobre ela agora.

— O senhor sabe que, para isso, precisaria de um mandado — alertou Augusto empinando o nariz.

"Só me falta ele fazer como o diretor gorducho", pensou Nicolas, disfarçando a raiva. "Que gente chata!".

— Eu posso fazer o que me pede agora, se o senhor fizer algo em troca para mim.

Nicolas ergueu as sobrancelhas, desconfiado.

— E o que quer?

— Quero Miah Fiorentino de volta. Todo o Canal local a quer de volta. Eu estava irredutível, mas, confesso, admitimos que foi um erro irreparável demiti-la, mas estamos disposto a consertá-lo. Vou lhe dar a ficha de Sabrina, desde que convença Miah a voltar.

— Miah está recebendo várias propostas das demais emissoras — mentiu Nicolas. — Só que ela ainda não se decidiu em qual delas vai trabalhar. Por que ela deveria voltar pra cá?

— Porque Miah é o coração do nosso jornal. Confesso ao senhor que Sabrina foi uma aposta errada que nós fizemos. Só não vá dizer isso a nenhuma das duas,

Nicolas sorriu, e Augusto retribuiu o sorriso. Já não estava mais nervoso ou irritado com a presença de Nicolas ali, que, aliás, poderia lhes ser de grande utilidade.

— Vou ver se consigo convencer Miah a voltar para cá. Vocês devem muitas desculpas a ela por essa demissão tão repentina. E, agora, poderia me entregar as informações sobre Sabrina?

No carro, Nicolas analisou as cópias dos documentos que Augusto lhe fornecera. Como ele já imaginava, Sabrina estava com vinte e seis anos. Era divorciada e morava sozinha. Estudara durante toda a sua infância no colégio de Antero, mas apenas por três anos com Tamires, Pablo e Henrique.

Lembrando-se de algo importante, Nicolas retornou à recepção e indagou à recepcionista novamente.

— Pode me localizar Sabrina Dasso?

A moça balançou a cabeça negativamente.

— Ela não está.

— Sabe se ela foi fazer alguma reportagem? Ela saiu com o carro da emissora?

— Ela saiu sozinha, depois de passar por mim e pagar uns produtos de beleza que eu lhe vendi. Sabrina é muito vaidosa, sabe? Valoriza tanto o rosto quanto o corpo. Ela disse que estava indo até uma praça encontrar-se com alguém conhecido.

Todos os instintos de Nicolas entraram em ebulição.

— Ela disse com quem estava indo conversar? Há quanto tempo ela saiu?

— Ela não disse nada. E já saiu há uns vinte minutos.

— Como faço para chegar à Praça Braga Queiroz?

— Fica a uns dez minutos de carro daqui — ela traçou um roteiro básico de como Nicolas chegaria lá.

O investigador agradeceu e disparou de volta ao carro, dando partida rapidamente. Pegou o rádio e entrou na frequência do delegado.

— Elias, direcione todas as unidades para a Praça Braga Queiroz. Nosso assassino deve estar lá agora. E peça vigilância redobrada para a repórter Sabrina Dasso. Acredito que ela também esteja indo para lá.

Elias nem perdeu tempo fazendo perguntas enquanto ia cumprir a ordem. Nicolas pisou fundo no acelerador, seguindo em alta velocidade pelo caminho informado pela recepcionista.

Sabrina Dasso finalmente parou ao lado da fonte na Praça Braga Queiroz e olhou para todos os lados, como se estivesse à procura de alguém. Nas mãos havia uma sacola de plástico preto. Estava nervosa diante do que seria feito. Não havia outra opção e ela sabia disso.

Duas crianças que pedalavam bicicletas com rodinhas passaram diante de Sabrina, rindo alegremente.

Um casal de namorados perguntou-lhe as horas e ela informou sem perder de vista as pessoas que passavam à sua volta. Ainda não vira quem procurava, mas sabia que seria fácil reconhecer quando visse.

Sabrina se aproximou de um carrinho de cachorro-quente e tornou a girar o corpo, olhando em volta. A praça era imensa, a segunda maior da cidade. O local combinado para o encontro era ali, diante da fonte. A repórter chegara no horário, mas a pessoa que ela aguardava já estava se atrasando. E Sabrina não podia se demorar, pois tinha muitas coisas a fazer na emissora no decorrer do dia.

Mais dois minutos se passaram e Sabrina recuou até ficar sob uma imensa figueira, já que havia recomeçado a chover. Aos poucos, ela percebeu que as pessoas foram se retirando dali, afinal, como desfrutar da tranquilidade de uma praça debaixo de chuva?

Ao longe, ela ouviu as sirenes de uma viatura. Virou o rosto para a esquerda e ouviu mais sons vindos dali. Seria a polícia? Eles estariam vindo na direção da praça? E se estivessem à sua procura? Não, não era possível que eles soubessem. Algo diferente estava acontecendo, e ela precisava se inteirar do assunto para retransmitir as informações à emissora.

Sabrina se afastou alguns passos, quando ouviu seu nome ser chamado às suas costas. Ela se voltou e sorriu.

— Até que enfim você chegou. Não aguentava mais esperar.

Capítulo 35

Nicolas deteve seu carro rangendo os pneus. De um salto, pulou para o chão com a arma em punho. Para ajudar, a chuva estava engrossando. Ele tornou a contatar Elias.

— Onde você está, Elias?

— Estou no lado leste da praça. Uma viatura está cobrindo o lado norte e outra o lado oeste. Estamos entrando na praça neste momento. Ainda não vimos nada suspeito.

— Essa praça é imensa — reparou Nicolas, sem deixar de correr. A água gelada da chuva escorria por sua cabeça e empapava sua roupa. — Ocupa mais de duas quadras.

— É verdade. Tem bastante lugar para se esconder — informou Elias com voz ofegante, sinal de que também estava correndo. — Há muitas árvores aqui. Ainda não vi Sabrina ou algum suspeito.

As gotas da chuva engrossaram, e Nicolas resmungou:

— Estou próximo de uma plantação de florezinhas amarelas, cujo nome desconheço. Você saberia me informar a minha posição?

— Você está cobrindo a entrada sul. Sinal de que cercamos a praça — Elias arfou por alguns segundos, enquanto recuperava o fôlego. — Estou chegando ao centro da praça. Não vimos nada suspeito até agora. A praça está ficando vazia por causa da chuva. Há a possibilidade de o criminoso ter desistido do seu intento.

— Ele não desistiu. Está aqui, eu tenho certeza — garantiu Nicolas. — Vamos correr, Elias. Nós vamos pegá-lo.

Sem que sua vítima percebesse, uma dose de sonífero foi adicionada à bebida. Parecia estranho marcar um reencontro em plena praça pública debaixo de chuva. Por outro lado, de certa forma, soava como algo romântico. Agora que já estavam ali, não havia como ir embora.

— É estranho beber vinho neste horário — sussurrou a pessoa que estaria morta dentro de poucos instantes, levando a taça de vinho aos lábios enquanto notava a sacola. — O que você está trazendo aí, além da garrafa de vinho?

A mão enluvada buscou algo dentro da sacola, de onde retirou uma bela pomba branca com asas abertas, naturalmente produzida em madeira.

— Que linda pombinha! É para mim? — mas o sonífero já estava começando a fazer efeito, o que lhe explicava a súbita tontura e a sensação de fraqueza no corpo.

— Sim, é para você. Trouxe algo mais na sacola. Você gosta de pesos de academia?

Elias Paulino, embora fosse delegado há muitos anos, não se lembrava de quando correra tanto quanto agora. Ele percebeu que estava completamente fora de forma e que seria preciso uma dose extra de energia para que seu corpo suportasse tanto esforço físico. E com a chuva caindo, deixando o piso escorregadio e as roupas pesando no corpo, as dificuldades aumentavam. Ele lamentou ter dispensado Mike e Moira, que, naquele momento, já deveriam estar longe, na estrada.

"Eles estão indo se divertir, enquanto eu estou aqui, procurando um louco com uma pombinha na mão debaixo desse aguaceiro todo", pensou Elias, irritado. Dois policiais, que haviam coberto a entrada norte da praça, lhe comunicaram via rádio que não tinham visto ninguém, salvo dois meninos que brincavam felizes no aguaceiro, certamente se sujeitando a uma forte gripe ou algo pior.

— Mantenham-me informado — ordenou Elias, notando um vulto vindo pelo lado esquerdo. Ao apontar sua arma, os dois policiais que seguiam ao seu lado o imitaram. No instante seguinte, ele abaixou o revólver quando viu Nicolas surgir correndo em seu campo de visão, com a arma em punho.

— Nada? — perguntou Nicolas, assim que se encontraram.

— Está tudo vazio — informou Elias. — O povo correu da chuva.

O rádio de Elias tornou a emitir um bipe. Ele atendeu.

— Estamos vendo dois suspeitos a uns cem metros da fonte central — informou a voz pelo rádio. — Eles estão bebendo algo em uma taça. E um dos indivíduos é uma mulher.

— É Sabrina! — gritou Nicolas. Num súbito impulso, ele arrancou o rádio das mãos molhadas do delegado. — Aqui é o investigador Bartole falando. Quero que vocês detenham essas duas pessoas até a minha chegada e a do delegado Elias.

— Estamos a cerca de trezentos metros deles, mas estamos correndo — houve uma pausa. — Fomos vistos.

— Corram — berrou Nicolas, disparando em alta velocidade na direção apontada por Elias. — Não os deixe escapar.

Houve uma nova pausa e, dessa vez, foi o policial quem gritou pelo rádio.

— Está golpeando a cabeça! Oh, Deus, Bartole, o corpo caiu no chão!

— Quem? Quem? — repetiu Nicolas, apertando o rádio com violência. Elias corria atrás dele, mas já estava a muitos metros atrás.

Não houve resposta. Nicolas corria tanto quanto podia e pisou em umas folhas molhadas. Num segundo, viu o mundo girar, enquanto caía de costas no chão. Sua cabeça bateu no concreto, como um coco que despenca de um coqueiro.

— Maldito seja! — resmungou Nicolas, levantando-se. Elias o alcançou, parou e tentou ajudá-lo a se levantar, mas o investigador apontou para frente. — Vá, Elias, não pare! Eu estou indo logo atrás.

Contendo as dores na cabeça, Nicolas chutou as folhas que o derrubaram e continuou correndo. A chuva continuava lavando seu rosto, como um gigantesco chuveiro de água fria. Ele abaixou a cabeça, tanto para aliviar as dores quanto para ganhar velocidade e tornou a ultrapassar Elias e seus policiais. Finalmente, avistou mais alguns policiais à frente, próximo da fonte mencionada, mas não havia sinal de Sabrina ou da pessoa que a acompanhava.

Nicolas avançou mais alguns metros com imensas passadas. Sentia seu coração batendo tão forte em seu peito que chegava a sentir contrações próximas às costelas. A cabeça latejava e as roupas encharcadas grudavam-se em sua pele.

Nicolas viu mais alguns policiais abaixados e logo notou pés esticados ao lado de uma plantação de girassóis. O investigador estremeceu ao notar que os sapatos eram femininos e ao reconhecer o corpo, cuja cabeça sangrava ao lado de um haltere e de uma pombinha.

— Droga. Que droga! Sabrina não era a assassina. Ela veio se encontrar com o criminoso. Vocês o deixaram escapar? — Nicolas resmungou.

— Dois dos nossos homens seguiram na direção oeste. Ele está indo pra lá. Sabrina não está morta. Ele não teve tempo suficiente para matá-la.

— E o que estão esperando para chamar os paramédicos? — Nicolas tornou a gritar e cutucou Elias, que finalmente conseguira chegar. O rosto do delegado estava vermelho e seus olhos arregalados.

— Elias, acompanhe Sabrina até o hospital e não se esqueça de retirar a mensagem de dentro da pombinha. E vocês, venham comigo! Precisamos cobrir a saída oeste. Como o suspeito está vestido?

— Blusa preta e capuz preto. Não pudemos ver seu rosto — informou um policial.

"A mesma roupa que usou na academia", lembrou Nicolas, já correndo em direção à saída oeste. "Ele é mesmo muito audacioso".

A cabeça de Nicolas estava explodindo, mas ele não podia se deter por causa disso. Ele observou um vislumbre de movimento cortando caminho entre as árvores e notou o capuz preto.

— Atenção, todos os policiais corram para a área da Praça Braga Queiroz — informou Nicolas pelo rádio. — O suspeito está trajando roupas pretas e fugindo entre as árvores. Creio que está seguindo pela direção sul agora. Estou a uns duzentos metros dele, que está em meu campo de visão.

Nicolas pulou a pequena mureta e adentrou a vegetação, enquanto seus pés afundavam na lama molhada. Por pouco não escorregou novamente e precisou se apoiar no tronco de uma árvore para não cair. O investigador não perdeu sua presa de vista, que pulava rapidamente entre as raízes das árvores antigas à procura de liberdade.

— Você não vai me escapar agora! — rosnou Nicolas para si mesmo. — Eu juro que não vai!

— Alvo avistado — informou uma voz masculina pela frequência aberta. — Estamos seguindo na sua direção, pela esquerda.

O vulto de preto já se aproximava da saída da praça. Num ato extremo, Nicolas apontou a arma e mirou ao redor do indivíduo, visando assustá-lo, mas a distância ainda era grande para dar um tiro seguro.

— Suspeito seguindo para a rua — tornou a informar Nicolas. — Ele está saindo da praça. Onde estão as viaturas?

— Fazendo o contorno, senhor. Não há saída pra ele dessa vez — informou o mesmo policial pelo rádio.

A distância entre Nicolas e o fugitivo era menor agora, enquanto ele refletia: "Ele encontrará alguma. Arriscou-se ao avisar que viria pra cá. Já tinha sua rota de fuga em mente. Quem é você? Como eu queria ver o seu rosto".

De repente, o vulto pareceu cair e desapareceu atrás de uma árvore. Nicolas continuou correndo e, quando chegou ao local do sumiço, viu as pegadas nas laterais de uns arbustos.

— Acha mesmo que vai fugir de mim agachado? — murmurou Nicolas. A verdade era que ele já não estava vendo ninguém.

O investigador notou as pegadas seguindo na direção da rua e, ao erguer o olhar, viu sua caça dobrando a esquina seguinte.

— Como você consegue ser tão rápido? — gritou Nicolas, como se seu oponente pudesse ouvi-lo. — Atenção, suspeito deixou a praça! Está seguindo pela rua. Virou na esquina em que há uma casa laranja.

Ele ouviu as sirenes agudas das viaturas, mas não as avistou. Sentindo as panturrilhas se distenderem em dores, Nicolas tomou fôlego e virou a esquina. Seus lábios estavam ressecados e ele já começava a achar a chuva refrescante, mas, quando olhou para frente na nova esquina, seu coração disparou.

A rua estava completamente vazia.

— Não acredito que nós o perdemos de novo — esbravejou Nicolas na delegacia. A raiva cedera espaço para o desgosto e a sensação de impotência. — Estávamos tão perto dele, Elias. Como isso foi acontecer?

— Você disse que ele sumiu do nada?

— Não havia ninguém na rua. Levamos mais de uma hora revistando as lojas que estavam abertas, mas ninguém tinha visto nada. É como se ele tivesse sido tragado pela terra.

— Sabemos que não foi. Você já sabe pelo menos qual é o sexo de nosso procurado?

— Não. O indivíduo tem compleição pequena, como disseram as testemunhas. Pode ser uma mulher sim e, se for, tem um excelente preparo físico.

— Sim! Até agora não consegui normalizar minha respiração — informou Elias, que ainda estava avermelhado. — Sabrina foi levada ao hospital. Já consegui informações sobre ela, mas não são animadoras. Ela entrou em coma, assim que deu entrada na unidade. Por ora, não poderá colaborar conosco. Sofreu três golpes violentos no alto da cabeça e por sorte ainda está viva.

Nicolas olhou para si mesmo, notando o quanto estava encharcado.

— Ele marcou um horário com Sabrina. É o que tem feito com todas as suas vítimas. Ele combina um horário e um ponto de encontro, sempre em um lugar público. Convence a pessoa a brindar algo com uma taça de bebida, misturada com sonífero. Quando os sentidos da pessoa ficam entorpecidos, ele deve murmurar algo sobre vitória ou sobre silenciar sua voz e começa a agredir a cabeça da vítima com o haltere.

— E ele fica feliz com tudo isso — resmungou Elias, furioso por terem perdido o suspeito de vista.

— Acho que não. Sua felicidade nunca será totalmente alcançada, devido aos traumas que sofreu na época da escola. Quem lhe fez mal está pagando agora com a própria vida.

— Claro. Uma vingança tardia. Que doente! — Elias sacudiu a cabeça negativamente e se lembrou: — Eu trouxe a pombinha comigo. O pessoal da perícia já a tinha me devolvido a peça porque não havia impressões digitais mesmo. Já li a mensagem da vez, mas quero ver o que você acha, Nic.

Nicolas apanhou a pombinha que Elias lhe estendia e abriu o compartimento na barriga do pássaro. Desdobrou o papel e leu:

Sabrina se calou, nunca mais vai falar.
Mais uma vez a paz vai dominar.
Restam apenas mais dois para eu silenciar.
E quando tudo isso acabar,
nunca mais vou me recordar
do crime ocorrido no último patamar.

Nicolas olhou para Elias como se esperasse uma explicação.

— Que diabos é último patamar?

— O nome de uma loja que vende escadas dobráveis. Sei disso porque fica a cem metros da minha casa — informou Elias. — Não conheço o dono, mas conheço seu filho. É um rapaz simpático...

— E jovem — completou Nicolas. — E deve ter um corpo definido.

— Sim, é isso mesmo. Será que ele é a próxima vítima?

— É quase certo que sim. Descubra o nome dele. Deve constar na lista dos alunos. Se for, estamos certos. Ele será o próximo a morrer.

— A loja não abre nos fins de semana. E não sei onde eles moram — avisou Elias, preocupado.

— Precisamos descobrir. De qualquer maneira, o próximo crime está marcado para segunda-feira, já que ele tem seguido o padrão de pular um dia. Em uma semana, tivemos três mortes e uma mulher em coma. Esse é o saldo da nossa investigação — murmurou Nicolas, em tom irônico.

— Já está ficando tarde. Você não vai viajar?

— Sinceramente, Elias, depois de tudo isso, perdi a vontade de sair daqui.

— Se você ficar, não vai mudar nada. E quem sabe até amanhã, quando você voltar, Sabrina tenha acordado do coma e possa nos dizer com quem se encontrou? O policial, que está substituindo Moira, disse que o major entrou em contato dizendo que já chegou ao Rio de Janeiro e que encontrou a casa da sua mãe. Mike e Moira também já estão quase lá. Ela me telefonou há pouco.

Nicolas concordou com a cabeça, enquanto tinha uma ideia melhor.

— Se eu for ao Rio, quero lhe deixar uma lição de casa, Elias. Preciso que investigue alguns ex-alunos que estudaram com eles. Provavelmente, essas pessoas devem se lembrar dos fatos ocorridos no passado.

— Sim, farei isso. E acho melhor você ir, Bartole. Está ficando tarde e você não pode perder seu voo. Mantenha seu celular ligado, porque vou chamá-lo se acontecer coisas novas por aqui.

— Faça isso mesmo, por favor — Nicolas se levantou e estendeu a mão para o delegado. — Obrigado, Elias. Vou tirar essa roupa molhada, buscar Miah e seguir para o aeroporto de Ribeirão Preto.

— Boa viagem! — desejou Elias, sorrindo.

Capítulo 36

Em menos de duas horas depois disso, Nicolas dirigia até Ribeirão Preto, onde pegariam o voo das quatro. Miah parecia pensativa, mas estava se contorcendo de vontade de fazer perguntas a Nicolas sobre sua investigação. No entanto, ele não lhe disse nada, nem mesmo sobre o ataque a Sabrina Dasso.

Quando finalmente entraram no estacionamento do aeroporto, Nicolas avisou:

— Não me pergunte o motivo. Hoje, eu estive na sede do Canal local e falei com um tal de Augusto.

Miah olhou vivamente para Nicolas.

— É o chefe do departamento de recursos humanos. Foi ele quem me demitiu.

— Ele disse que a quer de volta.

— O quê?

— É isso mesmo. Querem você trabalhando com eles novamente. Parece que Sabrina não conseguiu segurar seus telespectadores.

— Hum... E eles esperam que eu volte correndo? — Miah sacudiu a cabeça negativamente. — Vou pensar no caso. Não me sinto motivada a voltar.

— Histórias da carochinha só na hora de dormir, por favor — tornou Nicolas. — Todo mundo sabe que você é capaz até de ladrar, se isso lhe conceder seu emprego de volta.

Miah deu de ombros, mas não respondeu. A verdade era que não se lembrava da última vez em que recebera uma notícia tão boa. Poderia voltar a ser a apresentadora do jornal noturno e repórter de rua. Ganharia a atenção das câmeras novamente. Bastaria aceitar. E ela aceitaria.

O aeroporto não estava cheio. Eles fizeram o check-in no balcão da companhia aérea e se dirigiram à área de embarque. Momentos depois, acomodaram-se no interior da aeronave que os levaria para o Aeroporto Santos Dumont. No instante em que pisou no avião, Nicolas sentiu a primeira taquicardia. Miah tranquilamente se acomodou na poltrona da janela, e Nicolas, após colocar a mala de mão no compartimento sobre os assentos, sentou-se ao lado da namorada.

— Eu adoro viajar de avião — comentou Miah, observando a movimentação pela janela. — E você?

Não houve resposta.

— Quando cruzamos as nuvens, experimentamos uma sensação de liberdade. Estar no ar é algo impressionante, não acha? — perguntou Miah, acompanhando o trabalho dos funcionários do aeroporto que travavam o bagageiro do avião.

Novamente, não houve resposta.

Intrigada, Miah voltou o rosto para Nicolas, que estava com os olhos fechados, a cabeça encostada no assento e os lábios se movendo devagar, como se estivesse rezando.

— O que você está fazendo? Não me diga que está com medo.

Silêncio.

— Nicolas — Miah o cutucou no ombro —, você está pálido! Está se sentindo bem?

Ele abriu os olhos, mas não a encarou.

— Sim, só estou fazendo uns cálculos mentais sobre as próximas etapas da minha investigação. Falta muito para decolarmos?

— Acho que sairemos agora — informou Miah.

De fato, o comandante anunciou a decolagem segundos depois, e, enquanto o avião taxiava pela pista, Nicolas esfregava as mãos uma na outra, como se desejasse esquentá-las.

— Algumas pessoas sentem medo de viajar de avião... — comentou Miah, olhando através da janela novamente. — Será que é medo de morrer? Engraçado que há pessoas que fazem coisas muito mais perigosas e arriscadas, não têm medo de nada... mas, ao pensarem em viajar de avião...

Como Nicolas continuou com os olhos fechados e em silêncio, Miah apenas sorriu e ficou atenta à janela.

Cinco minutos depois, as poderosas turbinas do avião começaram a rugir, enquanto Nicolas sentia que seus órgãos internos estavam trocando de lugar. Quando o avião saiu do chão, o rosto do investigador estava tão pálido quanto o de um cadáver e seus lábios apertados formavam uma linha branca. Miah jurou ter visto suor brilhando nas têmporas do namorado.

— E eu que pensava que nada neste mundo pudesse amedrontar o temível Nicolas Bartole! — provocou Miah.

— Calada — resmungou o investigador, cuja respiração estava tão acelerada quanto seus batimentos cardíacos.

— Você procura os criminosos em suas tocas, mas fica tremendo dentro de um avião — continuou Miah, sarcástica.

— Fique quieta — rosnou Nicolas.

— Os valentões podem se revelar, às vezes, os mais medrosos.

— Cale a boca — ele ameaçou, enquanto baixava as mãos para a poltrona e cravava as unhas com força ali.

Ela apenas sorriu. "Realmente só conhecemos as pessoas quando convivemos com elas", pensou Miah, bem-humorada. E ignorando Nicolas e seu medo crescente, ela encostou o rosto na janela e observou a cidade desaparecer aos poucos sob as nuvens.

"Era para ter dado certo, não fosse a intervenção daquele maldito investigador", pensava o assassino. Ele sabia que não havia conseguido silenciar a voz de Sabrina como estava programado. Ela escapara com vida e, mesmo tendo sido levada ao hospital, como já descobrira, a repórter iria se recuperar e sair praticamente ilesa. Teria que recomeçar tudo outra vez, o que seria trabalhoso, cansativo e principalmente doloroso, muito doloroso.

Seus olhos opacos fixaram os retratos grudados à parede. Os rostos de Tamires, Henrique e Pablo haviam sido riscados, mas o rosto de Sabrina permanecia intacto. Não era justo que ela ainda sobrevivesse. Não depois de tudo que ela lhe fizera na companhia dos outros.

Durante aqueles três malditos anos, eram eles que ficavam com os louros, apesar das coisas macabras que faziam. Eles eram os melhores, os aplaudidos, o exemplo a ser seguido. E o que lhe restava? Dor, medo, vergonha, humilhação e sofrimento. Mesmo quando tudo estava quieto, as vozes de todos eles continuavam ecoando dentro de sua cabeça e a dor era insuportável quando isso acontecia. Sentia dores no corpo, na mente e na alma. E nunca ninguém fizera nada para acabar com tudo aquilo.

Fora preciso esperar por tanto tempo, e agora, quando nada podia sair errado, entrava em seu caminho aquele investigador carioca.

Sabia que seu nome era Nicolas Bartole e sabia muitas outras coisas sobre ele. Prejudicar o investigador não era sua intenção, assim como não desejara realmente matar Oscar. Por outro lado, na vida nem sempre há opções favoráveis a serem escolhidas, portanto medidas drásticas deveriam ser tomadas às vezes. Matar Oscar fora falta de opção. Eliminar Tamires e seus amigos fora algo cuidadosamente planejado ao longo dos anos. Não era justo que agora, que já calara metade das vozes, algo atrapalhasse seus planos. Teria que continuar, afinal ainda faltavam três vítimas, contando com Sabrina, mas decidira deixá-la para o final, enquanto cuidava dos outros.

"Minhas lágrimas finalmente secarão. Quando isso acontecer, eu saberei que a paz finalmente foi conquistada. O silêncio será minha glória, a vitória será meu júbilo e a derrota dos meus inimigos me mostrará o quanto eu sou forte", pensava.

Enquanto refletia, não conseguia evitar que lágrimas pingassem em sua roupa. Mais uma vez, as vozes gritavam em sua cabeça e a dores recomeçavam.

Quando o avião tocou o solo carioca e os passageiros começaram a desembarcar, Nicolas pensou: "Deus realmente existe".

A tarde já começava a morrer, mas os traços alaranjados que riscavam o céu mostravam que, por ali, aparentemente não chovera. Isso era um bom sinal, pois a festa de sua mãe transcorreria sem grandes problemas.

Eles tomaram um táxi e, enquanto o veículo corria, Miah apertou a mão de Nicolas e perguntou:

— Você estava com medo, não estava?

— Do avião?

— Lógico. Não se esqueça de que retornaremos amanhã de avião novamente.

— Coisas ruins não precisam ser comentadas... — murmurou Nicolas, cujo estômago ainda não parecia estar totalmente no lugar. — E depois não sei por que os aviões precisam subir tanto! Não existe nenhum edifício daquela altura, logo, eles poderiam voar mais baixo.

— Não entendo nada de aviação, mas sabe que gostei da ideia? — Miah sorriu. — Quando eu reassumir meu posto no Canal local, farei uma matéria sobre os mistérios que fazem um avião se manter no ar. Aposto que todos vão adorar.

— Quem era mesmo que não se sentia motivada a voltar a trabalhar na emissora? — provocou Nicolas.

— Nem vem, senão vou acrescentar em minha reportagem que você quase desmaiou quando o avião decolou.

— Isso é mentira! — protestou Nicolas, indignado.

— Eu vi! E não venha me contestar! Se quiser, posso providenciar uma fralda para você usar em nosso voo de retorno — comentou Miah, soltando uma gargalhada animada, enquanto Nicolas a encarava com uma frieza atordoante.

— Em meio a toda essa movimentação, eu me esqueci de lhe contar com quem sonhei esta noite — lembrou Nicolas.

— Já posso adivinhar. Com o inquisidor e sua bruxa?

— Na verdade, ocorreu algo inédito dessa vez. Eu vi Sebastian em seus aposentos, vestido como um homem comum. Uma criada chamada Belle surgiu em seu quarto, deixou-lhe algo para tomar e ofereceu-se para dormir com ele.

— Esses seus sonhos têm certa dose de erotismo ou é impressão minha? — brincou Miah.

— Não aconteceu nada. Sebastian dispensou a moça, porque estava concentrado em uma janela. Não me pergunte como, mas eu sabia que ele estava pensando em Angelique. Acredito que a atração que ele esteja sentindo por aquela mulher que diz odiar ultrapassa a conduta moral da Igreja. Acho que há algo em Angelique que atrai Sebastian.

— Assim como nós dois nos atraímos? — perguntou Miah, beijando o queixo de Nicolas.

— Eu não sei. Como sempre digo, esses sonhos são confusos e desconexos. Não entendo como posso sonhar com as mesmas pessoas com tanta frequência. E ainda sei o que esse homem está pensando! Já viu algo mais absurdo?

— Deve haver uma explicação plausível para isso.

— Marian acha que estou recordando trechos de minhas encarnações passadas. Ela chegou a insinuar que esse inquisidor tenha sido eu em alguma encarnação perdida por aí.

— Então, quem seria a bruxa? — perguntou Miah, sorridente. Aos poucos, seu sorriso esfriou lentamente. — Eu?

— O que você acha?

— Impossível. Eu não consigo nem sequer transformar farinha de trigo e sal em um pão! Como posso ter sido uma bruxa? Eu ainda deveria ser poderosa, não acha?

— E eu ainda deveria ser tão cruel quanto Sebastian foi. Acho melhor esquecermos essa conversa estranha, já que estamos nos aproximando da casa da minha mãe. Vamos deixar as coisas inquietantes de lado e nos divertirmos agora.

De fato, cinco minutos depois o taxista parava em frente a um portão de ferro trabalhado, onde dois seguranças estavam posicionados de cada lado, como dois soldados guardando o forte. Miah ergueu uma sobrancelha.

— Seguranças particulares? — ela perguntou.

— Eu nunca vi esses homens. Acho que minha mãe os contratou para manter a ordem na festa.

Nicolas informou seu nome aos seguranças, que cederam passagem ao casal. No instante em que entraram no jardim, notaram que Thierry fizera um trabalho ricamente profissional.

O jardim da residência dos Bartole era amplo e espaçoso. Várias mesas estavam dispostas ao longo do gramado e ao redor da piscina retangular. Todas as toalhas eram brancas e estavam cobertas por sobretoalhas vermelhas. Em cima de cada mesa, havia um pequeno vaso de orquídeas brancas com gérberas vermelhas, que combinavam com as toalhas. Um imenso arranjo de pequenas camélias cor-de-rosa, que formavam as letras do nome da aniversariante, fora colocado diante da entrada da casa. Cruzando a piscina de um lado a outro, havia uma espécie de ponte, também feita de flores vermelhas e brancas. Todos os garçons contratados estavam vestidos de branco e levavam uma delicada flor vermelha na lapela. O aroma floral era gostoso e relaxante.

Uma música suave era executada por violinistas, que também haviam sido contratados para a festa. Nicolas deduziu que havia em torno de setenta convidados no local e, como ainda era cedo, sabia que muitos outros ainda viriam. O investigador notou que não conhecia a maioria das pessoas presentes e sabia que sua mãe era capaz de convidar até desconhecidos para lotar a festa.

Havia uma imensa mesa comprida abarrotada de doces e petiscos, montada para os convidados. Entre as iguarias, Thierry colocara íris lilases envolvidas em belos laços brancos e vermelhos.

— Você nunca me disse que sua mãe era rica — comentou Miah, surpresa com o requinte do lugar.

— Ela não é. Deve ter guardado dinheiro desde o último aniversário, que foi simples e modesto. Agora, a dona Lourdes Bartole se considera no direito de celebrar. Segundo ela, toda mulher, quando completa sessenta anos, deve comemorar de alguma forma. Acredito que minha mãe decidiu comemorar assim.

Miah ia retrucar a explicação de Nicolas quando ouviram:

— Bartole! Ei, Bartole! — devagar, Nicolas se voltou na direção dos gritos empolgados. — Estou aqui, Bartole! Está me vendo?

— Eu veria você mesmo se fosse cego, Mike — disse Nicolas, com resignação. — Primeiro, porque você está gesticulando para o alto com seus braços imensos como troncos. Depois, você está a apenas três metros de mim.

— E como foi de viagem? — perguntou Mike, animado, sorrindo para Miah. — Oi, Miah! Tudo bem com você? Moira e eu chegamos quase agora. A estrada estava ótima.

Nicolas sempre tinha a impressão de que, sem a farda, Mike se tornava ainda maior. Ele usava uma camiseta polo azul-marinho e calça jeans. Os músculos de seus braços robustos e imensos se comprimiam contra o tecido e sua pele negra contrastava com seu amplo sorriso composto por dentes muito brancos.

— Estou adorando tudo por aqui. Ainda não tive chance de dar os parabéns à sua mãe — explicou Mike. — Eu a vi passando entre os convidados, mas não consigo falar a sós com ela. Além disso, quero lhe entregar o presente que comprei.

— Você vai ter chances, Mike. Fique tranquilo. E Moira?

— Ela foi andar por aí. Disse que nunca teve chances de aprender nada sobre surfe e que esse era seu segundo maior sonho, pois o primeiro era se tornar policial. Ela me contou que Willian, seu irmão, se prontificou a ensiná-la — Mike baixou o tom de voz. — Acho que ele vai dar umas aulas a Moira na prática.

Miah sorriu, enquanto Nicolas fingia surpresa. Ouviram mais gritinhos excitados e viram Thierry de braços dados com uma mulher. Ambos gargalhavam e pulavam no mesmo ritmo.

— Eu sempre soube que Thierry e minha irmã caçula fariam uma ótima dupla — notou Nicolas. — Eles são praticamente almas gêmeas.

— Eu também não pude conversar a sós com ela desde que cheguei — comentou Mike, notando que Ariadne parecia estar muito mais bonita do que quando ele a vira pela última vez em uma quermesse em sua cidade.

Sempre pulando, Thierry parou diante de Nicolas e fez-lhe uma reverência. Ariadne se desprendeu do braço do novo amigo e saltou no pescoço de Nicolas, enchendo-o de beijos. Em seguida, ela se pendurou em Miah e repetiu os beijos.

— Quantas saudades eu estava de vocês! — disse ela, feliz. — Adoro meu irmão mais velho e já gosto da minha cunhadinha do interior.

Ariadne falava e as antenas metálicas em sua cabeça tremeluziam. Seus cabelos eram cor de vinho, e Nicolas reparou que a cor do batom e do esmalte combinavam com os cabelos. Ela usava uma blusa regata amarelo-gema e uma calça listrada de rosa e azul. As botas marrons combinavam com seu vestuário.

— O que acham da minha nova moda? — ela perguntou, rodopiando como uma bailarina.

— Está linda, gata — elogiou Thierry. Ele também girou e perguntou: — E eu, como estou?

— É o mais lindo dos príncipes gays! — debochou Ariadne, e os dois soltaram outra gargalhada explosiva.

— Ela é mesmo sua irmã? — perguntou Miah em um sussurro.

— Não tenho muita certeza — respondeu Nicolas no mesmo tom. Em seguida, ele notou a calça laranja que Thierry usava. O tecido grudava em suas pernas, conferindo-lhe a aparência de duas enormes cenouras. Usava uma blusa bege e, apesar do clima ameno que fazia, uma espécie de cachecol feito de bolinhas brancas, que envolvia seu pescoço. Nicolas não pôde deixar de provocar:

— Thierry, esse colar de alho em seu pescoço é para afastar os vampiros?

— Se o vampiro for lindo como você, serve para aproximar — respondeu Thierry piscando os olhos verdes e soltando outra risada estrondosa na companhia de Ariadne.

— Vamos andando — convidou Nicolas puxando Miah pela mão. — Vou fingir que não conheço a parentada.

Miah apontou para Moira, que, num esfuziante vestido azul-bebê, conversava com um homem de cabelos longos e um rosto que em muito lembrava o de Nicolas.

— Willian, cuidado com o que diz para Moira — alertou Nicolas se aproximando. — Nunca se esqueça da profissão que ela tem.

Willian se virou e abraçou o irmão com força. De fato, era bem parecido com Nicolas, embora fosse um pouco mais baixo e tivesse os olhos castanhos. O nariz do rapaz estava um pouco inchado, e Nicolas se lembrou de que sua mãe lhe dissera que o irmão se envolvera em uma briga na praia.

— Moira me disse que gosta de surfar. Amanhã bem cedo, se tiver umas ondas legais, vou levá-la para curtir a praia.

Nicolas sorriu e olhou para Moira. Ela parecia descontraída fora do ambiente de trabalho. Não se mostrava tão carrancuda e, com os cabelos loiros soltos, ela nem de longe lembrava a imagem da policial com cara de poucos amigos.

— Gosto de surfar — disse ela. — Willian vai me ensinar algumas técnicas.

— Já que está aqui, Moira — ironizou Miah —, por que não pede que ele lhe ensine outros tipos de técnicas também? Garanto que vai lhe fazer muito bem.

Moira corou, e Willian sorriu.

— Depois dessa ideia, cunhadinha, você ganhará um beijo! — Willian se aproximou e quase beijou Miah na boca.

— Se você não tomar cuidado com o local onde beija Miah — avisou Nicolas —, prometo deixar seu nariz realmente inchado.

Willian soltou uma gargalhada e continuou conversando com Moira, enquanto Nicolas se afastava com Miah.

Capítulo 37

Finalmente, eles avistaram Lourdes Bartole, que também os vira, pois se aproximava quase correndo com suas perninhas roliças. Usava um vestido num tom vermelho desbotado, floreado com manchas esbranquiçadas. Estava maquiada e elegante.

— Nicolinhas, meu bebê! — ela gritou e puxou o filho pelo rosto, quase destroncando o pescoço do investigador. Em seguida, o apertou pelas costas como um lutador de sumô, deixando Nicolas sem respiração por alguns segundos. — Quanta saudade, meu Deus!

— Mãe, me solte e eu prometo lhe dar os parabéns! — arfou Nicolas, cujo rosto estava perdido nas profundezas do abraço maternal de Lourdes.

— Oh, meu menino é tão lindo — ela elogiou, deslizando as palmas das mãos pelo rosto do filho mais velho. — Marian também já chegou e veio com o novo namorado. Adorei aquele rapaz. Ele é o seu médico, né?

— Sim. Todos gostam de Enzo. Ele é uma ótima pessoa. E mãe... nunca mais me chame de Nicolinhas, combinado? Muito menos quando eu estiver acompanhado.

Foi só então que Lourdes pareceu perceber a presença de Miah, que observava a cena com um olhar gozador.

— Ah, você a trouxe. Como está a mocinha?

— Bem. E a senhora? — retrucou Miah, imediatamente. — Está ganhando mais idade hoje, hein?

— E experiência também! Assim fico mais atenta para vigiar mulheres sem pudores, que rondam meu filho.

— Ensine-me esse truque, porque assim não vou deixar nenhuma mulherzinha se aproximar de Nicolas — respondeu Miah com um sorriso nos lábios.

Lourdes a fulminou com o olhar e se voltou para Nicolas.

— Seu florista é um luxo. Veja só como deixou tudo por aqui. E eu o adorei. Sempre que quiser fazer algo assim, vou chamá-lo. Seu nome é Thierry, não é mesmo?

— Sim. Ele deve estar adorando sua festa e a cidade. Ele disse que quer aproveitar a praia amanhã.

— Tomara que faça bastante sol — desejou Lourdes.

Nicolas avistou o major Lucena acompanhado de uma senhora, que certamente era sua esposa, e de uma linda jovem que segurava uma bengala. O major acenava para Nicolas, que pediu licença à mãe para ir falar com o colega.

Deixadas a sós, Lourdes se virou para Miah.

— Qual é seu nome mesmo? Late?

— Miah — respondeu ela, contrariada.

— É verdade. Eu sabia que seu nome era o som produzido por um animal — Lourdes sorriu maldosamente. — Você não deveria ter vindo. Não foi convidada.

— Seu filho me trouxe. Eu, como namorada dele, pretendo acompanhá-lo aonde ele for — Miah também sorriu. — Esteja certa de que estarei ao lado de Nicolas, acompanhando seu cortejo fúnebre, quando você partir desta para a pior.

— Acha mesmo que vou morrer tão cedo? Enquanto eu tiver um sopro de vida agitando meu corpo, estarei com dois olhos arregalados sobre Nicolas, mantendo-o longe de mulheres vulgares e insolentes como você — Lourdes avaliou Miah de cima a baixo e perguntou: — Aqui entre nós, você era prostituta antes de conhecer meu filho, não era? Tem toda a pinta de uma garota de programa. Foi assim que vocês se conheceram?

O comentário venenoso não deixou Miah nem um pouco constrangida ou irritada. Ela ampliou seu sorriso e retrucou:

— Sabe por que Nicolas não procura sexo com prostitutas? Porque ele teme encontrar a própria mãe entre elas.

— Você é mesmo uma atrevida. Eu deveria, discretamente, pedir para os dois seguranças colocá-la daqui pra fora, mas isso chamaria a atenção dos meus convidados e não quero estragar minha festa. Saiba que seu namoro com meu filho não tem a minha aprovação. Nicolas merece uma mulher que tenha o nível dele e não uma magricela respondona como você. Vocês não duram mais um mês juntos, pode acreditar! E isso se chama praga materna!

— Ouça, em vez de você continuar mugindo nos meus ouvidos, por que não procura entreter seus convidados, que parecem estar à procura da anfitriã da festa? — sugeriu Miah. — Quanto à sua praga, lamento desapontá-la, mas não funciona! Eu também sei jogar praga em sogras chatas, gordas e azedas. E se vai deixar seus convidados esperando, o problema é seu. Eu já me cansei de ouvir seus comentários tolos e repetitivos.

Lourdes até pensou em prolongar a discussão, mas notou que realmente estava sendo solicitada por três casais de amigos. Com um sorriso, ela foi ao encontro deles, enquanto Miah acompanhava à distância o diálogo entre Nicolas e a família do major Lucena.

— Nicolas, a festa de sua mãe está perfeita — elogiou Lucena. — Nelly disse que está adorando.

A menina, cujo rosto exibia os mesmos traços aristocráticos da mãe, deslizou as mãos suaves pelo rosto de Nicolas e sorriu, exibindo lindos dentes.

— Você é muito bonito, sabia? Meu pai sempre fala bem de você. Ele disse que você é o melhor investigador da cidade, apesar de existirem somente dois.

Todos riram, e Nicolas tomou uma das mãos de Nelly e beijou-a delicadamente. A menina sorriu novamente e piscou os olhos esbranquiçados numa atitude engraçada. Aracy abraçou o marido e brincou:

— Nelly, nem tente paquerar Nicolas, porque ele tem namorada. Acho que você não tem chances.

— Não custa manter as esperanças — troçou Nelly, enquanto todos riam novamente.

Nicolas notou que Lucena estava muito descontraído e imaginou que a única coisa que faltava para aquele homem ser feliz era obter notícias do filho há muito sequestrado. Onde ele estaria? Ainda estaria vivo? Será que morava em algum lugar distante ou próximo ao pai? Nicolas decidiu que, se Lucena consentisse, solicitaria autorização com o delegado para reabrir as investigações sobre o sumiço do pequeno Apolo.

— Estão gostando da festa da minha mãe? Ela vai adorar saber disso.

— Ainda não fomos apresentados a ela, mas, assim que passar perto de nós, teremos oportunidade de cumprimentá-la — explicou Aracy. — É que todos querem beijá-la e parabenizá-la. Não são todas as mulheres que chegam aos sessenta anos com toda a pompa e a classe de sua mãe, Nicolas.

— Ela vai adorar saber disso também — riu Nicolas.

A alguns metros deles estavam Mike e Ariadne. O policial mal acreditara quando Thierry se afastara para conversar com duas mulheres sobre flores, deixando Ariadne a sós. Agora, estavam um diante do outro, avaliando-se atentamente. Ambos queriam conversar, mas não sabiam como iniciar um assunto.

— De manhã, na minha cidade, estava chovendo — começou Mike, olhando para os cabelos cor de vinho da garota.

— Aqui não caiu nem uma gota.

— É que lá, quando chove, o ar se purifica. Aqui no Rio, não resolve muita coisa. Tem muita poluição no ar.

— Eu prefiro morar aqui do que viver naquela cidade cheia de grilos e pernilongos.

— Lá não tem tantos assaltos como aqui.

— Só que aqui tem praias e lá não tem — retrucou Ariadne.

Pareciam duas crianças exibindo seus brinquedos e disputando qual deles possuía o melhor.

Mike resolveu mudar de tática. Enfiou a mão no bolso da calça jeans e sacou um papel dobrado. Ariadne lançou um olhar de curiosidade para o policial e seus brincos coloridos brilharam como um arco-íris após a tempestade.

— O que tem nesse papel? — ela perguntou. — O mapa do tesouro?

— Quase isso. Na verdade, é um... poema — revelou Mike, sentindo que estava corando. Ele refizera todas as estrofes que escrevera, porque Nicolas dissera Ariadne detestaria os versos. Agora, ele mantinha grandes esperanças de que faria sucesso com a nova versão do poema.

— Além de policial, você é poeta? — Ariadne perguntou com desdém, mas curiosa para saber o que Mike escrevera.

— Vou ler o poema... E quero lhe dizer que escrevi tudo isso pensando em você — confessou ele. — Arre égua, é difícil falar.

— Quer que eu mesma leia? — Ariadne esticou a mão para frente.

— Não. Eu posso fazer isso. Preste atenção — ele limpou a garganta e mudou a entonação da voz.

Garota dos meus dias,
meu calor em noites frias,
tentação que me inebria,
quero segurar em tua mão
e, com a voz cheia de emoção,
dizer que te adoro de montão.

Ariadne custou alguns segundos para responder, enquanto acabava de processar as informações. Depois, explodiu numa sonora gargalhada, enquanto Mike empalidecia.

— Está péssimo, não é? É por isso que você riu.

Constrangido, Mike recolocou o papel no bolso e se afastou de cabeça baixa. Ariadne o alcançou e colocou uma das mãos em seu ombro imenso, fazendo-o voltar-se para ela.

— Eu ri, porque isso foi inédito pra mim. Nunca fizeram nada parecido. Eu adorei. Está perfeito!

— Mesmo? — os olhos negros de Mike brilharam como as primeiras estrelas que despontavam no céu.

— É verdade. E para mostrar o quanto estou satisfeita com seu poema, quero que me beije.

— É que seu irmão tinha dito que... você quer o quê?

— Que você me beije — ela fechou os olhos, enquanto aguardava o beijo. — Se demorar muito, vou achar que não gosta de mim.

Mike não perdeu tempo. Segurando Ariadne pelo pescoço, puxou-a para si, colando seus lábios nos dela. O beijo pareceu ter acontecido em um barco deslizando sobre mares calmos, pois eles se sentiram ondular. Ariadne se afastou e considerou:

— Eu adorei seu poema, mas seu beijo é um lixo.

Ofendido, Mike redarguiu:

— Meu beijo é o melhor da cidade! Você é que não sabe beijar um homem. Parece que está beijando o fundo de um copo.

— Atrevido! Todos os homens que me beijaram são loucos para repetir a dose! — avisou Ariadne.

— Eles nunca devem ter beijado outra mulher, porque até uma cadela sarnenta deve beijar melhor do que você.

Ariadne estalou um tapinha ardido no rosto de Mike, mas ele nem se abalou.

— Seu poema é uma droga! — Ariadne gritou. — E seu beijo também! Nunca mais me peça para beijar você! — sem esperar resposta, Ariadne se afastou a passos largos na direção da piscina.

Mike permaneceu por alguns segundos parado no mesmo lugar. Deslizou o dedo pelos lábios e sorriu consigo mesmo:

— Eu sei que muito em breve ela vai pedir que eu a beije novamente. Está conquistada. Mike, você é o cara!

Capítulo 38

Uma ruiva com um vestido justo e colado no corpo se aproximou de Willian e o beijou no rosto.

— Ainda não se recuperou do ferimento do nariz, hein? Se quiser, posso lhe fazer um curativo.

Willian virou-se para Moira com um pedido de desculpas no olhar, e ela mal conteve a raiva quando a ruiva começou a coçar a cabeça de Willian, como uma mãe-chimpanzé procurando piolhos na cabeça do filhote. "Eu bem que podia dar uma rasteira nessa idiota! Afinal, eu já estava por aqui falando com ele", pensou Moira, enciumada.

Como a ruiva praticamente assumiu a frente de Moira, ela não viu outra opção a não ser sair dali. Depois, a policial encontrou Miah, que estava sozinha, sentada a uma mesa.

— Oi, Miah. Onde está Nicolas?

— Deve estar por aí. Muitos convidados são amigos da família, e ele foi matar as saudades — explicou Miah. — E você e seu paquera? Como está indo com Willian?

— Ele não é meu paquera. Além disso, é mulherengo demais. Já deu confiança para uma ruiva sem-vergonha, mesmo enquanto conversava comigo. Homem não presta.

— Nicolas não faz isso — contou Miah. — Pelo menos nunca fez até agora. Mesmo sendo irmãos, eles não fazem as mesmas coisas. Pelo que conheci desse Willian, ele é um homem com cabeça de adolescente.

— Sim, pode ser — concordou Moira. — Ele deveria ter dito à ruiva que não poderia falar com ela agora. Que maçada!

— Não ligue pra isso, Moira. Percebi que há outros homens interessantes aqui. Por que não tenta puxar conversa com um deles?

— Uma vez eu fiz isso e não deu certo. No ano passado, uma amiga me convidou para uma festa em São Paulo. Ela me empurrou pra cima de um homem. Ele era atraente e simpático e logo começamos a conversar sobre vários assuntos enquanto dançávamos. Aí, "do nada", ele me contou em segredo que traficava drogas e que me deixaria rica em pouco tempo, se eu aceitasse ser sua amante.

— Nossa! E o que você respondeu a ele?

— Não fiz nada. Só o prendi — revelou a policial.

Miah riu, e Moira quase sorriu.

— Sabe o que lhe falta, Moira? Mais sorrisos nessa boca. Você é linda, mas vive séria como uma carranca.

— Não vou arrumar um namorado se ficar rindo como boba.

— Pelo menos procure ser mais bem-humorada.

Moira deu de ombros e perguntou:

— Sabia que até agora não descobri quem é a aniversariante? Willian não me apresentou à mãe dele.

Miah procurou Lourdes entre a multidão e apontou discretamente para ela, que ria às gargalhadas com três mulheres.

— Vê aquela mulher roliça usando um vestido vermelho e branco? Uma que parece um enorme rolo de mortadela?

— Quero morrer sua amiga, Miah. É aquela a mãe de Nicolas e Willian?

— Infelizmente, sim. Agora não posso falar mais nada, porque Marian está se aproximando.

Marian sorriu para elas.

— O que estão achando da festa, meninas?

— Eu estou gostando — garantiu Miah. — Esse clima de litoral me deixa preguiçosa e tranquila.

— A festa está ótima — ajuntou Moira. — Eu ainda não tive oportunidade de dar os parabéns para sua mãe.

— Daqui a pouco você vai ter chance. Minha mãe enrola muito... Disse que só vão cantar o *Parabéns a você* por volta das dez horas.

— Sua mãe quer que lhe cantem parabéns? — espantou-se Miah.

— Ela ainda conserva traços de uma criança! — respondeu Marian alegremente. — Enzo está conversando com um casal de médicos. Logo começaram a usar termos técnicos, então decidi vir pra cá. Não estava entendendo nada mesmo.

— Você trouxe a Érica? — lembrou Miah.

— Sim. Ela está nos fundos da cozinha. Sempre que posso, contrabandeio pedaços de carne dos petiscos e o recheio de atum do patê pra ela. Só não contem nada disso ao Nicolas, por favor!

Elas riram novamente e Miah mirou um ponto por trás das costas de Marian.

— Não preciso me virar para saber quem está vindo, Miah. Seus olhos brilham quando você o vê.

Miah se levantou e Nicolas a beijou.

— Você está certa, Marian. Não nego.

— Parece que mamãe está mesquinhando o bolo! Deveria cantar esses parabéns de uma vez! — resmungou Nicolas. — Como ainda está muito cedo, quero dar uma volta com minha amada morena pela praia. Você topa, Miah?

— Só se for agora.

Instantes depois, os dois seguiam pelo calçadão da praia, que Miah descobriu estar a apenas duas quadras da residência dos Bartole. Apesar de estarem no inverno, estava quente. Miah viu várias pessoas sentadas na areia, enquanto outras se arriscavam a tomar um banho nas águas escuras do mar. No céu, a lua finalmente aparecera e emitia reflexos nas águas inquietas.

— Amanhã nós viremos tomar um banho aqui. O que acha?

— Excelente! — aceitou Miah. — Fazia tempo que eu não vinha à praia.

— Vamos matar as saudades.

Eles continuaram andando de mãos dadas, sentindo apenas a maresia fresca e suave acariciar seus rostos. Caminharam por quase dez minutos sem dizer nada um ao outro, até que Nicolas apontou umas barraquinhas coloridas mais à frente.

— Aquelas barracas são novidades! — ele olhou com curiosidade para as tendas. — Não sei o que é aquilo.

— Olhando daqui, parece um agrupamento cigano. Não sabia que eles podiam fincar suas barracas na areia. Será que não temem a alta da maré ao cair da tarde?

Nicolas não respondeu. Quando chegaram mais perto, viram que eram realmente tendas ciganas. Uma barraca pequena, perto do calçadão, tinha um letreiro na porta:

CIGANA SAFIRA.
LÊ O PASSADO, O PRESENTE E O FUTURO.

— Quer ler sua sorte? — perguntou Miah, sorrindo.

— Como se essas charlatãs soubessem de alguma coisa. Vamos perder nosso tempo aí — murmurou Nicolas contrafeito.

— Ah, não tem problema. Provavelmente, ela vai dizer que nós seremos muito felizes juntos quando nos casarmos e que teremos muitos filhos, lindos e saudáveis. É sempre assim. De qualquer forma, eu queria uma consulta. Vamos, ela não deve cobrar tão caro.

— Já que você insiste... — concordou ele.

Nicolas e Miah desceram dois degraus de concreto e pisaram na areia macia da praia. Caminharam alguns passos até pararem diante da portinha da barraca da cigana.

— Boa noite! Podemos entrar?

— Sim, entrem, por favor — convidou uma voz feminina vinda de dentro da tenda.

Nicolas foi o primeiro a entrar na barraca puxando Miah pela mão. Ele esperava algo bastante chamativo, por isso ficou decepcionado ao se deparar com apenas uma mesa repleta de apetrechos e três cadeiras. Em uma delas, estava sentada uma mulher de meia-idade com um terceiro olho pregado na testa. Ela tinha olhos verdes e vestia-se com roupas coloridas e brilhantes. Três lampiões a querosene iluminavam o local.

— Sejam bem-vindos. Sentem-se, por gentileza.

Nicolas e Miah obedeceram-na. Safira os fitou com atenção e espalhou um jogo de cartas sobre a mesa, ao lado de uma bola de cristal grande.

— O que vocês desejam saber? — ela perguntou.

— Quero saber meu futuro — disse Miah, trocando um olhar divertido com Nicolas. — Eu amo este homem ao meu lado e quero saber o que suas cartas nos reservam.

— Muito bem. Contudo, antes de jogar as cartas, eu costumo ler as mãos dos meus visitantes — informou a cigana. — Assim, eu posso ter uma noção da personalidade da pessoa com quem estou lidando.

Miah deu de ombros e esticou a mão direita. Safira a segurou entre suas próprias mãos com a palma virada para cima e deslizou a ponta de seus dedos indicadores sobre cada linha da pele. Nicolas acompanhava atentamente os movimentos da vidente.

— Feche os olhos, por favor — pediu Safira.

Miah obedeceu, e a cigana continuou analisando os traços da palma de sua mão. Ela também fechou os olhos e perguntou:

— Diga-me o que vê.

— Nada. Estou com os olhos fechados — devolveu Miah.

— Quero que descreva para mim o que está vendo com os olhos de sua alma. Mencione as imagens que estão vindo à sua mente neste momento — explicou Safira baixando o tom de voz.

— Bem... eu estou vendo uma linda praia deserta, cujas palmeiras estão se curvando devido ao vento forte. Vejo um homem nu caminhando pela maré, e eu me aproximo dele. Abraçamo-nos, nos deitamos na areia e fazemos amor até anoitecer — Miah sorriu, ainda com os olhos fechados. — E não é que o homem era você, Nicolas?

Ele também riu, mas a cigana continuou séria. A mulher, então, soltou a mão de Miah e pediu que ela abrisse os olhos.

— E então? O que viu na minha mão?

— Há muitas coisas confusas. Vou precisar de ajuda — justificou Safira, indicando as cartas sobre a mesa. A cigana juntou-as em um monte e pediu que Miah as dividisse em três partes. Ela fez o que lhe foi pedido, achando tudo bem divertido. A cigana desvirou a primeira carta do monte. Em seguida, desvirou as outras duas, enquanto uma expressão de perplexidade e espanto tomava conta de sua face. Nicolas e Miah aguardavam ansiosos pelos comentários de Safira, que, de repente, parecia exausta e assustada.

— Meu Deus! Meu Deus! — ela repetiu em voz baixa.

— Vamos parar de teatro e ir direto ao ponto? — interveio Nicolas, já começando a se encher de tudo aquilo.

— Como se chama, moça?

— Miah. O que você viu aí?

A cigana encarou Miah com seus grandes olhos verdes, expressivos e preocupados.

— Eu vi seu passado — respondeu ela com voz falha.

Lentamente, o sorriso de Miah foi morrendo. Agora, a consulta já não parecia tão engraçada. Antes que fizesse um comentário, Safira continuou:

— Seu passado está envolvido em sombras e você ainda é perseguida por elas.

— Já chega! — cortou Miah, levantando-se depressa. — Nicolas, vamos embora porque essa mulher é realmente uma charlatã!

— Você luta para esquecer seu passado e principalmente suas atitudes, mas não consegue. E sabe também que, cedo ou tarde, a verdade virá à tona.

— Cale-se! — gritou Miah, enquanto as maçãs do seu rosto ficavam avermelhadas e suas mãos ficavam geladas.

— Espere aí — tornou Nicolas. — O que está acontecendo aqui? Eu perdi alguma coisa?

— A verdade é que ela é uma louca! — Miah estava extremamente pálida. — Não vamos dar ouvidos a ela. Bem se diz que todos os ciganos roubam.

— Seu futuro será diferente — continuou Safira. — Ou pelo menos parte dele será. As cartas me dizem que haverá um casamento em breve — ela olhou ligeiramente para Nicolas. — Vocês se casarão em meio a muitas alegrias.

— E viveremos felizes para sempre — concluiu Miah, furiosa. — Todas vocês dizem a mesma coisa. Acha que somos idiotas? Ele é policial e deveria prendê-la por dizer tantas mentiras ao público.

— A felicidade de vocês não vai durar para sempre — prosseguiu Safira, como se não estivesse escutando as ameaças de Miah. — No futuro de vocês, também vejo dor e sofrimento, lágrimas e frustração — ela foi virando as cartas rapidamente, como se procurasse por uma em especial. — Aos poucos, a felicidade do casamento se transformará em ódio e rancor e, quando a verdade for descoberta, haverá somente revolta e decepção. E então... — ela desvirou a última carta. — A morte.

— Chega! Chega! — Miah, que tremia e estava a ponto de chorar, virou-se para Nicolas. — Mande-a calar a boca! Faça alguma coisa, Nicolas! Não vê que ela quer nos assustar?

Nicolas não reagiu. Estava parado no mesmo lugar, ouvindo com atenção todas as palavras que a cigana dizia. Safira olhou para Nicolas e sorriu:

— Lembre-se também que do ódio pode surgir o amor. Isso já aconteceu antes, está lembrado?

— Não sei do que a senhora está falando — contestou Nicolas. — Não entendi uma palavra do que disse.

— No momento certo, você entenderá. E sua única obrigação será fortalecer o amor e diminuir o ódio. Ambos os sentimentos serão postos em uma balança e caberá a você decidir-se pelo melhor — dizendo isso, Safira começou a recolher as cartas e as pulseiras em seu braço retiniram. — Isso é tudo. A consulta está terminada.

Nicolas puxou a carteira do bolso.

— Quanto devemos à senhora?

— Você ainda vai pagá-la após ter ouvido tantas mentiras? — perguntou Miah, desesperada para sair dali o quanto antes.

— Não precisam me pagar — avisou Safira. — Guarde seu dinheiro, rapaz, e não se esqueça: após a descoberta da grande verdade, somente o amor poderá ajudá-lo.

Miah puxava Nicolas com firmeza para fora da barraca, e ele se deixou conduzir. Juntos, seguiram em silêncio até o calçadão e, somente depois de caminharem mais alguns passos, Nicolas olhou diretamente para Miah e perguntou:

— O que ela quis dizer sobre o seu passado?

Miah abriu a boca, que tinha ficado seca. Seus lábios estavam trêmulos e seu rosto lívido.

— Nicolas, não me diga que um homem como você, lapidado por tantos anos de experiência na polícia, vai acreditar nas tolices de uma cigana de litoral como essa!

— Você mesma me disse que sofreu por muitos anos nas mãos de seu padrasto cruel. Ela poderia estar se referindo a isso, não acha? Ela contou que você ainda é perseguida pelas sombras do passado. Não é muita coincidência?

"Ela não estava falando sobre isso", pensou Miah, apavorada.

— Pode ser, Nicolas. Ela me deixou nervosa e assustada — lágrimas grossas rolaram pelo rosto arredondado de Miah e pingaram em sua blusa. — Ela não tem noção do quanto me dói ter que voltar a falar desse assunto. Desculpe meu nervosismo, mas ela praticamente nos ameaçou! Até falou em morte.

— Tudo bem, Miah, tudo bem — arrependido por ter provocado aquela discussão, Nicolas pressionou as costas da namorada e a puxou para perto do seu peito. Por alguns segundos, o único som que ouviram foi o ruído das ondas quebrando na praia. — A culpada disso tudo é você. De quem foi a ideia de falar com a cigana?

— Eu sei que fiz besteira. Quem mandou ceder aos desejos da minha curiosidade? — respondeu Miah com o rosto afundado no peito de Nicolas.

— Pelo menos houve uma parte boa em tudo isso. Ela falou em casamento — ele sorriu.

Miah ergueu o rosto, e eles trocaram um beijo rápido, porém apaixonado.

— Espero que pelo menos nisso ela tenha sido sincera — acrescentou Miah, procurando acalmar-se.

Capítulo 39

Quando retornaram à festa, perceberam que já era bem tarde e que os convidados estavam se reunindo em torno de uma grande mesa, na qual um belo bolo branco, semelhante aos de casamento, tinha sido colocado. Posicionada ao centro da mesa, Lourdes tagarelava sem parar. Willian veio correndo ao encontro de Nicolas e de Miah, perguntando:

— Por onde andaram? Mamãe disse que não iria cortar o bolo sem que todos os seus filhos estivessem ao seu lado.

— Ela ainda continua com essa mania? — lamentou Nicolas, olhando em seguida para Miah. — Se importa de ficar sozinha por alguns instantes? É que minha mãe não corta o bolo, enquanto eu e meus irmãos não estivermos reunidos ao redor dela. Entende?

— Não, sinceramente não entendo. Mas pode ir. Vou procurar a Moira e o Mike. Estarei com eles por aí.

Nicolas agradeceu e se afastou com Willian. Miah localizou Enzo, que conversava com uma mulher gorducha e com um homem careca ao seu lado. Miah a reconheceu como a médica legista de sua cidade, Ema Linhares. O homem careca era, sem dúvida, o marido da médica e pai dos trigêmeos, que corriam um atrás do outro, como uma criança que tivesse sido triplicada em uma máquina futurista.

— Eu já enchi meu estômago e você, Miah? — perguntou Mike tocando a barriga. Moira, ao seu lado, mordiscava um canapé. — E não vejo a hora de abocanhar o bolo.

— Mike parece um saco sem fundo — criticou Moira. — Já comeu o suficiente para quatro convidados e não para de falar do bolo. Acho que ele tem lombrigas.

Miah sorriu, tentando se distrair com o humor dos dois policiais. Essa era a única forma de esquecer-se das palavras inquietantes da cigana Safira, que ainda a faziam estremecer a cada vez que se recordava delas.

— Atenção, peço um minuto de silêncio a todos — pediu Lourdes, falando em voz alta. Como numa sala de aula, todas as vozes silenciaram imediatamente. — Estar aqui com vocês, comemorando meus bem-vividos sessenta anos, é um privilégio sem igual. É compreender que tenho tantos amigos e que sou querida por vocês. Isso me deixa imensamente feliz e minha felicidade fica completa quando meus quatro bebês se reúnem comigo — ela virou o rosto para a direita e sorriu para Ariadne e Marian, que tentavam não corar. — Estas são as minhas meninas. Uma estudiosa e outra aventureira, uma doméstica e a outra bagunceira. Mas as duas, com suas diferentes personalidades, mostram que são grandes mulheres, merecedoras de grandes homens para suas vidas.

Nesse momento, Marian procurou por Enzo na multidão e sorriu para ele, que retribuiu o sorriso. Ariadne também procurou por Mike, mas, quando o encarou, desviou o olhar e fez cara feia.

— Marian e Ariadne são as filhas com as quais toda mulher pode sonhar — continuou Lourdes. — São bonitas e amadas. Eu as amo com toda a força do meu coração e, se Deus quiser, espero comemorar muitos outros aniversários ao lado delas.

    Lourdes fez uma discreta pausa, percebendo que todos os presentes a olhavam com atenção. Depois, girou a cabeça para a esquerda e fitou os filhos.

    — E deste lado estão os meninos, Nicolas e Willian. Nicolas, meu primogênito, é um homem como poucos. Seu trabalho na polícia o tornou uma pessoa justa e carismática, temida e respeitada. Acima disso, ele é um ser humano muito especial, que eu amo muito — notando Miah entre a multidão, Lourdes prosseguiu: — No momento, ele está solteiro, mas um dia surgirá uma mulher que o mereça. E, quando ela surgir, será bem-vinda à família Bartole. O mesmo eu digo sobre meu filho Willian. Ele também está solteiro, mas sei que um dia meus dois meninos se casarão e formarão uma família. Enquanto esse dia não chega e todos os meus quatros filhos estão comigo, quero repetir o quanto sou afortunada em tê-los ao meu lado. É por isso que o *Parabéns a você* que cantaremos agora será destinado aos meus filhos, com muito mérito e orgulho de uma mãe coruja.

    Houve uma acalorada salva de palmas, enquanto Lourdes juntava os filhos num abraço. Todos começaram a cantar os parabéns e a aplaudir ruidosamente. Quando a canção terminou, Mike sussurrou para Moira:

    — Quando vão distribuir o bolo?

    — Acho que vai ser agora.

    Antes de cortar o primeiro pedaço, Lourdes pediu a palavra novamente, sentindo-se uma criança de seis anos.

    — Como meus filhos já foram muito homenageados nesta festa, quero dedicar o primeiro pedaço deste bolo a alguém que eu conheci hoje, mas que já considero um grande amigo — Lourdes sorriu, enquanto olhava para uma pessoa. — O bolo é para você, Thierry.

Ele surgiu do meio das pessoas e foi girando várias vezes até parar diante de Lourdes. Eles se abraçaram e houve mais aplausos. Thierry secou algumas lágrimas imaginárias, quando Lourdes lhe entregou o primeiro pedaço do bolo.

Enquanto todos se serviam do bolo recheado e muito cremoso, Nicolas entrou na casa e trancou-se no banheiro para abafar o barulho do celular, que usou para telefonar para Elias. O delegado atendeu e comentou:

— Como está a festa por aí, Bartole? Posso ouvir os ruídos ao fundo.

— Não sabe o que perdeu não vindo, Elias. O major Lucena e a doutora Ema, ambos com seus familiares, também vieram. A festa está simplesmente deliciosa.

— Se sobrar, traga-me um pedaço de bolo amanhã! — pediu Elias sorrindo.

— Acho que isso será impossível, afinal Mike está na área — eles riram novamente, e Nicolas perguntou: — Estou ligando para saber se há novidades sobre o caso. Houve alguma alteração após minha viagem?

— Está tudo muito sossegado. E ainda continua chovendo.

— O céu daqui está limpíssimo. Espero que tudo continue em paz pelo menos até minha volta, na tarde de amanhã, embora eu não creia que o assassino matará alguém neste fim de semana. Ele está pulando um dia, então irá deixar a próxima vítima para segunda-feira. E sobre Sabrina, conseguiu alguma novidade?

— Eu estive no hospital agora há pouco, mas ela está na mesma. Não acordou do coma ainda e continua sob a vigilância de nossos policiais. Ninguém entra no quarto e até mesmo os familiares têm que se identificar para entrar.

— Isso é bom. Tomara que ela desperte até amanhã. Se isso não acontecer, teremos que localizar os outros ex-alunos do grupo de Tamires.

— Eu já localizei uma pessoa, depois do seu embarque. Ela concordou em conversar conosco na manhã da segunda-feira. Além disso, descobri algo bem interessante também.

— O quê?

— Obviamente, durante os três anos em que esses alunos estudaram juntos, algumas professoras lhes deram aula. Adivinha quem foi a professora deles em um desses anos?

— Edna?

— Em cima. A simpática gerente da *Músculos & Beleza* tem magistério e lecionou no colégio por cinco anos. Ela deu aulas para o grupo durante um ano inteiro.

— Quando estive com ela na academia fazendo perguntas sobre Tamires, ela não me revelou que a garota havia sido sua ex-aluna. E, só para refrescar nossa memória, Edna era a cliente preferencial de Henrique Marine.

— Sim. Ela se tornou amante do ex-aluno alguns anos mais tarde — ajuntou Elias. — Acho que ela nos deve grandes explicações. E, antes que nos ordenasse, já pus a residência dela sob nossa atenção. Todos os passos de Edna estão sendo vigiados, Bartole.

— Espero que isso funcione, Elias. Não se esqueça de que mataram um detento dentro de nossa delegacia com dois policiais por perto. O assassino é sagaz e muito inteligente.

— Sim, eu sei. Mas nós somos mais espertos. Ah, quero informar-lhe que a loja que vende escadas, chamada *Último Patamar*, também está sendo monitorada. Todavia, o filho do dono da loja nunca estudou no colégio.

— Isso não importa. Vamos conversar com ele assim que eu voltar. Bem, acho que por ora é só, Elias.

— Vá aproveitar o restante da festa, Bartole. Amanhã, você voltará para cá e fecharemos esse caso de uma vez.

— É isso mesmo. Até amanhã, Elias.

Nicolas, de certa forma, sentia-se responsável por Moira e por Mike e sabia que eles não tinham encontrado um local para passarem a noite. Como já estava tarde, a única opção foi acomodá-los na casa de sua mãe. Os hóspedes foram distribuídos em dois quartos. Enzo dividiu um aposento com Mike e, no outro quarto, ficaram Moira e Thierry. Nicolas se trancou com Miah no quarto que lhe pertencera quando criança, sob os olhares irados de Lourdes.

O sol já brilhava forte no céu, quando Nicolas despertou. Miah se espreguiçou gostosamente e sorriu para ele.

— Adoro acordar ao seu lado — sussurrou ela, ainda com a voz rouca.

— E eu simplesmente amo tudo o que você representa pra mim — disse Nicolas, beijando-a nos lábios longamente.

Quando caminharam até a mesa para tomar o café da manhã, perceberam que foram os últimos a chegar, embora ninguém tivesse se servido.

— Bom dia a todos! — cumprimentou Nicolas, olhando a fartura de comida sobre a mesa. — Hoje teremos um café reforçado!

— Vocês estavam nos esperando? — perguntou Miah.

— Eu estava esperando meu filho — respondeu Lourdes com cara feia. — Sei que ele se alimenta muito mal onde mora. Preciso aproveitar que ele está aqui comigo para lhe empurrar alimentos estômago adentro.

— Eu deveria ter nascido seu filho, senhora — interveio Mike, sentindo que sua boca salivava, enquanto olhava todas as iguarias dispostas sobre a mesa. — Prometo que iria comer tudo o que me desse.

— Claro, mais parece um glutão — afirmou Ariadne, do outro lado da mesa. — Se deixar, vai comer até o guardanapo!

— Nem vi você na festa ontem, rapaz — acrescentou Lourdes olhando para Mike. — Já nos conhecíamos, não?

— Sim — ele garantiu —, quando a senhora esteve na cidade no mês passado. Eu almocei em sua casa e vivo momentos felizes quando me recordo disso.

— Tenha um bom apetite. Como se chama mesmo?

— Michael — respondeu o policial esticando os braços para agarrar o que estivesse mais perto. — Se a senhora quiser me chamar de Mike, eu até prefiro. O nome soa bem americano, não acha?

— Pode ser — dando de ombros, Lourdes se voltou para Enzo, mas apenas abriu um amável sorriso. O médico retribuiu, e Lourdes fixou seu olhar em Miah. — E você, repórter? Aposto que nunca esteve em uma festa tão boa quanto a minha. Não disse que você tirou a sorte grande ao conhecer meu filho?

Miah mordiscou uma torrada na qual havia passado uma camada de geleia de morango, então, com toda a delicadeza, limpou os lábios e sorriu:

— Em partes, eu realmente tirei a sorte grande, pois Nicolas é o homem que toda mulher deseja. Mas, como sempre existe uma pequena desgraça para todas as coisas, ele, infelizmente, é seu filho.

Lourdes fez um esgar de raiva, enquanto Willian ria baixinho. Procurando controlar os ânimos, Marian elevou a voz:

— Eu gosto de festas, sabe? Aproxima as pessoas, promove união, mata saudades. Mesmo que muitos convidados venham por interesse, é gostoso ver tantas pessoas reunidas, rindo, brincando e se divertindo, não acham?

— E forrando o estômago — Ariadne apontou para Mike.

— Festas também promovem paixões — disparou Willian, olhando fixamente para Moira, que desviou o olhar.

— E fazem pessoas redescobrirem o amor também.

— Você redescobre o amor toda vez que vê uma mulher bonita, Willian — provocou Ariadne, alegre.

— E você ama intensamente quando fica parecendo uma alienígena com essas roupas de palhaço! — respondeu o irmão.

Ofendida, Ariadne deu um tapa na cabeça de Willian e uma pequena confusão se instaurou até Lourdes começar a repreendê-los. Nicolas aproximou a boca do ouvido de Miah e cochichou:

— Esta é minha família.

— Você não tem culpa — devolveu Miah sorrindo.

— Quanta discussão à hora da refeição! — cortou Thierry, abanando-se com as mãos. — Já estou sentindo o ar me faltar. Será que minha traqueia está se fechando?

— Faça como o Mike — sugeriu Nicolas a ele. — Coma até se fartar — foi quando Nicolas se lembrou de algo. — Mãe, você se lembra da Érica, correto? Um espécime felino, branco, gordo, raivoso, cansativo, perigoso...

— Não fale assim da minha peludinha — disse Lourdes. — Ela está na cozinha se fartando com o creme de atum que dei a ela.

— Já que ela está sendo tão bem tratada aqui, o que acha de eu deixá-la com você? Não preciso levá-la comigo.

Lourdes refletiu sobre a ideia por alguns segundos, antes de responder:

— A resposta é não.

— Aqui ela tem mais espaço e...

— Não.

— Aqui ela sempre poderá tomar sol já que...

— Não.

— Nic, não vê que a mamãe não quer a gata? — interveio Marian. — Ela é sua, maninho, e assim vai ser até que um dos dois morra primeiro.

— Perdi a fome — murmurou Nicolas com ar de tristeza, enquanto todos riam.

As horas seguintes foram muito bem aproveitadas por todos. A praia estava vazia e a água deliciosa. Miah só tomou cuidado para que o grupo não seguisse na direção das barracas dos ciganos. Não queria arrumar outra confusão com Nicolas por causa de Safira.

Por volta do meio-dia, Marian e Enzo comunicaram a todos que estavam indo embora. Eles se despediram, e Lourdes quase arrancou a cabeça da filha num abraço maternal.

— Voltem sempre, por favor. E o senhor, doutor, cuide bem da minha filhinha, ou vai se ver comigo, hein?

Enzo riu.

— Prometo que Marian será bem tratada. Nós estamos mostrando um ao outro o que realmente significa amar e ser amado.

Quando Enzo e Marian entraram no veículo para partir, notaram que a caixinha de transporte de Érica já estava no assento traseiro do carro. E a gata não parecia nada satisfeita.

Aos poucos, os demais também foram partindo. Mike tentou de todas as formas arrancar ao menos mais um beijo de Ariadne, mas não obteve sucesso. E ela garantiu que nunca mais queria ouvir falar dele ou de seus poemas fracassados.

Willian também tentou convencer Moira de que não era mulherengo e, quando estava prestes a beijá-la, a policial recuou. Carrancuda como sempre, Moira disse que eles só poderiam ser amigos, mesmo que ela não tivesse muita certeza disso.

E finalmente foi a vez de Nicolas partir com Miah. Thierry havia saído algumas horas antes, lamentando não ter conhecido nenhum carioca interessante e dizendo que lidar com suas flores era mais prazeroso.

— A mamãe promete visitá-lo em breve — garantiu Lourdes, prensando Nicolas como uma planta carnívora.

— Jura? — ele perguntou com certa tristeza.

— Sim! E quando eu for até lá, espero que você esteja com uma namorada decente e que eu aprove.

Miah não se deu por vencida:

— Você sempre pode mudar de opinião quanto a mim, querida sogrinha.

Nicolas se despediu dos irmãos, que abraçaram Miah. Quando finalmente se acomodaram no avião, Nicolas, mesmo sentindo que tremia dos pés à cabeça, disse a si mesmo que os momentos de lazer haviam chegado ao fim. Agora, apenas o trabalho o aguardava.

E um assassino a ser capturado.

Capítulo 40

O voo pousou no horário previsto, mas houve um problema com o descarregamento das bagagens dos passageiros, que só puderam ser retiradas quase uma hora após a chegada do avião. Dali, Nicolas dirigiu por mais de duas horas até sua cidade e, ao chegar lá, a noite já caíra por completo. Como já estava tarde, ele apenas deu um breve telefonema a Elias comunicando que já estava de volta. O delegado repetiu a mesma informação da noite anterior, dizendo que não havia novidades e que Sabrina Dasso ainda não saíra do coma. Nicolas prometeu estar bem cedo na delegacia na manhã seguinte.

Nicolas seguiu com Miah para o apartamento dela e, assim que entraram, ele abriu uma gaveta e apanhou toda a papelada relacionada ao caso. Reviu tudo várias vezes e, quando Miah tentava esticar o pescoço para espiar, ele bloqueava a visão da repórter com seu corpo.

— Provavelmente, amanhã você voltará ao Canal local, portanto não posso confidenciar-lhe nada sobre a investigação.

— Eu não disse que queria saber. Só estou olhando ao acaso — respondeu Miah, parecendo ofendida.

A repórter decidiu deixar Nicolas trabalhando sozinho e seguiu até a cozinha. Estava faminta. Como normalmente sentia preguiça de cozinhar, quase nunca havia comida pronta em sua casa. Supondo que Nicolas também deveria estar com fome, Miah abriu os armários à procura de uma lasanha pronta para assar.

— Achei você, danadinha! — resmungou Miah consigo mesma, enquanto pegava a caixa da lasanha. E quando se voltou para o fogão, ela viu o homem.

Ele estava parado diante de Miah, tão próximo que a repórter pôde sentir o impacto penetrante de seu olhar sobre ela. Ele se vestia modestamente, e Miah não quis baixar o olhar para ver se ele trazia algo nas mãos.

No instante em que a repórter soltou o primeiro grito, o homem desapareceu diante dos seus olhos, como se fosse um truque de ilusionismo. No susto, a lasanha foi ao chão. Miah tentou correr e acabou tropeçando na caixa, por pouco não caindo também. Já estava gritando outra vez, quando Nicolas entrou esbaforido na cozinha, empunhando um revólver. Ele olhou rapidamente para todos os lados, mas não viu nada de errado.

— O que foi, Miah? Por que você está gritando?

— Eu vi um homem — ela respondeu com a voz engasgando em sua garganta. — Ele estava aqui, perto do fogão. Ficou olhando pra mim.

— Como era esse homem? — questionou Nicolas, imediatamente pensando no criminoso. Se ele dera o nome de Miah quando adquirira as pombas de Oscar, era bem provável que soubesse onde ela morava. — Ele disse alguma coisa?

— Não — Miah balançou a cabeça para os lados, sentindo-se fraca por estar chorando devido ao medo. — Ele sumiu.

— Como sumiu? Por onde ele saiu?

— Ele desapareceu na minha frente, Nicolas. Não sei explicar. Ele ficou me olhando, mas não disse nada. Depois sumiu, como se tivesse se desmaterializado.

— Ele deve ter saído pela janela da cozinha e você nem percebeu — sugeriu Nicolas, ainda portando a arma.

— Sei que parece maluquice, mas acho que ele não era real. No entanto, também sei que eu não o imaginei. Ele estava parado aqui, bem no meio da cozinha, e estava me encarando — as lágrimas pingaram dos olhos da repórter. — Não pense que estou maluca.

Nicolas sabia que Miah não estava mentindo. Ele, então, guardou o revólver ao perceber que o assunto teria de ser resolvido de outra forma. Segurando Miah pela mão, como se estivesse guiando uma criança assustada, Nicolas parou diante do telefone e discou o número de seu apartamento. A irmã atendeu e, ao reconhecer a voz de Nicolas, foi logo dizendo:

— Chegaram bem? A estrada estava maravilhosa, sem trânsito! Enzo me deixou aqui sem nenhum problema. Agora ele foi cobrir o plantão no hospital. Vai ficar por lá durante toda a madrugada.

— Marian, preciso que você venha com urgência ao apartamento de Miah — pediu Nicolas. — O assunto é sério.

— O que houve? — se alarmou Marian. — Miah está se sentindo bem?

— Estava bem até ver um espírito.

Marian não hesitou:

— Estou indo. Diga-me como faço para chegar aí.

Marian chegou vinte e cinco minutos após o chamado de Nicolas. Ela estava com os cabelos despenteados e nem se dera ao trabalho de trocar os chinelos por sapatos. Era evidente que Marian saíra correndo para chegar rápido à casa de Miah.

— O que aconteceu?! — ela perguntou assim que Nicolas abriu a porta. Entrando, ela viu Miah sentada no sofá bebericando um copo de água com açúcar para acalmar os nervos.

— Eu vi um homem, Marian. Ele ficou me olhando e depois sumiu — explicou Miah, ainda trêmula. — Acho que, se eu tivesse visto o assassino que Nicolas está procurando, não teria ficado tão assustada.

— O que isso pode significar, Marian? — perguntou Nicolas, como se estivesse tirando dúvidas com um médico sobre uma doença.

— Em primeiro lugar, Miah é médium. Na realidade, todos nós somos, mas algumas pessoas têm essa sensibilidade mais desenvolvida. Você já viu outros espíritos antes?

— Nunca e nem quero ver mais nenhum! — Miah estava nervosa. — O que ele quer comigo?

— Não sei o que ele quer, mas sei o que o atraiu. Se ele for um espírito sem instrução, do tipo que gosta de causar perturbação e que é mal-intencionado, só veio até aqui porque você permitiu que ele se aproximasse. Você abre portas para invasores quando se critica, se abandona e se recrimina por algo que tenha feito ou que deixou de fazer. Quando você abre a mente para pensamentos negativos, receberá negatividade. Contudo, quando se banca, se eleva, se coloca em primeiro lugar e toma posse de si mesma, não há espírito obsessor, inveja ou energias negativas que possam atingi-la.

Miah não respondeu. Ela fazia exatamente o que Marian dissera, principalmente quando se recordava de seu nebuloso passado. Era normal culpar-se, lamentar por tudo o que fizera, colocar-se para baixo sob o peso do arrependimento. Achava que não estava em condições de se valorizar, uma vez que só passavam sentimentos de culpa, de inferioridade e principalmente de medo por sua mente.

— Como era o homem que você viu, Miah? — quis saber Marian. — Ele falou alguma coisa?

— Não. Ele só ficou me olhando por alguns segundos. Aparentava cerca de quarenta anos. Os olhos eram escuros, a pele morena e os cabelos crespos e negros. Vestia uma camisa simples... Não olhei para suas mãos...

— Miah lançou um olhar preocupado para Marian: — Acha que isso é uma obsessão?

— É arriscado afirmar isso com toda a certeza, Miah. Não sabemos o que esse homem quer com você. Você não se lembra de tê-lo visto antes, ainda que encarnado?

— Não — respondeu Miah, sacudindo a cabeça.

Mais uma vez, ela deixou-se atormentar por seus pensamentos: "O que será que esse espírito quer comigo? Eu nunca o vi antes, nem mesmo quando eu era... Será que ele veio se vingar de mim a pedido de alguém? Será que ele sabe do meu passado e agora veio me cobrar isso?".

— Esse espírito poderia ter alguma coisa a ver com meus sonhos? — indagou Nicolas, interessado pelo assunto.

— É possível. Esse espírito não apareceu diante de você por acaso. Ele quer alguma coisa e precisamos descobrir o quê. Precisamos também identificar em você as causas que o atrai — afirmou Marian, apertando as mãos da amiga como forma de lhe dar apoio. — Sei que está assustada, mas o medo não é uma boa companhia.

— Não quero voltar a ver esse espírito! Quero proteger minha casa de energias ruins. É possível?

— Claro. Mude suas crenças e atitudes, direcione seus pensamentos ao bem, porque só ele é real e nos inspira a continuar. Assim, sua casa ficará protegida. Quando você fechar a brecha que o atraiu, provavelmente não tornará a vê-lo nem o sentirá por perto, mesmo que ele tente se aproximar.

— Tentarei fazer isso — garantiu Miah, sentindo-se mais calma. — Confesso que sempre tive minhas dúvidas sobre a existência da espiritualidade, mas depois de hoje acredito em tudo.

— Era o que nos faltava! — completou Nicolas, lançando um olhar agradecido à irmã pelas explicações. — Além de eu ter que lidar com os criminosos à solta por aí, ainda tenho de me preocupar com espíritos rondando minha namorada.

— Confie na vida — sugeriu Marian, sempre tranquila. — Quem confia na vida sempre ganha.

Eles continuaram conversando sobre outros assuntos, e Miah assou a lasanha, embora ainda estivesse receosa de entrar na cozinha. Com Marian e Nicolas por ali, ela se sentia mais protegida.

— Sabe de quem é a culpa disso tudo? — perguntou Miah quando estavam deitados. Marian havia pegado um táxi e já voltara para o apartamento de Nicolas, pois na manhã seguinte suas aulas começariam.

— E alguém é culpado por isso? — ele perguntou.

— Claro que sim. A culpada é aquela cigana desgraçada que encontramos na praia. Depois que ela falou aquele tanto de besteiras, eu fiquei insegura e acabei vendo o que não deveria ver. Não acha muita coincidência?

— Pode ser, mas não acho que a cigana tenha falado tantas besteiras assim — considerou Nicolas. — Talvez ela até tenha dito algumas verdades, como o nosso futuro.

— Ela disse que não seremos sempre felizes, lembra? Ela só previu tragédias para nós, aquela idiota louca. Vai ver que esse espírito veio me assombrar a mando dela.

— Ora, Miah, isso não tem nada a ver. Quem sabe esse espírito apenas tenha vindo conferir de perto o quanto você é bonita? — sugeriu Nicolas, beijando-a no ombro.

Miah sorriu, mas não pôde responder, porque Nicolas já estava prensando sua boca contra a dela. Gotículas de suor começaram a surgir pelos poros dos dois, enquanto se amavam na confortável cama de Miah. Envolvidos nos prazeres do momento, nenhum dos dois pôde ver o homem que os observava em silêncio do canto do quarto, o mesmo homem que Miah vira na cozinha. Ele olhava para o casal na cama como se não estivesse aprovando o fato de eles estarem juntos. E como se o ato sexual do casal o enojasse, ele virou as costas e sumiu através da parede.

Capítulo 41

— Ter conhecido você tem suas vantagens... — comentou Miah com a cabeça sobre o peito de Nicolas. — Como esses extasiantes momentos que vivemos.

— Se você quiser mais, estou por aqui — ele sorriu, deslizando a mão pela perna de Miah.

— Você anda muito safado, isso sim. Eu adoraria mais uma rodada de amor, mas precisamos dormir agora. Amanhã, você vai estar atolado de coisas na delegacia e eu... bem, vou voltar ao Canal local e ver no que vai dar.

— Nisso eu estou de acordo. Amanhã, creio que só teremos notícias boas. Você vai conseguir seu emprego de volta e eu vou prender esse maldito criminoso. E quando eu fechar esse caso, quero me dedicar mais a aprender sobre espiritualidade. Marian tem muito a nos ensinar.

— Também acho. Ela será uma excelente professora — garantiu Miah, sorrindo.

Ambos trocaram mais um beijo apaixonado e mergulharam no sono. E nos sonhos.

Os corredores que levavam às prisões das masmorras eram um caminho familiar para Sebastian. Percorrera aquele trajeto dezenas de vezes, enquanto ia "conversar" com os prisioneiros. Sabia que ali também se encontravam as terríveis câmaras de tortura. E era exatamente para uma delas que ele caminhava agora.

Assim que cruzou a porta de madeira, que estava sendo vigiada por dois soldados, Sebastian entrou em uma sala iluminada parcialmente por velas e tochas. Havia somente uma pessoa ali, mas dessa vez Sebastian não cometeria a tolice de mandá-la para a fogueira sem que tivesse uma resposta satisfatória. De uma vez por todas, ele iria descobrir onde Angelique estava escondida. Iria caçá-la e matá-la.

Por incontáveis vezes, Sebastian idealizara o momento em que mataria Angelique. A fogueira seria arriscada para uma bruxa do seu porte. Ela merecia uma morte lenta e dolorosa, o que também era arriscado. A feiticeira maligna possuía poderes ocultos e poderia usá-los a qualquer momento. Dessa forma, a única solução seria destruí-la com a lâmina fatal de sua espada. Atravessá-la no peito de uma forma rápida e profunda, para que não houvesse chances da bruxa escapar com vida.

Sebastian apanhou uma das tochas presas num suporte de concreto na parede e se aproximou de sua vítima. Passou as labaredas próximas ao rosto da mulher, que recuou para não ser atingida. Aparentava cerca de vinte anos e era linda e delicada como uma ave colorida. Mas outros inquisidores a capturaram dizendo que a mulher lidava com as forças de Satanás, pois ela afirmava ver e conversar com pessoas mortas. Sebastian acreditava que ela conhecia Angelique e sabia onde ficava o esconderijo da líder de todas as feiticeiras.

— Piedade! Solte-me daqui! Deixe-me ir embora! — ela implorou, assim que conseguiu focalizar o rosto de Sebastian.

— Eu poderei lhe dar a liberdade, se me falar o que sabe sobre Angelique. Você a conhece?

— Angelique é a mulher mais poderosa de que tenho notícias. Porém, nunca a vi.

— Está mentindo! Quero que me diga como chego ao esconderijo dela. Diga-me agora!

— Não sei! Não sei! — repetia a prisioneira, apavorada.

Sem hesitar, Sebastian baixou a tocha e um chiado terrível foi ouvido, quando o fogo queimou as coxas da menina. Ela soltou um grito de dor, enquanto um odor de carne queimada subia às narinas dos dois.

— Posso queimá-la até a morte, se você não me falar o que sabe sobre Angelique. Onde está a bruxa?

— Não sei. Existem muitos lugares para onde ela possa ter fugido, mas juro que não conheço nenhum.

Sebastian ia baixar a tocha novamente, quando teve uma ideia melhor. Ele apanhou uma pequena faca da roupa e a pressionou contra a pálpebra esquerda da mulher, que, amarrada, não conseguiu se mover.

— Fale-me sobre Angelique, ou perderá a visão!

Intimamente, Sebastian sabia que a garota estava dizendo a verdade. Ela realmente não conhecia o paradeiro de Angelique, ou não hesitaria em falar para reconquistar a liberdade, embora ele não tivesse a mínima intenção de deixá-la fugir, mesmo que ela confessasse a verdade sobre a líder das bruxas.

A jovem continuou clamando por piedade, temendo que Sebastian perfurasse seus olhos com a faca. Porém, ele guardou a lâmina no mesmo lugar de onde a tirara, e a prisioneira mal conteve um suspiro de alívio quando Sebastian deixou a câmara de tortura.

Caminhando a passos largos, Sebastian deixou as masmorras e seguiu diretamente para seus aposentos.

Trocou de roupa e permaneceu um longo tempo olhando pela janela. Todas as noites, ele ficava observando a paisagem, na esperança de descobrir o lugar para onde a bruxa partira. Talvez Angelique nem estivesse tão longe, mas, por outro lado, era possível que ela já tivesse deixado os domínios da França e seguido para outro país.

A batida suave à porta fez Sebastian virar-se. Ele autorizou a entrada de Belle, que trazia nas mãos o caldo que Sebastian tomava antes de dormir. A serva colocou a tigela sobre a mesa e sorriu para ele.

— Deseja algo mais, senhor?

Sebastian sabia o quanto Belle era provocante na cama e talvez tudo o que ele precisasse naquele momento fosse um pouco de distração e prazer. Assim, ele apenas indicou a cama, e a criada imediatamente captou sua mensagem.

Belle começou a se despir e, em poucos instantes, estava nua diante de Sebastian, que passou a língua pelos lábios, enquanto contemplava a perfeição daquele corpo jovem e firme. Ela deslizou para a cama e deitou-se da forma mais sedutora que conseguiu.

Sebastian já estava despindo-se, quando ouviu uma movimentação pela janela. Quando espiou para baixo, viu diversos soldados montados à cavalo partindo a pleno galope, o que o fez deixar Belle deitada em sua cama. Rapidamente, ele saiu dos seus aposentos e cruzou com um bispo que parecia agitado.

— O que houve?

— Alguns camponeses foram avistados nas redondezas seguindo em seus cavalos. Os soldados foram conferir se eles são fiéis praticantes da heresia.

O bispo seguiu pelos corredores e, como o assunto não pareceu interessante para Sebastian, ele decidiu retornar aos seus aposentos. Mas, como por encanto, a visão do corpo de Belle já não lhe despertava mais o interesse. Ele havia perdido completamente a vontade de possuir aquela mulher.

— Vista-se e saia. Quero ficar só — ele ordenou.

Belle não discutiu. Rapidamente, vestiu seus trajes e, antes de sair, indicou o caldo sobre a mesa.

Sebastian não o tomou. Tenso, ele se voltou para a janela e conferiu a movimentação bem à sua frente. Ele só teria interesse naquela ação, se entre os camponeses estivesse Angelique. Porém, Sebastian sabia que não seria tão fácil capturá-la.

Mais uma vez, bateram na porta, e ele pediu que a pessoa entrasse. A mulher entrou e fez uma discreta reverência para Sebastian.

— Posso retirar seu caldo, senhor?

— Sim. Não vou tomá-lo.

A mulher se aproximou da tigela. Usava uma espécie de manto azul escuro, que lhe encobria a cabeça e parte do rosto, como a maioria das mulheres. Sebastian já possuíra muitas mulheres ali e mal se lembrava do rosto de cada uma delas. Talvez ele também já tivesse possuído aquela que tinha chegado e que parecia ser mais sensual do que Belle. Sentindo o desejo voltar, ele ordenou:

— Quero possuí-la. Dispa-se e deite-se comigo.

A mulher assentiu em silêncio. Nesse momento, uma rajada de vento frio entrou pela janela e apagou a iluminação das tochas, deixando os aposentos em completa penumbra. Mesmo na penumbra, Sebastian pôde contemplar a nudez absolutamente perfeita daquela mulher, enquanto cascatas de cabelos negros caíam em suas costas. Sim, ela era muito melhor do que Belle.

Sebastian também já estava nu. Ele começou a deslizar as mãos por aquela pele macia e quente, até que ela se deitou sobre ele. Ele tentou beijá-la, mas a mulher desviou o rosto, como se quisesse provocá-lo. Sorrindo no escuro, Sebastian a beijou no pescoço, enquanto tentava penetrá-la. A mulher parecia esquiva, como se desejasse brincar com ele, ou deixá-lo ainda mais sedento de prazer.

Sebastian aproximou a boca do ouvido da jovem e perguntou:

— Como se chama? Você é amiga de Belle?

Ela também aproximou os lábios do ouvido de Sebastian e respondeu com voz sedutora:

— Não. Não tenho muitas amigas.
— Quero possuir você.
— Sim, senhor. Mas antes, quero lhe dizer meu nome.

Sebastian sorriu extasiado e fechou os olhos. Ela respondeu num sussurro:

— Meu nome... é Angelique.

Capítulo 42

Nicolas ainda pensava em seu sonho, quando entrou na delegacia na manhã seguinte. A cada vez que sonhava, surgiam situações novas e fatos reveladores. Ele se recordava nitidamente do seu último sonho. Vira a prisioneira no calabouço, os soldados montados em seus cavalos e as duas mulheres que foram visitar o inquisidor em seus aposentos. Com certo espanto, Nicolas concluiu que vira exatamente o que Sebastian também vira. Era como se ele enxergasse as cenas através dos olhos do personagem do seu sonho. "É como se eu fosse ele", pensou Nicolas, sentindo um calafrio na espinha.

"Pouco antes de eu despertar, houve um novo reencontro entre Angelique e Sebastian. Ela se disfarçou e agora está na mesma cama que ele", refletiu Nicolas. "Sebastian jamais poderia imaginar que a feiticeira fugitiva estivesse tão próxima. O que será que aconteceu? Detesto sonhar com isso, mas acho ainda pior quando fico curioso a respeito do que vai acontecer depois".

No instante em que entrou na delegacia, Nicolas jogou as imagens do sonho para escanteio em sua mente. Agora, assuntos mais importantes exigiam seu raciocínio. Os sonhos poderiam esperar para serem desvendados mais tarde.

Nicolas encontrou o delegado tomando café na cantina. Os dois se cumprimentaram, e Elias fez algumas perguntas a respeito da festa de Lourdes. Nicolas respondeu-lhe dizendo que tudo tinha sido perfeito e tornou a dizer que lamentou a ausência de Elias na festa.

— Na próxima oportunidade, se houver, eu irei — garantiu Elias, sorrindo. O delegado pingou algumas gotas de adoçante em seu café, enquanto Nicolas pedia uma fogaça de calabresa. — Agora temos que nos concentrar em nossas tarefas para o dia de hoje. Temos que agir rápido, já que, segundo a lógica do criminoso, ele deve atacar a qualquer momento do dia de hoje.

— Meu primeiro passo será conversar com o ex-aluno da turma de Tamires, que você disse ter descoberto. Depois, vou procurar Edna.

— Uma ex-aluna, na verdade. Rita Gomes. Ela está nos aguardando em sua casa. Disse que podemos visitá-la em qualquer horário — informou Elias, bebendo o último gole de seu café.

— Vamos conversar com ela agora. É cedo ainda, mas espero que ela possa nos receber — disse Nicolas pegando sua fogaça. — Terminando de comer, nós podemos ir até a casa dela — Nicolas olhou ao redor: — O Mike ainda não chegou? Estou estranhando o fato de ele não estar aqui do meu lado, implorando para que eu lhe pague um salgado.

— Nem Mike nem Moira. Será que eles estão pensando que era para emendar? Hoje é segunda-feira, afinal.

— Ambos são muito responsáveis para fazerem algo assim — Nicolas sorriu. Olhando para a porta, ele ampliou o sorriso. — Veja, lá estão eles.

— Hum, será que esses dois...

— Não mesmo. Eles são apenas amigos e companheiros de trabalho, mas garanto que um não está a fim do outro. Mike gosta de outra pessoa e Moira também

— baixando o tom de voz, Nicolas acrescentou: — Os paqueras deles são meus irmãos mais novos.

— Puxa vida! — foi tudo o que Elias disse.

Moira se dirigiu ao balcão da recepção, enquanto Mike se aproximava rindo alegremente. O policial lançou um olhar comprido para o salgado que Nicolas estava comendo e perguntou:

— Bom dia, Bartole! Paga uma esfirra pra mim? E aceito um suco também.

Nicolas se virou para o delegado e respondeu:

— Falei cedo demais, Elias.

Dez minutos depois, Nicolas e Elias seguiam para a residência de Rita Gomes, a ex-aluna do colégio de Antero. Ela morava numa casinha simples, toda pintada de branco, o que incluía portas e janelas. Vasos de flores brancas enfeitavam as laterais da casa.

— Essa mulher gosta da cor branca, não? — notou Elias.

— Não me surpreenderia se ela estiver vestida de branco — opinou Nicolas, após tocarem a campainha.

Rita não estava vestida de branco, mas sim de preto. Era uma mulher baixa e magra e nem de longe tão bonita como Tamires fora. Contudo, trazia um simpático sorriso nos lábios, que inspirava confiança em que a olhasse.

— Senhora Rita? — perguntou Nicolas, enquanto ela se aproximava do portão. — Sou o investigador Nicolas Bartole e este é o doutor Elias Paulino, delegado.

— Não precisa fazer as apresentações, porque já sei de tudo — Rita destrancou o portão. — O doutor Elias me telefonou ontem. Sejam bem-vindos, por favor. Só não esperava que viessem tão cedo.

— Espero não a ter acordado — ponderou Nicolas.

— Não. Eu costumo me levantar bem cedo para preparar o café da manhã do meu marido. Depois que ele sai para o trabalho, eu fico cuidando da casa.

Quando entraram na residência, Nicolas notou que a mulher fazia realmente um bom trabalho no lar. Não havia um objeto fora do lugar, e ele tinha quase certeza de que, se passasse o dedo sobre um dos móveis, não encontraria nenhum vestígio de poeira. As paredes eram brancas, assim como as cortinas e as capas que cobriam os dois sofás.

— A senhora gosta mesmo da cor branca, não? — tornou Nicolas, olhando ao redor.

— Sim, sempre gostei. Parece que o ambiente fica maior, mais suave, mais acolhedor. Sentem-se, por favor.

Os dois homens se sentaram no sofá, e Rita sentou-se no outro estofado, posicionado de frente para eles.

— Já tomaram café? Posso lhes servir algo? — indagou Rita, solícita.

— Não se preocupe conosco, dona Rita. Estamos bem — respondeu Elias, esboçando um sorriso. — Como eu já lhe havia dito antes, viemos aqui porque precisamos que nos dê algumas informações sobre um determinado período na época de sua escola.

— Ajudarei como puder — prontificou-se Rita.

— Sim, nós sabemos disso — atalhou Elias. — Quantos anos tem agora, dona Rita?

— Vinte e seis. Nós tínhamos a mesma idade nessa época. Hoje, todos estão com mais ou menos vinte e seis anos. Quer dizer, menos Tamires. Eu fiquei muito triste ao saber da morte dela — lamentou Rita.

— Vocês mantinham amizade?

— Não, mas às vezes nos cumprimentávamos quando nos víamos pela cidade. Quando deixamos a escola, dificilmente conseguimos manter a amizade com todos os nossos colegas. É comum perdermos contato com a maioria deles.

— Não sei se sabe, mas outras duas pessoas que foram suas colegas também estão mortas — interveio Nicolas. — Trata-se de Henrique Marine e Pablo Gouveia.

A reação de susto de Rita foi verídica. Ela empalideceu, enquanto levava a mão ao peito.

— Meu Deus! Quando isso aconteceu?

— Os três foram mortos na semana passada — prosseguiu Nicolas. — E eu estou liderando a investigação sobre o assassinato deles.

— Eles também foram assassinados como Tamires? Não acham muita coincidência? — argumentou Rita, trêmula.

— Na verdade, não foi coincidência — devolveu Elias. — Os três foram assassinados pela mesma pessoa.

Se fosse possível, Rita conseguiu ficar ainda mais lívida. Seus lábios ficaram ressecados, enquanto toda a cor de seu rosto desaparecia.

— Como isso aconteceu? Eu soube que Tamires foi morta dentro de uma academia. Não tenho acompanhado os noticiários desde então. Pablo e Henrique reagiram a algum assalto? Eles estavam juntos?

— As mortes aconteceram em dias diferentes. Houve um quarto ataque à outra vítima, que felizmente conseguiu sobreviver. Trata-se de Sabrina Dasso — explicou Elias. — Ela entrou em coma em virtude do ataque e não pôde nos ajudar.

— Quem está fazendo isso com eles? — inquiriu Rita, cada vez mais chocada.

— É por isso que estamos aqui — contou Nicolas. — Esperamos que a senhora possa nos ajudar a pegar a pessoa que está assassinando seus ex-colegas de classe, nos dizendo tudo o que se recorda dos anos em que estudaram juntos.

— Bem, muitos anos já se passaram e muitas coisas foram esquecidas — de repente Rita abriu a boca e suas mãos começaram a tremer. — Não pode ser.

— O que não pode ser, dona Rita? — perguntou Nicolas.

— O Batalhão de Fogo.

— Como disse? — indagou Elias.

— Sim, só pode ser isso! Eles eram do Batalhão de Fogo.

— Do que a senhora está falando?

— Queiram me acompanhar ao meu quarto, por favor — pediu Rita, subitamente agitada pela recordação que tivera. Assim que entrou em seu quarto, ela se abaixou e começou a puxar algumas caixas dispostas debaixo da cama. — Vou procurar e mostrar aos senhores.

— O que é Batalhão de Fogo? — perguntou Nicolas, trocando olhares interrogativos com Elias.

Rita não disse nada, enquanto olhava os álbuns de fotos. De repente, abriu um envelope e sacou uma grande fotografia, que mostrava uma turma de crianças reunidas. Ela alisou o retrato colorido com cuidado e se levantou. Depois, pediu que Elias e Nicolas se aproximassem.

— Esta foto foi tirada no último dia de aula. Vejam só essas crianças — ela indicou uma menina magra na primeira fila. — Esta sou eu.

Nicolas apontou na fotografia para uma menina bonita, posicionada entre dois meninos na segunda fila. Embora ela tivesse um rostinho infantil, não havia como confundir Tamires.

— Esta é Tamires, estou certo?

— Sim. E esses dois meninos ao lado dela são Henrique e Pablo. Reparem nessa menina negra ao lado de Pablo. É Sabrina — explicou Rita, indicando as crianças na foto. — Agora, ao lado de Henrique, do outro lado, há mais dois meninos. Oséias Silveira e Fabiano Góes. Eram seis no total.

— Como assim? — indagou Nicolas.

— Pablo, Henrique, Oséias, Fabiano, Tamires e Sabrina formavam um grupo meio assustador. Eles eram valentões e só andavam juntos. Roubavam nossos lápis e nossas borrachas e estragavam nossos cadernos. E, se contássemos para a diretora, eles nos castigavam — contou Rita, enquanto Nicolas e Elias continuavam olhando para a fotografia produzida quinze anos antes. — Eles eram terríveis, por isso se apelidaram de Batalhão de Fogo.

Enquanto Rita falava, Nicolas apontou para a única mulher que aparecia na imagem, certamente a professora do grupo. Ela estava bem mais nova na fotografia, mas era impossível não reconhecer a figura de Edna, atual supervisora da *Músculos & Beleza*.

— Esta era a professora de vocês?

— Sim. Ela se chama Edna. Deixou de lecionar, pois conseguiu há alguns anos um excelente emprego na academia em que Tamires foi encontrada morta — Rita piscou e olhou para Nicolas. — Ela não tem nada a ver com isso, certo?

— O grupo, que ficou conhecido como Batalhão de Fogo, tinha algum alvo específico? Havia alguém com quem eles mais implicavam?

— Eles perturbavam todo mundo, tanto da nossa sala como das outras séries. Todo mundo tinha medo deles. Eu ficava bem quietinha no meu canto, temendo um possível ataque. As duas meninas do grupo costumavam perturbar as outras garotas e os quatro meninos maltratavam os garotos. Era horrível! E Edna não fazia nada a respeito. Nem mesmo a diretora da escola podia fazer algo para nos ajudar. Nos dois anos seguintes, tudo se tornou ainda pior. Eles passaram a agredir outras crianças. Os meninos invadiam o banheiro das meninas e ficavam nos assustando, tentando nos ver sem roupa. Lembro que segurava a vontade de ir ao banheiro, para não ser o alvo do Batalhão de Fogo — Rita meneou a cabeça para os lados e tornou a fitar Nicolas fixamente.

— O senhor me perguntou se eles tinham um alvo específico? Sim, havia uma criança a que eles não davam sossego. Judiavam dela quase todos os dias. Imagine o inferno que era ter que aturar aqueles seis falando em sua cabeça durante três anos?

"É isso", pensou Nicolas. "Essa criança se tornou o assassino de hoje. Faz todo o sentido. Ele está silenciando as vozes. Foi isso que deixou escrito na penúltima mensagem. Antes vítima e hoje algoz, para silenciar a próxima voz".

— Você lembra o nome dessa criança? — perguntou Nicolas, trocando um olhar com Elias, que também já entendera o raciocínio do investigador.

— Hum... ele era um menino quietinho, muito isolado em seu próprio mundo...

— Um menino? — refletiu Elias. — Obviamente, hoje é um homem.

— Acham que é ele quem está se vingando dos membros do Batalhão de Fogo tantos anos depois? — inquiriu Rita, retirando a fotografia das mãos do delegado e tornando a passar os olhos por cada rostinho risonho.

De repente, Rita pousou seu dedo sobre um menino com o rosto parcialmente virado de lado, como se ele não estivesse interessado em sair bem na foto. Ele estava na última fileira e quase não dava para visualizar seu rosto.

— Era este o menino de quem eu falava. Céus, como ele se chamava mesmo?

— Você disse que ele era uma criança calada...

— Sim, mas muito inteligente. Conseguia fazer rimas como ninguém.

— É ele mesmo — concluiu Nicolas, subitamente ansioso. — Você sabe nos dizer onde esse rapaz mora?

— Sei que ele ainda mora na cidade. Eu o vi pela última vez há uns três ou quatro anos. É engraçado notar que, apesar de morarmos numa cidade de médio porte, nem sempre conseguimos reencontrar as pessoas. Ah, lembrei o nome dele! É Artur Alvarenga.

Sem hesitar, Elias apanhou o rádio e entrou em contato com Mike, ordenando que ele fizesse um levantamento imediato do nome Artur Alvarenga. Depois de encerrar o chamado, o delegado perguntou:

— O que o Batalhão de Fogo costumava fazer com Artur?

— Batiam nele, insultavam-no e cometiam pequenos atos de tortura. Artur era muito inteligente e ia bem em todas as matérias. Isso despertava inveja nas demais crianças, principalmente naqueles seis pequenos demônios. Eles passaram a aterrorizar Artur. Várias e várias vezes, ele aparecia chorando, mas, temendo outra represália, nunca dizia que tinha sido atacado pelo Batalhão. Isso não resolvia nada. Passado um dia, eles pegavam Artur novamente e batiam nele. Quase sempre acontecia na hora do recreio, mas a inspetora era bem velha e nem via direito o que estava acontecendo.

— Eles batiam nele dia sim, dia não?

— Sim. Artur já ia para a escola preparado para apanhar.

"Ele está matando as vítimas com o mesmo intervalo de tempo das surras. Pula um dia e torna a matar de novo. Exatamente como faziam com ele", percebeu Nicolas.

— Artur nunca conversou com você a respeito disso?

— Só uma vez. Na verdade, ninguém conversava com Artur. O Batalhão de Fogo tinha deixado um aviso geral de que, se alguma criança fosse vista conversando com Artur, também seria castigada. Era uma espécie de punição para que Artur passasse cola no dia das provas.

Ele tinha medo da professora, então nunca dava as respostas. Por essa razão, acabava apanhando mais e mais.

— Você lembra como batiam nele?

— Normalmente, Pablo e Oséias, que eram os piores, derrubavam Artur no chão e o chutavam. Fabiano, que era o líder do grupo, cuspia nele e o xingava de nomes feios. Quase sempre, os meninos batiam na cabeça de Artur, pois acreditavam que, se ele apanhasse na cabeça, deixaria de ser tão inteligente.

"As vítimas foram atacadas com halteres de academia", refletia Nicolas, juntando todas as peças do quebra-cabeça. "Foram agredidas na cabeça, como fizeram com Artur no passado".

— Quando Artur falou comigo, ele disse que tudo o que queria é que o deixassem em paz. Ele reclamou que não aguentava mais estudar naquela escola, mas seus pais não queriam transferi-lo, pois o outro colégio público fica na saída da cidade e é bem longe. Ou seja, não havia outra opção para Artur. Eles nunca o deixavam em paz.

"Ele está se sentindo em paz agora", refletiu Nicolas. "As pombas representam a paz que ele tanto desejou ao longo dos três anos que sofreu nas mãos do Batalhão de Fogo e, de certa forma, nos anos seguintes também".

— Me diga uma coisa, dona Rita... Tanto Tamires quanto Pablo e Henrique eram donos de corpos lindos e perfeitos. Sabe me dizer se isso lhe traz alguma recordação?

— Sim, senhor Bartole. Naquela época, eles já valorizam o corpo, embora, não fizessem academia por serem crianças. Todos eram orgulhosos e vaidosos, principalmente Sabrina e Tamires. Artur era magro e meio curvado. Eles faziam piadas e debochavam sobre isso também. Certa vez, eles...

— Continue, por favor — incentivou Elias.

— Nunca soubemos se de fato isso foi verdade, entretanto, eu não duvidava de nada que aquele grupo horroroso pudesse fazer. Disseram que houve uma vez em que eles prenderam Artur no banheiro dos meninos e o obrigaram a... — Rita pareceu constrangida em ter que dizer aquilo. — Obrigaram Artur a fazer sexo oral em cada um deles, nas meninas e nos meninos. Todos eles eram nojentos. Sinceramente, eu não o culparia por estar se vingando agora. Acho até que ele esperou demais. Sei que a vingança não é a maneira correta de fazer justiça, muito menos quando ela é feita com as próprias mãos, mas ele está fazendo cada um pagar por tudo o que o fizeram sofrer.

— A senhora comentou que o viu há alguns anos — atalhou Elias. — Lembra-se de sua aparência atual?

— Lembro, mas não vai ajudá-los. Artur é um rapaz comum. Ele também está com vinte e seis anos, tem a pele clara, cabelos e olhos escuros. Só isso. Quantos moços dessa mesma idade e com essas descrições existem em nossa cidade?

— Se Artur não tinha amigos, porque era proibido de tê-los, é bem provável que, hoje em dia, ninguém saiba o endereço onde ele vive — considerou Nicolas.

— Não mesmo. Eu achava que ele tinha até se mudado da cidade, porque só lhe trazia recordações ruins. Se ele está se vingando agora, deve estar por aí — Rita soltou um longo suspiro. — Ainda bem que nunca fiz mal a ele. Assim não me torno uma vítima em potencial.

— Provavelmente, não — concordou Elias. — Ele só está atrás dos membros do Batalhão de Fogo. Já matou três e deixou Sabrina em coma. Agora, certamente irá atrás de Fabiano e de Oséias. Você sabe onde poderíamos encontrá-los?

— Infelizmente, não. Como eu disse, perdi o contato com eles há muito tempo. E, mesmo assim, eu faria questão de mantê-los afastados de mim. Eles foram maus, e nada me garante que agora que se tornaram adultos eles ficaram bons.

Nicolas se lembrou das palavras da prostituta Dani, que trabalhava no *Museum*. Ela lhe dissera que Pablo afirmara ter feito coisas ruins no passado, mas que agora estava arrependido e queria fazer coisas boas. Lembrou-se ainda de ela ter mencionado um armário, segundo o que Pablo lhe dissera.

— Tenho apenas mais uma pergunta, dona Rita. A senhora se lembra se alguma vez eles trancaram Artur num armário ou em algo parecido?

Rita pensou um pouco e sacudiu a cabeça negativamente.

— Não me lembro, mas não acharia estranho se eles tivessem feito algo assim com Artur. Como eu disse, eles eram ruins. Eram pequenos capetas.

Nicolas olhou para Elias, mas o delegado fez um gesto com a cabeça, dizendo que também não tinha mais perguntas. Por fim, ele e Nicolas agradeceram a prestimosa colaboração de Rita. Ela os guiou até o portão, destrancou-o e, antes que eles saíssem, acrescentou:

— Sei que Artur está agindo muito mal por matar seus ex-colegas, mas lembrem-se de que ele também foi vítima. A maldade não pode ser paga com maldade, mas a justiça nem sempre é realmente justa. Pensem nisso, por favor.

— Pensaremos, dona Rita — prometeu Nicolas. — Tenha um bom-dia.

— Nunca soubemos se de fato isso foi verdade, entretanto, eu não duvidava de nada que aquele grupo horroroso pudesse fazer. Disseram que houve uma vez em que eles prenderam Artur no banheiro dos meninos e o obrigaram a... — Rita pareceu constrangida em ter que dizer aquilo. — Obrigaram Artur a fazer sexo oral em cada um deles, nas meninas e nos meninos. Todos eles eram nojentos. Sinceramente, eu não o culparia por estar se vingando agora. Acho até que ele esperou demais. Sei que a vingança não é a maneira correta de fazer justiça, muito menos quando ela é feita com as próprias mãos, mas ele está fazendo cada um pagar por tudo o que o fizeram sofrer.

— A senhora comentou que o viu há alguns anos — atalhou Elias. — Lembra-se de sua aparência atual?

— Lembro, mas não vai ajudá-los. Artur é um rapaz comum. Ele também está com vinte e seis anos, tem a pele clara, cabelos e olhos escuros. Só isso. Quantos moços dessa mesma idade e com essas descrições existem em nossa cidade?

— Se Artur não tinha amigos, porque era proibido de tê-los, é bem provável que, hoje em dia, ninguém saiba o endereço onde ele vive — considerou Nicolas.

— Não mesmo. Eu achava que ele tinha até se mudado da cidade, porque só lhe trazia recordações ruins. Se ele está se vingando agora, deve estar por aí — Rita soltou um longo suspiro. — Ainda bem que nunca fiz mal a ele. Assim não me torno uma vítima em potencial.

— Provavelmente, não — concordou Elias. — Ele só está atrás dos membros do Batalhão de Fogo. Já matou três e deixou Sabrina em coma. Agora, certamente irá atrás de Fabiano e de Oséias. Você sabe onde poderíamos encontrá-los?

— Infelizmente, não. Como eu disse, perdi o contato com eles há muito tempo. E, mesmo assim, eu faria questão de mantê-los afastados de mim. Eles foram maus, e nada me garante que agora que se tornaram adultos eles ficaram bons.

Nicolas se lembrou das palavras da prostituta Dani, que trabalhava no *Museum*. Ela lhe dissera que Pablo afirmara ter feito coisas ruins no passado, mas que agora estava arrependido e queria fazer coisas boas. Lembrou-se ainda de ela ter mencionado um armário, segundo o que Pablo lhe dissera.

— Tenho apenas mais uma pergunta, dona Rita. A senhora se lembra se alguma vez eles trancaram Artur num armário ou em algo parecido?

Rita pensou um pouco e sacudiu a cabeça negativamente.

— Não me lembro, mas não acharia estranho se eles tivessem feito algo assim com Artur. Como eu disse, eles eram ruins. Eram pequenos capetas.

Nicolas olhou para Elias, mas o delegado fez um gesto com a cabeça, dizendo que também não tinha mais perguntas. Por fim, ele e Nicolas agradeceram a prestimosa colaboração de Rita. Ela os guiou até o portão, destrancou-o e, antes que eles saíssem, acrescentou:

— Sei que Artur está agindo muito mal por matar seus ex-colegas, mas lembrem-se de que ele também foi vítima. A maldade não pode ser paga com maldade, mas a justiça nem sempre é realmente justa. Pensem nisso, por favor.

— Pensaremos, dona Rita — prometeu Nicolas. — Tenha um bom-dia.

Capítulo 43

Depois de saírem da casa de Rita, Nicolas pediu a Elias que retornasse à delegacia a fim de apurar as informações que Mike conseguira sobre Artur Alvarenga, pois ele faria uma visita a Edna, na academia. Os dois se separaram e Nicolas se postou diante da entrada da *Músculos & Beleza*, que parecia vazia àquela hora da manhã.

Nicolas foi guiado por uma funcionária até o escritório de Edna e, após subir o último degrau da escada em caracol, viu a supervisora da academia de pé, aguardando-o.

Edna parecia ainda mais bonita do que quando ele a interrogara no domingo anterior. Usava saltos altíssimos, saia preta e um terninho preto. Estava maquiada e elegante.

— Veio fazer mais alguma pergunta sobre o assassinato de Tamires aqui dentro, investigador? — ela perguntou, sem estender a mão para cumprimentar Nicolas.

Para contrariá-la, Nicolas esticou a mão, e Edna se viu obrigada a cumprimentá-lo.

— Eu gostaria de saber por que a senhora não me disse que havia sido professora de Tamires?

Nicolas reparou que ela foi surpreendida pela pergunta, mas não demonstrou medo ou inquietação.

— Achei que não fosse relevante.

— Tudo é relevante um uma investigação policial, principalmente quando a vítima foi assassinada em seu estabelecimento. Não sabia que eram amigas.

— E não éramos. Eu dei aula para Tamires há muitos anos. Quando ela decidiu se matricular nesta academia, o fez por vontade própria. Não tive nada a ver com isso. De vez em quando, nós conversávamos, mas sobre nada importante.

— Outros ex-alunos seus foram mortos nos últimos dias.

Desta vez, os primeiros tons de palidez começaram a cobrir o rosto de Edna.

— Eu ouvi falar que ocorreu um crime em um clube e outro numa casa noturna. Só não soube dos nomes das vítimas.

— Pablo Gouveia e Henrique Marine.

Edna começou a esfregar as mãos, visivelmente nervosa.

— Quem?

— Já sabemos que a senhora e Henrique mantinham certa... relação íntima.

Edna ficou vermelha e cruzou os braços na defensiva.

— Isso não tem nada a ver. Henrique era criança naquela época, mas se tornou um homem. Começamos a sair juntos no final do ano passado. Sou divorciada e não devo satisfações a ninguém.

— Concordo com a senhora. Por isso, quero que me diga se Henrique alguma vez comentou sobre estar sendo ameaçado por alguém.

— Nunca. Ele saía com várias mulheres, pois era garoto de programa. A vida dele não me interessava realmente.

— A sua, no entanto, devia interessá-lo, pois seu nome estava destacado em sua agenda pessoal. Acho que ele a considerava melhor que as demais clientes.

Edna caminhou até uma garrafa térmica de café e se serviu de uma xícara, mas não ofereceu a bebida a Nicolas.

— Tudo bem. Vou contar a verdade. Henrique pretendia deixar aquela vida de lado. Ele sempre me dizia que a prostituição o fazia não ter sentimentos por ninguém, mas ele havia se apaixonado de verdade por mim. E eu acreditei. Henrique era perfeito pra mim. Nós pretendíamos nos casar no fim do ano.

— A senhora não sentiu falta dele nesses dias? Ele foi morto há quase uma semana.

— Não, porque não cobrávamos nada um do outro. Às vezes, passávamos até quinze dias sem nos ver. Nem sequer nos falávamos por telefone. Quando ele me queria, telefonava pra mim. Era sempre ele quem me ligava. Eu não podia ficar ligando pra ele, pois não queria importuná-lo quando ele atendia sua clientela — os olhos de Edna ficaram vermelhos e duas lágrimas escorreram ao mesmo tempo. — Não creio que ele tenha morrido. Como o mataram?

— Da mesma forma que mataram Tamires. Ele foi golpeado na cabeça com um haltere. Pablo Gouveia, que também foi seu aluno, foi morto de forma idêntica. Alguém está assassinando os membros do Batalhão de Fogo. Gostaria de saber se a senhora se lembra desse grupo.

Edna abriu uma bolsa e apanhou um pequeno espelho e um rímel. Ela enxugou rapidamente as lágrimas e retocou os pontos nos quais a maquiagem ficara borrada. Por fim, guardou tudo na bolsa e respondeu:

— Aquilo era uma brincadeira de criança. Tamires, Henrique e Pablo faziam parte do grupo. Por que alguém iria matá-los agora?

— O que a senhora pode me dizer sobre Artur Alvarenga, um ex-aluno seu?

— Não me lembro de ninguém com esse nome. Nos anos em que lecionei, tive muitos alunos. Não posso lembrar-me de todos eles, não acha?

— Artur era o alvo principal desse grupo. Descobri que ele se destacava por sua inteligência, embora fosse quieto e discreto. Ele adorava fazer poemas.

O brilho que surgiu nos olhos de Edna fez Nicolas entender que ela conseguira lembrar-se da pessoa citada.

— Ah, o menino que não passava cola para os demais.

— Sim, era ele mesmo.

— Nunca mais soube dele. Se estiver morando aqui na cidade, eu nunca mais o vi. Acha que ele é o assassino?

— É possível. Havia mais dois membros do Batalhão de Fogo: Fabiano Góes e Oséias Silveira. A senhora os conhece? Saberia me dizer onde posso localizá-los?

— Sinto muito, mas não sei nada sobre eles. Hoje, minhas relações são restritas aos sócios de nossa academia e não aos meus alunos de quinze anos atrás.

— Eu entendo perfeitamente. Bem, acho que é só. Adianto que posso voltar a procurá-la, se achar necessário.

— Sinta-se à vontade, investigador — respondeu Edna, fazendo uma expressão contrariada quando Nicolas voltou a cumprimentá-la. — Desejo-lhe sorte em sua investigação.

— Obrigado. Creio que eu vá precisar mesmo.

Nicolas não fez uma cara feliz, quando Moira apontou para três pessoas e lhe disse que o estavam aguardando. Lucas, Francisco e a advogada Alessandra pareciam irritados e mal-humorados.

— Ainda bem que chegou, senhor Bartole. Meus clientes já não aguentavam mais esperá-lo — disse

Alessandra, parecendo mais do que nunca com a bruxa da história da Branca de Neve.

— Não me lembro de ter horário marcado com vocês — retribuiu Nicolas, contendo a impaciência. — Estou com meu dia bem corrido hoje. O que desejam?

— Podemos conversar em um lugar mais reservado? — perguntou Francisco.

Nicolas assentiu e os conduziu até sua pequena salinha. Como não havia cadeiras para todos, Lucas ficou em pé. Quando a porta foi fechada, o rapaz começou:

— Viemos saber em que pé está sua investigação, senhor Bartole. Quero saber se já tem pistas da pessoa que matou a minha Tamires.

— A investigação é confidencial, mas garanto que, assim que o caso for encerrado, todas as informações serão divulgadas para a mídia — prometeu Nicolas.

Francisco colocou as mãos sobre a mesa dizendo:

— O senhor foi até nossa marcenaria, nos azucrinou, insinuando que podíamos ser os culpados do crime e chegou a supor que meu filho tivesse alguma coisa a ver com o assassinato da moça. Pelo visto, estamos fora de suspeita agora, mas com nossa honra manchada por sua falta de orientação. Vim avisá-lo de que, ao final do caso, quando o verdadeiro assassino for preso, vou abrir um processo de difamação e calúnia contra o senhor.

— Eu tenho mesmo que ouvir isso? — censurou Nicolas em voz alta, porém falando consigo mesmo. Coçando a pequena cicatriz perto da boca, ele encarou Francisco. — As perguntas foram feitas, porque Lucas mantinha relações com a vítima. É minha obrigação fazer esse tipo de pergunta, senhor Francisco. Lamento ter-lhe causado má impressão, mas não vou me desculpar com os senhores quando o culpado for preso.

— O senhor Francisco achou suas perguntas incoerentes, senhor Bartole — informou Alessandra. — Ele tem todo o direito de prosseguir com a ideia que teve.

— Ah, é? Pois façam como achar melhor. Podem me processar. Não tenho tempo para ficar esquentando minha cabeça com pessoas que não têm o que fazer. E se a conversa terminou, quero ficar sozinho porque sou um homem ocupado — sem esperar por resposta, Nicolas ficou em pé e apontou a porta de saída.

— O senhor é um mal-educado — criticou Francisco. — Nem sequer foi capaz de deter a pessoa que matou a namorada do meu filho. Amanhã mesmo, a doutora Alessandra dará entrada na documentação do processo no fórum.

— Amanhã ainda? E por que não hoje? — tornou Nicolas sorrindo friamente, embora não estivesse de bom humor. — E agora saiam os três daqui, antes que eu mande dois policiais enfiarem vocês em uma cela por fazerem ameaças a uma autoridade policial. Aproveitem meu bom humor.

— Eu tenho a lei do meu lado, investigador — lembrou Alessandra muito irritada.

— E eu tenho o distintivo do meu, doutora. E se daqui a dois segundos, vocês ainda estiverem em minha sala, terei de tomar providências.

No segundo seguinte, eles já estavam deixando a sala.

— Era tudo o que eu precisava — resmungou Nicolas, quando se viu sozinho. — Pessoas chatas e arrogantes fazendo ameaças dentro da minha sala de trabalho.

Alguém bateu na porta, e Nicolas se empertigou, pronto para reclamar caso fosse Alessandra e seus clientes, mas era Elias trazendo um envelope na mão.

— Mike está rápido em suas funções. Já conseguiu obter algumas informações sobre Artur Alvarenga — ele esticou o envelope para Nicolas. — Conseguiu falar com Edna?

— Sim, mas ela não ajudou. Disse que não havia mencionado o fato de ter sido professora de Tamires, porque achou que não fosse algo importante. Confessou que era amante de Henrique e disse que eles pretendiam se casar em breve. Ela não sabe onde poderemos encontrar Oséias e Fabiano.

— Lembra-se daquela loja de que eu falei, chamada *Último Patamar*?

— Sim, a loja do homem, cujo filho é uma provável vítima do assassino. Você já sabe se o rapaz é Oséias ou Fabiano?

— Aí é que está. O rapaz da loja se chama Jurandir Leão. É negro e não se parece em nada com nenhum dos membros do Batalhão de Fogo. Talvez o "último patamar" não seja o nome de um lugar e sim o último andar de um edifício ou shopping, sei lá. Às vezes, pode ser também um espaço maior no topo de uma escada. Como essa loja fabrica escadas, eu achei que pudesse ter algo a ver, mas pelo jeito são apenas suposições — lamentou Elias.

— Dessa vez, sabemos os nomes das prováveis vítimas e isso pode se configurar como uma vantagem a nosso favor. No entanto, se não descobrirmos onde estão Oséias e Fabiano, não saberemos onde Artur vai atacar dessa vez.

— Leia as informações que Mike descobriu sobre Artur.

Nicolas abriu o envelope e pegou duas folhas de papel. Mike fizera um trabalho completo, mas que aparentemente não ajudaria muito. No relatório, havia informações de que Artur Alvarenga estava com vinte e seis anos e era filho de pais divorciados. Há seis meses, sua mãe, com quem morava até então, havia falecido, e o pai, partido para outra cidade. Na ficha constava também o endereço da residência de Artur.

— Nem adianta ficar empolgado. É um endereço falso — explicou Elias. — Foi a primeira coisa que me chamou a atenção. Claro que poderíamos voltar à escola de Antero, após conseguirmos um mandado judicial para descobrir o endereço de Artur nos tempos de criança. Talvez ele ainda more no mesmo lugar.

— Sem chance, Elias. Isso demanda tempo e não conseguiríamos resolver isso hoje. Precisamos agir de outra maneira. Peça ao Mike para buscar informações sobre Oséias e Fabiano.

— Já pedi. Enquanto aguardamos por ele, o que podemos fazer?

Nicolas recebeu um bipe pelo rádio e imediatamente abriu um chamado. Fez um gesto para Elias ao reconhecer a voz do major Lucena.

— Bartole, avise ao Elias que acabamos de receber uma informação da direção do hospital. Sabrina Dasso acordou do coma e já está consciente.

— Excelente notícia, Lucena! Obrigado. Era tudo o que precisávamos. Estamos indo pra lá agora mesmo.

Os dois saíram correndo e dispararam na direção da viatura mais próxima. O próprio Elias assumiu o volante do veículo e arrancou com o carro a toda velocidade.

Capítulo 44

Nicolas não ficou surpreso ao se deparar com três carros da imprensa parados diante da entrada do hospital.
— Como a mídia obteve informações sobre Sabrina? Como eles souberam que ela acordou do coma?
— Talvez eles não estejam aqui por causa dela — alegou Elias, embora ele mesmo não acreditasse nisso.
Desceram do carro, e dois repórteres avançaram sobre eles, com os microfones apontados para frente como nazistas segurando metralhadoras em um campo de concentração. Nicolas não sabia se ria ou ficava furioso ao avistar Miah saindo do carro do Canal local, também portando um microfone. Ed, seu operador de câmera, corria atrás dela.
"Conseguiu seu emprego de volta, hein?", pensou Nicolas. "Mas não vai conseguir tirar informações de mim".
— O que pode nos dizer sobre o crime da pomba branca?
— Sabrina Dasso pode estar envolvida?
— Ela foi atacada pelo assassino? Já sabem quem é?
Ignorando os repórteres, inclusive Miah, Nicolas correu com Elias até a recepção do hospital, onde dois

seguranças bloqueavam a passagem da imprensa. Elias e Nicolas se identificaram para a recepcionista e pediram para subirem ao quarto de Sabrina.

— Ela está no quarto 315, mas antes terão que falar com Eulália, a enfermeira-chefe, que lhes dará a autorização para que possam ver Sabrina — informou a recepcionista indicando um caminho por um longo corredor.

Nicolas detestava o cheiro dos hospitais e também detestou a enfermeira-chefe. Eulália era uma negra robusta e imensa, uma versão feminina de Mike. Tinha cara de poucos amigos e não pareceu feliz em vê-los ali.

— Precisamos falar com Sabrina Dasso — avisou Nicolas após se identificar. — É urgente.

— Ela acordou hoje do coma e não está em condições de ser interrogada pela polícia.

— Sabrina tem informações que podem salvar duas vidas — considerou Nicolas, perdendo a paciência.

— Aguardem aqui. Vou ver o que posso fazer.

— Não vamos aguardar nada — Nicolas avisou. — Viemos aqui para falar com Sabrina e, se ela já está consciente, vamos entrar agora em seu quarto. Não tente nos impedir se não quiser arrumar confusão comigo.

A enfermeira-chefe estreitou os olhos para Nicolas, enquanto pensava: "Já vi que esse gosta de criar caso". Finalmente, a mulher assentiu com a cabeça e indicou uma porta fechada mais à frente, dizendo:

— Eu mesma permanecerei no quarto com vocês. E alerto que dispõe de apenas cinco minutos para interrogá-la.

— Acho que é suficiente — ponderou Nicolas, seguindo Eulália. Ela abriu a porta do quarto, e Elias e Nicolas entraram rapidamente.

Sabrina estava acordada. Como o pescoço estava imobilizado, ela não conseguiu virar o rosto. A cabeça da repórter estava envolta em ataduras brancas e não era possível contemplar seus cabelos. Quando Nicolas entrou em seu campo de visão, ela abriu um sorriso de derrota.

— Veio me insultar, investigador? — ela perguntou.
— Tudo bem, pode começar com as ofensas.
— Ouça, em primeiro lugar quero lhe dizer que lamentamos muito pelo que aconteceu com você. Nós estávamos na praça no momento do seu encontro. Infelizmente, não conseguimos ser suficientemente rápidos para evitar o ataque.
— Ah, foram vocês? — ela fechou os olhos como se o ato de falar lhe doesse a cabeça. Ao reabrir os olhos, Sabrina fitou Elias. — Quer dizer que devo minha vida a vocês?
— A vida é sua e espero que faça bom proveito dela.
— Vocês foram rápidos, sim — prosseguiu Sabrina.
— Do contrário, eu não estaria aqui agora.
— Queremos saber com quem você estava conversando na praça naquele momento. A pessoa fugiu e não conseguimos capturá-la — contou Elias.
— Quatro minutos, senhores — avisou a enfermeira-chefe olhando para o relógio de pulso.
— Artur Alvarenga, um ex-colega de classe — Sabrina tornou a fechar os olhos e continuou falando sem abri-los. — Estudamos juntos há alguns anos. Nunca fomos amigos, ou pelo menos eu nunca nutri nenhuma afeição por ele.
— E por que marcaram esse encontro?
— Não sei como, mas ele descobriu meu telefone no Canal local e me convidou para um reencontro. A princípio, achei muito estranho, porque nem me lembrava dele direito. Ele mencionou o Batalhão de Fogo e só aí eu me lembrei melhor. Atualmente, ele seria chamado

de CDF ou de *nerd*. Ele sabia de tudo, talvez até mais que os professores. Fiquei surpresa quando ele quis me encontrar na Praça Braga Queiroz. Eu e meus amigos do Batalhão de Fogo havíamos feito muito mal a ele e a outras crianças.

Sabrina reabriu seus grandes olhos escuros.

— Naquela época, era divertido sermos os líderes, os mandões da escola. Era gostoso ser temido por todos, tantos pelos maiores quanto pelos menores. Ninguém podia conosco. No entanto, íamos muito mal nos exames, e os pais de Oséias batiam nele quando viam seu boletim. Tamires era posta de castigo, e eu ficava sem mesada. Não era interessante continuar indo mal nos estudos. Não queríamos estudar, porque era chato. Descobrimos que só havia uma pessoa que poderia nos ajudar: Artur, mas ele não passava cola no dia das provas e saímos prejudicados outra vez. Então resolvemos nos vingar... Hoje, no entanto, vejo que fizemos coisas horríveis para ele. Éramos seis contra um. Ele era fraco e tolo, e nós batíamos nele. E ninguém fazia nada para ajudá-lo, pois nós éramos temidos.

Sabrina emitiu um profundo suspiro e concluiu:

— Houve uma vez em que tivemos que montar uma peça de teatro para a aula de Educação Artística. Cada um de nós criou um personagem e fomos vestidos a caráter no dia da apresentação. Conseguem imaginar o personagem que Artur escolheu para interpretar?

— Uma freira? — imaginou Nicolas.

— Sim, como soube? Ele conseguiu umas roupas escuras e criou um hábito. Passou tinta branca no rosto e ficou praticamente irreconhecível. Isso foi motivo suficiente para ter virado chacota por quase um mês. Nós o provocávamos de todas as maneiras possíveis e imagináveis. Pablo e Fabiano diziam que ele era uma bicha e batiam nele. Tamires e eu, as meninas da equipe, cuspíamos em seu rosto, enquanto os garotos o chutavam com violência. E em todos os ataques nós batíamos em sua cabeça. Uma, três, dez vezes. Nunca soube como ele nunca sofreu um traumatismo craniano.

Sabrina parecia chocada com as próprias palavras, como se estivesse narrando a história de outra pessoa e não dela mesma. Não conseguia conceber a ideia de ter sido tão cruel com um pobre garoto inocente.

— Quando Artur me telefonou, soube que era o momento de pedir perdão. Eu nunca mais o vira, nem sabia que ele ainda morava na cidade. Comprei uma camisa masculina para presenteá-lo. Estava chovendo bastante. Ele não estava muito diferente daquela época. Artur ficou me olhando enquanto conversávamos, e eu em nenhum momento notei um brilho de vingança em seus olhos. Ele me chamara até ali com um único objetivo: me matar.

— Os senhores ainda têm dois minutos — tornou Eulália, consultando o relógio novamente.

— Quer parar de ficar cronometrando o tempo? — reclamou Nicolas olhando atravessado para a chefe das enfermeiras. — Prossiga Sabrina, por favor.

— Ele me serviu um pouco de vinho que trouxera numa mochila. Como ele também bebeu, eu não estranhei. Claro que ninguém combina um reencontro regado à bebida em plena praça pública debaixo de uma chuva, mas aquilo não era normal. Se Artur sempre fora visto como um menino doidinho, por que se mostraria normal agora?

— E você tomou o vinho?

— Logo após os primeiros goles, comecei a me sentir estranha. Estava mole, como se estivesse ficando muito sonolenta. Já não conseguia captar todas as palavras que ele dizia com clareza. Eu me lembro de ouvi-lo dizer que iria silenciar nossas vozes e que nossos belos corpos deixariam de existir. Ele também disse algo sobre a paz... Então, com a visão meio turva, o vi apanhar um objeto preto de dentro da bolsa. Senti uma dor fortíssima acima da nuca, como se minha cabeça fosse explodir. Então, eu acordei aqui.

— Você sabe que Tamires, Henrique e Pablo foram mortos, não sabe?

— Sei. Eu ia fazer uma matéria sobre a morte deles — Sabrina abriu um sorriso fraco. — Vejam como são as coisas. Mais um pouco, e alguém faria uma reportagem sobre minha morte também. Confesso que, apesar de tudo, eu jamais poderia pensar que Artur fosse o assassino. Ele está se vingando de nós por todas as coisas desagradáveis que lhe fizemos quando criança? Como alguém pode guardar o ódio por tanto tempo dentro do coração? Acho que ele nem tem coração.

— Ele tinha coração, Sabrina — contrapôs Nicolas em voz baixa. — Vocês o destruíram.

Sabrina apenas assentiu em silêncio enquanto seus olhos ficavam rasos de lágrimas.

— Se você puder falar com Artur, peça a ele perdão em meu nome e em nome dos que já morreram? Diga que ele não nos pode odiar para sempre. Por mais que ele não acredite, eu desejo que ele seja feliz. Por favor...

— O tempo da visita está se esgotando — interveio Eulália.

— Quero que me diga uma última coisa, Sabrina — continuou Nicolas, ignorando a enfermeira-chefe: — Você saberia nos dizer onde moram ou trabalham Fabiano e Oséias?

Nicolas prendeu a respiração, ansioso pela resposta.

— Eles são sócios em um escritório de contabilidade no centro. Fica perto do mercado municipal em um prédio de três andares pintado de amarelo. É o único edifício com essas características por ali. Como não tem elevador, vocês podem subir pelas escadas. O escritório deles fica no último patamar da escadaria.

— É onde será o próximo crime — observou Elias. — Vou pedir a presença de alguns policiais no local.

— Artur vai tentar matá-los, então?

— Provavelmente. Ele deve tentar cometer o crime hoje. E se Oséias e Fabiano trabalham juntos, há grandes chances de que ele elimine os dois ao mesmo tempo. Acredito também que ele vai aguardar sua saída do hospital para tentar matá-la. Ele só vai se sentir em paz quando acabar com todos os membros do Batalhão de Fogo.

Sabrina sorriu novamente como se não estivesse preocupada com a possibilidade de ser atacada outra vez.

— Antes de ir embora, Nicolas, eu queria apenas lhe fazer um pedido pessoal.

— Sim, pode falar — Nicolas pediu.

— Peça a Miah que volte ao Canal local. Nunca me disseram abertamente, mas percebi que eles não gostaram de me ver substituindo-a.

— Miah reassumiu seu cargo hoje.

— Isso é ótimo. Não diga isso para ela, por favor, mas Miah é a melhor repórter desta cidade. Merece estar à frente das matérias. E para mim, se sobrar alguma coisa, me contento em cobrir as folgas.

— Obrigado por tudo, Sabrina — desejou Nicolas. — Estimo sinceras melhoras a você.

Nicolas olhou feio para Eulália e já estava saindo do quarto, quando Sabrina tornou a chamá-lo. Ele se virou e a paciente, mesmo sem poder virar o pescoço para vê-lo, acrescentou:

— Lembra-se de quando eu disse que Duarte era o melhor investigador policial da cidade? Bem, é que eu não conhecia você realmente, Nicolas.

Ele apenas sorriu.

— Obrigado mais uma vez. E tenha a certeza de que seu pedido de perdão chegará aos ouvidos de Artur.

Capítulo 45

Nicolas passou por seu apartamento a fim de pegar alguns documentos relacionados ao caso, pois precisaria montar um relatório e entregar ao comandante Alain, que já vinha cobrando-lhe uma posição sobre a investigação.

Marian deixara um recado animado para Nicolas, contando que partira para sua primeira aula do curso de mestrado em artes e que estaria em casa por volta do horário do almoço. Nicolas consultou as horas e viu que eram onze e meia. Logo mais, Marian estaria de volta.

Ele apanhou os documentos que viera buscar em casa, enquanto trocava olhares desaforados com a gata. Érica acompanhava atentamente tudo o que Nicolas fazia, como se ele lhe devesse satisfações. Quando o investigador guardou os papéis numa pasta, ela pareceu irritada por não ter conseguido ver o que ele tirara daquela gaveta.

Ao entrar no elevador, Nicolas deparou-se com o síndico, que abriu um sorriso de orelha a orelha para ele.

— Não sorria — disse Nicolas. — Da última vez que você sorriu pra mim, o condomínio veio uma nota.

Vicente Leroy ampliou o sorriso, pois pareceu achar muito divertido o que Nicolas disse.

— É certo que no próximo mês nós teremos um pequeno aumento em virtude da limpeza das caixas d'água. Prometo que depois disso o valor do condomínio será restabelecido.

— É o que eu espero. Se continuar desse jeito, vou prendê-lo por extorsão.

Vicente não deixou de sorrir quando o elevador chegou ao térreo. Ele abriu a porta para Nicolas gentilmente.

— As taxas são pequenas, senhor Bartole. Não precisa ficar tão bravo.

— Diz isso porque não é você quem está pagando. Cada vez que olho para os boletos do condomínio, meus bolsos gemem e gritam.

Vicente Leroy soltou uma gargalhada, enquanto Nicolas passava por ele a caminho do seu carro. "E um tipo desses ainda tem a ousadia de pedir Marian em namoro. É cada uma...", o investigador pensou irritado.

Depois de deixar seu prédio, Nicolas seguiu diretamente para a delegacia. Em sua sala, ele organizou o relatório rapidamente e o deixou impresso sobre a mesa. Já estava saindo, quando foi abalroado pelo imenso corpo de Mike.

— Eu já vinha chamá-lo. O delegado narigudo está nos convocando para irmos até um escritório de contabilidade no centro.

— Sim, eu estava mesmo indo pra lá — Nicolas olhou para o policial por alguns segundos e perguntou:
— Mike, você não gosta de Elias?

— Gosto, mas isso não faz o nariz dele ficar menor.

Nicolas sorriu e seguiu Mike até a viatura. O negro gigante assumiu o volante e, em poucos minutos, os dois pararam diante do prédio amarelo de três andares. Mais uma vez, Nicolas viu os carros das emissoras de televisão. Uma mulher magra, com os cabelos cortados rentes à nuca e com pontas maiores que chegavam quase nos ombros, revelou-se ser Miah Fiorentino.

— Como a imprensa descobre tudo, Mike? Que droga! Eles não deveriam estar aqui. Podem estragar nossa ação. Vão espantar o assassino.

— Se o cara está vindo por aí segurando suas pombinhas, ele não vai se deter por nada. Sempre matou em público e gosta de correr riscos. Qual o problema em se arriscar mais uma vez?

Pela primeira vez, Nicolas achou que Mike fizera uma excelente colocação. O investigador desceu da viatura e, portando uma arma nas mãos, correu até a entrada do prédio, sendo seguido por Mike.

Encontraram policiais ao longo de todos os andares e, no último piso, se depararam com Elias, Lucena e mais policiais conversando com dois homens. Ambos eram jovens, bonitos e bastante musculosos. "Oséias e Fabiano", concluiu.

Nicolas fez a eles as mesmas perguntas que fizera a Rita e a Sabrina. Eles reforçaram que tinham participado do grupo conhecido como Batalhão de Fogo e se lembravam de Artur. Ficaram apavorados quando souberam que Artur Alvarenga ressurgira do passado sedento de vingança. Três já haviam perdido a vida e eles eram os próximos da lista.

No decorrer das duas horas seguintes, Nicolas soube que o assassino não viria ou deixaria para voltar outro dia. Os policiais agora estavam ocultos atrás de portas e pilastras do edifício, aguardando a chegada do suspeito. À exceção dos carros da mídia na rua, tudo parecia estar normal, mas Nicolas já sabia que o criminoso não iria aparecer. "Ele vai mudar a técnica do assassinato para nos confundir. Ele sabia que nós estaríamos aqui hoje e não vai fazer nada. Pode até ser que dê um tempo para nos distrair e volte para matá-los", pensava.

Eles ainda aguardaram por mais uma hora e meia, então Nicolas decidiu abortar a operação.

— E se ele vier no final do expediente? — perguntou Elias.

— Os veículos dos repórteres podem tê-lo assustado. Em minha opinião, ele nem chegou a sair de casa hoje. Não vai matar Oséias e Fabiano.

— Ele também pode ter optado por ir até o hospital tentar acabar de uma vez com Sabrina, mas temos policiais por lá também. Ela continuará mantida sob vigilância até Artur ser capturado — Elias esfregou os dedos pela blusa como se quisesse afastar uma poeira invisível. — Eu destaquei outros três policiais para permanecerem em tempo integral no escritório de Oséias e Fabiano, para o caso de Artur lhes fazer uma visita amanhã ou depois.

— Bom — Nicolas passou a mãos pelos cabelos quase raspados, tomado de uma estranha sensação de que alguma coisa ainda não tinha se encaixado. Era como se ele não conseguisse ver algo que estava bem à mostra. Sentia que era preciso fazer outra coisa, mas não tinha a menor ideia do que poderia ser. — Elias, eu vou voltar à delegacia. Quero revisar uns documentos que trouxe de casa. Ali estão as listas que Miah conseguiu com os nomes de outros alunos, que estudaram com o Batalhão de Fogo, e alguns depoimentos impressos das pessoas com quem conversamos. Não sei, mas tenho a impressão de que estamos perto do assassino, mas que ainda falta uma pequena peça para ser encaixada. Essa será a única forma de pegarmos Artur.

— E o que seria? Tentar localizar o pai dele ou outros ex-colegas de classe? Além de Edna, eles também tiveram outros professores. Acha que seria viável procurarmos um deles?

— Se estivéssemos no início das investigações, este seria um excelente ponto de partida, Elias, mas creio que já perdemos tempo demais. Tudo isso demanda tempo e o tempo tem se tornado nosso inimigo. Oséias, Fabiano e Sabrina estão protegidos, mas eu me pergunto... Por quanto tempo? Artur é esperto e temo que ele consiga encontrar uma forma de passar pelos nossos policiais e chegar aos seus alvos. Ele já fez isso na delegacia quando se disfarçou de freira. Por que não poderia usar outro disfarce?

— Não podemos simplesmente esperar que ele aja, Bartole. Alguma coisa precisa ser feita.

— Sim, só que estamos de mãos atadas agora. Por isso, estou indo à delegacia repassar os dados de que dispomos. Já revisei tudo isso muitas vezes, mas quem sabe agora, sob a luz das novas informações que conseguimos com Rita, Edna, Sabrina, Oséias e Fabiano, eu consiga perceber alguma coisa que antes não havia notado? Temos que atirar para todos os lados, Elias. Nada pode ser desperdiçado.

Pouco depois, Nicolas voltava sozinho para a delegacia, pois Mike e Elias permaneceram no edifício. Assim que chegou, abriu a gaveta de sua sala e espalhou toda a papelada sobre a mesa. Mal sabia por onde começar, embora soubesse que era necessário rever tudo aquilo outra vez. E se não encontrasse nada de interessante, teria que pensar num novo plano de ação para tentar capturar Artur.

Enquanto selecionava os papéis, o olhar de Nicolas pousou sobre um envelope branco, dobrado. Ele o abriu, mas não soube dizer por que trouxera consigo o boleto do condomínio do seu edifício. "A Marian deve ter colocado nas minhas coisas", concluiu ele, pondo o boleto de lado.

Nicolas trabalhou ali por mais de duas horas, sem ser incomodado. Quando suas vistas começaram a arder, achou que já exigira muito de si e notou que escrevera algumas sugestões em um bloco de anotações, mas nada muito importante. Pretendia voltar a procurar Rita, para que ela tentasse lembrar se Artur não possuía algum amigo ou confidente em quem confiasse seus segredos, embora os membros do Batalhão de Fogo ameaçassem quem se aproximasse do garoto.

Nicolas apertou os olhos, lembrando-se de pingar uma gota de colírio em cada um quando voltasse para casa. Como estava se sentindo praticamente esgotado, Nicolas ligou o computador e vasculhou sua caixa de e-mails. Ali também não tinha nada de especial, além de um convite para uma reunião no batalhão policial de Ribeirão Preto e um e-mail informativo sobre as normas da polícia.

"Não sei por que eles me mandam isso. Como se eu não conhecesse todas as regras da corporação", pensou Nicolas.

Distraidamente, o investigador apanhou o boleto do condomínio do seu prédio e olhou para as taxas absurdas que constavam ali.

"Quem é que paga pela taxa de padronização predial interna? Nunca ouvi falar disso. Aquele síndico é maluco! Vou aproveitar e mandar um e-mail para a administração do edifício. Onde já se viu arrancarem dinheiro dos moradores dessa forma?", Nicolas questionava-se mentalmente.

Enquanto pensava, ele digitou o e-mail informado no cabeçalho do condomínio e já estava começando a pensar no texto da reclamação, quando um nome lhe chamou a atenção no rodapé do boleto. Em letras pequenas estava escrito:

Zelador: Oliver Coelho da Penha.
Síndico: Severino Lopes Penteado.

Nicolas olhou para o boleto e viu que era recente. Conferiu as horas em seu relógio de pulso e telefonou para seu apartamento. Já eram quase seis horas da tarde, e ele especulou se Marian ainda estaria na faculdade.

No quarto toque, ela atendeu.

— Nic, eu adorei a apresentação da minha primeira disciplina! Já escolhei minha orientadora para...

— Marian, como se chama o síndico do nosso condomínio?

— Vicente Leroy. Por que a pergunta?

— Eu não estava me lembrando. Depois conversamos. Beijos e até a noite — sem mais, Nicolas desligou e telefonou em seguida para o escritório de administração do edifício.

— Boa tarde! Meu nome é Nicolas Bartole — ele se identificou após ser atendido. — Sou morador do Condomínio Segundo Solar. Preciso de algumas informações sobre o nosso síndico atual.

— Qual é o seu apartamento? — a atendente perguntou.

— 703.

— Um momentinho, por favor — uma música melosa ecoou pelo telefone, irritando Nicolas. Dois minutos depois, a mulher retornou à linha. — Nosso síndico é o senhor Vicente Leroy. Por quê?

— É que eu vi que no boleto está escrito o nome de Severino Lopes Penteado.

— Ah, era o síndico anterior. Ele sofreu um acidente, e o conselho do prédio elegeu Vicente em seu lugar. Acho que nos esquecemos de atualizar o nome no novo síndico no boleto.

— Que tipo de acidente ele sofreu?

— Não me cabe responder esse tipo de pergunta.

— Sou investigador policial e faço minhas perguntas como tal. Preciso que me diga o que houve com Severino e desde quando Vicente é síndico do prédio.

Houve uma hesitação do outro lado. A mulher pediu que Nicolas aguardasse novamente na linha e mais uma vez a música enjoativa voltou a tocar no ouvido do investigador.

— Ele caiu da escada — a atendente tornou, ao voltar à linha. — Quebrou as duas pernas. Atualmente, está em uma cadeira de rodas, mas passa bem.

— O acidente aconteceu no edifício?

— Não. Aconteceu na saída do Teatro Municipal. Sinto muito, mas não tenho mais informações.

— E desde quando Vicente assumiu?

— Faz seis meses. Espero que ele esteja desempenhando um bom trabalho. Foi bom o senhor ter ligado, porque preciso atualizar o nome dele no boleto. Nenhum outro condômino havia notado. Obrigada pela informação.

Nicolas também agradeceu as informações e desligou. Depois, chamou Moira pelo comunicador interno.

— Moira, quero que faça uma pesquisa pra mim em nome de Vicente Leroy. Ele é síndico do Condomínio Segundo Solar, o prédio em que eu moro. Quero que levante tudo o que puder sobre ele e me dê os resultados o mais depressa possível.

— Sim, senhor — respondeu Moira.

Como exemplo de sua agilidade, Moira retornou à sala de Nicolas vinte minutos depois com uma folha na mão. Estendeu-a para o investigador e ficou de pé, aguardando.

Não havia muitas informações interessantes no relatório. Vicente nascera em São José do Rio Preto e se mudara com os pais para aquela cidade quando estava com seis anos. Tinha trinta anos agora. Era formado em administração de empresa pela mesma universidade em que Marian estava cursando o mestrado.

— Há algum problema com este rapaz? — indagou Moira falando devagar.

— Não. Está tudo bem com ele. Acho que tenho trabalhado demais, por isso quero acusar o primeiro que vejo pela frente — Nicolas sorriu. — De qualquer forma, obrigado por ter...

De repente, Nicolas parou de falar como se a voz tivesse sumido de sua garganta. O investigador apanhou as informações que tinha sobre Artur Alvarenga. Seu pai se chamava Cristiano Alvarenga e sua mãe Célia L. Alvarenga.

— Que nome representa a letra L do sobrenome da mãe de Artur?

— Eu não sei, mas posso pesquisar, se quiser — ofereceu-se Moira. Ela indicou o computador de Nicolas e dali mesmo fez algumas pesquisas. Seus dedos compridos deslizavam com perícia sobre o teclado do computador. Depois, Moira imprimiu uma folha pela impressora de Nicolas.

— Você é mesmo rápida, hein? Acho que é um desperdício continuar a mantê-la na recepção — disse Nicolas. — Vou conversar com Elias, porque você merece estar em um lugar melhor.

Moira corou, mas não esboçou o menor vestígio de sorriso em seu rosto como forma de agradecimento.

Nicolas sentiu um estremecimento ao identificar que o nome da mãe de Artur era Célia Leroy Alvarenga e empalideceu ao constatar que o pai de Célia, o avô de Artur, se chamava Vicente Leroy.

Ele enfiou as folhas no bolso do casaco, enquanto saía correndo da sala e acionava o rádio para entrar em contato com Elias. Moira, mesmo sem entender o que estava acontecendo, correu atrás de Nicolas e o deteve antes que ele chegasse ao seu veículo.

— O que tudo isso significa, Bartole? — ela quis saber.

Nicolas a fitou com seus olhos azuis-escuros.

— Significa que o síndico do meu prédio é o cara que estamos procurando.

Capítulo 46

Durante o trajeto até seu edifício, Nicolas chamou Elias pelo rádio e ordenou que o encontrasse com reforços diante do seu prédio. Em seguida, explicou o motivo:

— Peguei o cara, Elias! Ele mora no meu prédio.

— O quê? — Elias estava incrédulo. — Como você descobriu?

— Artur está usando o nome falso de Vicente Leroy. Ele é síndico do condomínio. Depois, eu explico para você todos os detalhes. Não temos tempo a perder.

Nicolas desligou o telefone e pisou fundo no acelerador. Quando chegou diante do prédio, viu que várias viaturas já estavam no local e que metade da área do seu quarteirão havia sido isolada. Vários curiosos se aproximavam correndo, como formigas à procura de doce. Nicolas saltou do carro e encontrou-se com Elias.

— A entrada do seu edifício já está bloqueada. Desde que chegamos, há cinco minutos, ninguém entrou nem saiu de lá — informou Elias. — Eu ainda não consigo crer que Artur esteve todo o tempo em seu prédio. É muita coincidência, não?

— Não. Ele gosta de correr riscos, entendeu? Apesar de saber que eu estava à frente das investigações e que somos vizinhos, ele continuou dando prosseguimento aos seus planos — Nicolas se virou para os demais policiais, que o fitavam aguardando instruções. — Pessoal, nós estamos atrás de um rapaz jovem, branco e de estatura mediana. Vocês têm ordens para deter qualquer morador que precise entrar ou sair do edifício, pois Artur Alvarenga sabe usar disfarces.

— Senhor Nicolas, o que está acontecendo aqui? — perguntou Oliver, o zelador do prédio.

— Nosso síndico está sendo procurado. Ele é suspeito por ter cometido três assassinatos na semana passada e uma tentativa de homicídio. Qual é o apartamento dele?

— É o 1202, no último andar — respondeu o zelador apavorado, cuja palidez tomava conta de seu rosto a cada instante.

— Quero quatro policiais subindo até o 12º andar pelas escadas — explicou Nicolas. — Elias, Mike e eu iremos pelo elevador. Quero três de vocês vigiando a garagem. Os demais permanecerão aqui na calçada.

Enquanto os policiais se movimentavam para todos os lados, com as armas reluzindo em suas mãos, Nicolas, Elias e Mike correram para um dos elevadores, que, por sorte, estava parado no térreo. Enquanto subiam, Mike comentou:

— Arre égua, Bartole, o cara também era vizinho de Tamires? O assassino da garota estava a apenas dois andares de distância? Por que ele quis matá-la na academia, quando poderia tê-lo feito dentro de seu próprio apartamento?

— Isso levantaria suspeitas, Mike. E não seria um crime cometido em público — informou Nicolas no instante em que o elevador indicava que eles haviam chegado ao 12º andar.

Nicolas seguiu direto para a porta 1202. Bateu com força, enquanto gritava:

— Polícia! Artur Alvarenga, você está preso.

Não houve resposta. O delegado tornou a repetir a frase e, como não ouviu nada, acrescentou:

— Vamos arrombar a porta, Artur.

Esperaram mais alguns segundos, e Mike se posicionou diante da porta. Com sua perna gigantesca, o policial acertou um pontapé violento na porta, que se escancarou. Passos pesados nas escadas indicavam que os demais policiais já estavam chegando.

O apartamento estava às escuras. Nicolas tateou a parede até encontrar um interruptor. Numa rápida olhadela, ele percebeu que o apartamento de Artur era um pouco menor do que o seu, embora a disposição dos cômodos fosse a mesma. Sentindo como se estivesse em sua própria casa e sempre apontando o revólver para todos os lados, ele seguiu para a cozinha, enquanto Elias ia para o quarto e Mike procurava Artur no banheiro. Nesse momento, dois policiais entraram arfando no apartamento e mais dois chegaram atrás. Todos, no entanto, já sabiam que Artur não estava lá.

— Ei, Bartole, venha até aqui — chamou Elias do quarto.

Nicolas seguiu correndo para lá e olhou para a direção que Elias apontava. Sobre a cabeceira da cama, na parede, havia vários retratos, a maioria em preto e branco. Chegando mais perto, Nicolas viu que eram rostos de crianças. Em uma fotografia, que era a cópia da que Rita havia lhes mostrado, os rostos de Tamires, Henrique e Pablo estavam riscados. Havia um sinal de interrogação marcado sobre a cabeça de Sabrina.

Elias abriu o guarda-roupa e encontrou uma sacola de pano. Ao abri-la, duas pombinhas brancas com as asas abertas caíram no chão. Dentro de uma gaveta, o delegado encontrou mais dois halteres de ginástica, idênticos aos que Artur usara para golpear a cabeça de suas vítimas.

— Não há dúvidas, Bartole — Elias olhava os objetos caídos no chão. — Seu síndico é Artur Alvarenga.

— Sim, mas precisamos descobrir para onde ele fugiu.

— O pai dele foi embora para São Paulo — lembrou Mike. — Se o cara foi pra lá, como iremos pegá-lo?

— Não, eu acho que ele ainda está na cidade. Acredito que ele não tenha ido embora ainda, porque três membros do Batalhão de Fogo ainda estão vivos. Ele já deu muito de si para simplesmente se entregar. Artur vai tentar cumprir seu objetivo — refletiu Nicolas. — Precisamos descobrir para onde ele fugiu.

— Ele deixou as pombas aqui — tornou Elias. — Será que ele desistiu de conquistar a paz e foi em busca do amor?

— Não acredito. Provavelmente, ele... — Nicolas parou de falar enquanto a cor lhe fugia do rosto. Com os olhos assustados, o investigador encarou Elias. — Você disse que ele foi em busca do amor?

— É só uma maneira de falar. Acho que... Ei, Bartole, aonde você vai? — gritou Elias ao ver que Nicolas estava correndo na direção da saída.

Nicolas se virou e respondeu:

— Ele havia pedido minha irmã em namoro.

Marian não saberia dizer o porquê de não ter sentido medo, quando o cano frio da arma foi pressionado contra seu estômago. Ela não queria olhar para a arma e sim para os olhos do homem que conhecia como Vicente Leroy, o síndico do prédio. E, quando o fez, viu ali tanto ódio que teve medo. Mas, além de todo aquele ódio, Marian enxergou também o brilho de lágrimas, embora ele não estivesse chorando.

— Você não vai me matar — Marian murmurou, quando conseguiu recuperar o controle da voz.

— E por que você tem tanta certeza disso? — perguntou Artur, olhando fixamente para Marian.

— Quando você esteve em meu apartamento para entregar o condomínio, eu estava sozinha. Se quisesse me matar, teria feito isso naquele momento — retrucou Marian, sentindo as mãos ficarem geladas.

Tudo aquilo acontecera há apenas dez minutos. Ela ouvira o toque da campainha e, ao reconhecer o síndico pelo olho-mágico, destrancou a porta. Ela estava sorrindo, mas seu sorriso morreu em seus lábios quando viu a arma que Artur lhe apontava. Érica imediatamente começou a miar agressivamente para o visitante, e ele ordenou a Marian que trancasse a felina na cozinha.

— Se não fizer isso, eu matarei sua gata e a matarei em seguida — ele ameaçou Marian.

E agora estavam os dois de pé, um de frente para o outro. Ela com as costas pressionadas contra a parede, ele com a arma apoiada em sua barriga.

— Você é o criminoso que meu irmão está procurando.

— Criminoso? — respondeu Artur com voz rouca. — Por que tenho que ser visto como criminoso e não como justiceiro?

— Porque a justiça não é conquistada dessa forma.

— Você não sabe de nada! Não sabe o que eu passei!

— Continua não sendo justificativa para tirar a vida de outra pessoa, Vicente.

— Meu nome não é Vicente! — ele sorriu parecendo orgulhoso. — Me chamo Artur Alvarenga, o garoto ridicularizado durante três anos por um grupo de imbecis.

— E você vai me matar em nome deles?

A pergunta simples pareceu pegar Artur de surpresa. Nesse momento, ouviu-se uma espécie de disparo de canhão. Nicolas avançou como um trem desgovernado para dentro de seu próprio apartamento, e, atrás dele, vários policiais apontavam as armas para Artur.

— Não atirem, por favor! — pediu Marian, aflita.

Nicolas ficou ainda mais pálido, quando viu a arma com que Artur ameaçava a vida de sua irmã. Ele rugiu:

— Artur Alvarenga, solte sua arma! Você está preso! Entregue-se! Não cometa mais tolices. Deixe minha irmã fora disso.

Artur virou o rosto para Nicolas e sorriu:

— Você demorou muito para me encontrar, investigador. Meus recados nas pombinhas não eram claros o suficiente para você?

— Deixe Marian fora disso! Não vou repetir. Ela não foi membro do Batalhão de Fogo.

A simples menção ao nome do grupo fez um brilho de dor e revolta despontar nos olhos de Artur.

— Você também já soube disso? Admiro sua esperteza.

— E eu admiro a sua, Artur. Você sempre foi um garoto inteligente. Era muito superior ao Batalhão de Fogo. Eles tinham inveja de você, por isso lhe faziam todas aquelas coisas ruins. Eles sabiam que nunca poderiam ser comparados a você.

O comentário de Nicolas atingiu o alvo. Sentindo o ego massageado, Artur recuou alguns passos para trás e fez um gesto para Marian se afastar. Ela correu e foi amparada por dois policiais. Artur continuava empunhando a arma e, no segundo seguinte, a encostou em sua própria têmpora.

— Não vou ser preso, Nicolas. Sei que vocês não vão me matar, então eu mesmo vou acabar com tudo isso — lágrimas brotaram dos olhos de Artur e escorreram por seu rosto. Um rosto feio, que já fora torturado física e emocionalmente. — É a única forma de silenciar as vozes.

— Você ainda as escuta fazendo ameaças a você, não é? — perguntou Nicolas, moderando o tom de sua voz.

Artur assentiu, mantendo a arma encostada na cabeça.

— Eu falei com Rita. Lembra-se dela?

Novamente, Artur assentiu.

— Ela me contou o que fizeram com você.

— Rita não sabia de tudo. Ninguém sabia de tudo — os soluços faziam os ombros magros de Artur balançarem. — Eu só quero que isso acabe. Preciso ter paz. É tudo o que eu quero.

— Se suicidar não vai lhe trazer paz, Artur — prosseguiu Nicolas, avançando dois passos. — Você não é um homem mau. Apenas fez o que pensou ser o certo. Quis fazer cada membro do grupo pagar na mesma moeda pelo que lhe fez.

Artur direcionou o olhar para Nicolas, que viu ali um pedido silencioso de socorro. Uma súplica de ajuda que o rapaz engolia há quinze anos.

— Minha cabeça dói. Dói demais. Quando eu penso neles e nas coisas que me fizeram, sinto que não vou aguentar de tanta dor — murmurou Artur, enquanto sua voz mal passava de um sussurro.

O único som na sala de Nicolas, além da voz de Artur, vinha da respiração cadenciada dos policiais e dos miados irritados de Érica, que permanecia presa na cozinha.

— Minha inteligência me fez ser o escolhido por eles. Eu era o alvo dos ataques. Eu era o bobão de quem todos debochavam. Isso eu podia aguentar. Só que tudo ficou pior quando eu não passei as respostas das provas para eles. E não passei por medo de ser descoberto pela professora e sair prejudicado. Eles, então, começaram a me torturar. Gritavam e me xingavam de vários nomes. No horário do recreio, derrubavam-me no chão diante das outras crianças e pisavam nas minhas costas, no meu peito e chutavam minha cabeça. Ninguém fazia nada para me ajudar, como se eu fosse um lixo ou um verme.

Artur falava olhando para o chão, como se visse ali as imagens do seu passado. Imagens que ele lutava para apagar, sem nunca ter conseguido.

— Eles me obrigavam a abrir a boca e cuspiam dentro dela. Oséias e Pablo enfiavam lixo na minha boca. Certa vez, eles me obrigaram a engolir as sujeiras do cesto do lixo do banheiro. E quanto mais eu chorava, mais eles me castigavam e riam de mim. Eu pedia para eles me deixarem em paz, mas nunca fizeram isso. E mesmo depois de termos nos separado, eles ainda continuavam me atormentando em meus pesadelos. Agiram assim até o dia em que resolvi dar o troco. Infelizmente, eu esperei demais.

Ninguém dizia nada. Lentamente, Artur baixou a arma da cabeça e a jogou no chão, aos pés de Nicolas. Em seguida, sentou-se no sofá como se não temesse todos aqueles policiais. Mesmo vendo Artur desarmado, Nicolas não se aproximou.

— Houve um dia em que eles me prenderam dentro de um armário, no depósito de materiais de limpeza da escola. Eles me deixaram lá dentro até o final das aulas. Eu sempre tive problema de rinite e quase morri asfixiado. Por mais que eu batesse nas portas, ninguém me ouvia. Queriam que eu morresse sozinho lá dentro. E, quando vieram me buscar, tornaram a bater em minha cabeça até sangrar. Eu contei o que acontecia para meus pais, e eles foram conversar com a diretora, que sabia de tudo, mas desmentiu. Nunca entendi por que todos me odiavam, mas hoje sei que até a direção temia um grupo de crianças de onze anos de idade.

— Você matou Tamires, Pablo e Henrique usando um haltere de academia — disse Nicolas. — Por que fazia isso? Por que escolheu essa arma?

— Queria algo que fosse pesado o bastante para machucar suas cabeças, como fizeram com a minha durante três anos. Eu sabia que, quando começasse a agredi-los, não poderia parar. Tinha que terminar o serviço e deixar ao lado dos corpos a pombinha de madeira, que representava a parcela de paz que eu tinha conquistado — Artur tornou a olhar para Nicolas e perguntou: — Não reparou que todos eles tinham corpos malhados e esculpidos?

— Foi o primeiro elo entre as vítimas que eu notei.

— Mesmo quando éramos crianças, eles já cuidavam dos corpos — um esgar de nojo alterou as feições de Artur. — Eles gostavam tanto dos próprios corpos que me levavam para o banheiro e me obrigavam a fazer sexo com eles. Eram nojentos. Eu tinha que transar com outros meninos ou com as vadias da Tamires e da Sabrina. Eu sentia nojo de todos eles. Por isso me senti realizado, quando vi aqueles corpos tão bonitos sem vida. Cuidaram tanto da aparência para serem entregues à terra com a cabeça destroçada.

— Acredito que você os matou em lugares públicos, porque eles o torturavam em lugares públicos. Fui informado de que os castigos não aconteciam diariamente.

— Eles pulavam um dia. Eu tinha um dia de paz. Foi por isso que quis silenciá-los usando o intervalo de um dia. Queria apenas que eles sofressem o mesmo que eu sofri.

— Você procurou o marceneiro Oscar para encomendar as pombas e deu o nome de Miah. Por que fez isso?

— Eu acompanhei o caso das crianças no mês passado. Sabia que, pelo fato de você ter finalizado com êxito aquela investigação, provavelmente assumiria o comando deste novo caso quando eu entrasse em ação. Sabia de seu envolvimento com a repórter e usei o nome dela apenas como uma provocação. Eu sabia que isso não iria desviá-lo do caminho certo, afinal estamos aqui. Lamento não ter tido mais tempo, mas um dia, quando eu sair da cadeia, vou procurar os que faltaram e vou silenciá-los também. Oscar sabia de mim e sabia onde eu morava. Foi preciso tirá-lo do caminho. Para isso, usei o disfarce de freira. Quando ele foi preso, telefonei para vocês de um local próximo à delegacia. Enquanto vocês me procuravam, nem repararam na freirinha com uma bíblia na mão. Foi muita ousadia minha ter matado Oscar dentro da delegacia, mas eu não tinha mesmo mais nada a perder.

— Você estava morando no mesmo prédio que Tamires. Poderia tê-la matado bem antes. Por que quis falsificar os documentos, adotando o nome de seu avô e se fazendo passar por síndico?

— Seria muito melhor pra mim. Eu quase não saio de casa, portanto quase não sou visto nas ruas. Porém, nunca perdi de vista as pessoas que eu precisava reencontrar. E Tamires era a mais fácil, por isso foi a primeira. Eu descobri uma entrada na lateral da academia e entrei por ela. Conversamos e eu propus um brinde como forma de superação pelas mágoas do passado. Tamires acreditou que eu realmente a tinha perdoado por tudo e bebeu o líquido misturado com o sonífero. Eu fiz assim com todos os outros. Telefonava para eles, marcava um encontro, fingia tê-los perdoado e, como forma de mostrar-lhes que tudo estava em paz, eu lhes propunha um brinde. E logo depois eles estavam mortos.

— Ao fugir de nós, na praça, você virou uma esquina e desapareceu. Onde ficou escondido?

— Existe uma pequena abertura na parede entre a primeira e a segunda casa. Na verdade, essa abertura sempre existiu. Muitas vezes, eles, do Batalhão de Fogo, me perseguiam fora da escola, nas ruas. Nunca fui descoberto ali. Aquele esconderijo era meu porto seguro, minha melhor forma de defesa. E funcionou, mesmo muitos anos depois.

— Diga-me, Artur, por que veio atrás de minha irmã? — essa pergunta era pessoal de Nicolas.

— Eu não ia matá-la. Ela não tinha realmente nada a ver comigo. Eu apenas queria ouvi-la repetir que namoraria comigo se realmente me amasse. Nunca beijei uma garota, a não ser quando Tamires e Sabrina me obrigavam a fazer coisas com elas. Mas eu nunca soube realmente o que era amar.

Ao ouvi-lo dizer isso, Marian se desprendeu dos braços dos policiais que a seguravam e caminhou alguns passos até parar diante de Artur. Muitas armas ainda permaneciam apontadas para ele.

— Eu o conheci como Vicente e vou chamá-lo assim. Vou ser rápida em minhas palavras. Quero que você saiba que o amor existe em todos os corações humanos, em maior ou menor escala, pois somos todos filhos do mesmo Deus. Talvez, a partir de hoje, você seja visto como um monstro pela sociedade. Para a vida, no entanto, você será visto como alguém que assumiu algumas escolhas e responderá por elas, sempre com uma nova oportunidade de recomeçar do zero. Trabalhe sua consciência para tentar suavizar o que lhe fizeram, pois sei que você nunca as esquecerá. Mas, se puder suavizar sua dor, você viverá melhor.

Marian fez uma pausa, respirou fundo e continuou:

— Você pode usar tudo isso como uma experiência para seu próprio futuro e talvez entenda que não agiu corretamente ao matá-los. Tenho certeza de que, dentro do seu coração, você não está completamente vingado, ainda que tivesse matado todos os seis, porque a vingança não sacia ninguém. A vingança, ao contrário do que muitos pensam, não traz felicidade. E eu sei que no fundo, Vicente, tudo o que você mais deseja é descobrir que a vida pode ser levada com alegria. Procure superar sua infância dolorosa confiando no poder da vida. Ela não vai abandoná-lo, pois sabe que você está buscando alcançar a corda, que o tirará do fundo de um poço escuro e malcheiroso. Um poço no qual você permitiu que os outros o colocassem. Não viva em função do ódio, mas sim do amor. Se você nunca teve amigos, porque foi proibido de tê-los, saiba que eu me considero sua amiga. E agora, ninguém vai poder proibir nossa amizade.

Marian olhou para os policiais.

— Vicente, você precisa seguir com eles. É o que manda a lei. E, quando precisar de mim, entre em contato com Nicolas que eu irei visitá-lo. Prometo. Tudo o que precisa agora é conquistar seu amor-próprio.

Artur chorava tal qual a criança que ele fora um dia. Como se carregasse todo o peso do mundo nos ombros, ele se levantou do sofá, arrastou os pés na direção dos policiais e não pestanejou quando as algemas frias foram fechadas em seus pulsos.

Antes de ser escoltado para fora do apartamento, ele voltou-se pela última vez para Marian, indagando:

— Você realmente será minha amiga, mesmo depois de tudo o que eu fiz?

— Não estou aqui para julgá-lo, querido, e sim para ajudá-lo, quando você estiver preparado para receber esse auxílio — garantiu Marian.

Cego pelas lágrimas, Artur assentiu e ainda teve tempo de ouvir Nicolas dizer:

— Estive falando com Sabrina no hospital. Ela pediu perdão. Está muito arrependida pelo que fez e disse que jamais faria aquilo novamente. Espero que possa perdoar todos eles um dia.

Artur apenas balançou a cabeça em concordância, com a promessa e as palavras macias de Marian ecoando em seus ouvidos.

Assim que Artur foi levado pelos policiais, Nicolas olhou para a irmã e se permitiu abraçá-la. E, por meio daquele abraço, em silêncio, ambos compartilharam um com o outro o quanto sentiam por Artur, lamentando o passado que ele tivera e que teria grande dificuldade para superar.

Epílogo

Nicolas ainda estava abraçado a Marian, quando Elias tocou levemente em seu ombro dizendo:

— Estou indo para a delegacia com Mike. Apesar de tudo o que ouvi, preciso colher o depoimento formal do detento.

— Tudo bem, daqui a pouco vou pra lá — Nicolas olhou por cima do ombro e perguntou: — Alguém pode abrir a porta da cozinha e soltar essa gata chata?

— Isso é preocupação com ela? — zombou Marian.

— Vai começar com isso de novo, é? — respondeu Nicolas.

Eles ouviram:

— Quer soltar meu braço? Eu não estou aqui como repórter e sim como a namorada de Nicolas. Além disso, vi que vocês já levaram o criminoso, então me largue, pois quero passar!

Miah entrou correndo no apartamento e imediatamente se atirou nos braços de Nicolas, beijando-o apaixonadamente. Quando conseguiu se separar, ela olhou para as demais pessoas que a fitavam com curiosidade e sorriu:

— Oi, delegado! Oi, Mike! Oi, Marian!

— Você não devia estar aqui — Nicolas apertou as mãos dela. — Nem sei como conseguiu subir.

— Ninguém me impede de chegar aos lugares aos quais preciso ir. E prometo não fazer nenhuma pergunta para o jornal das oito de hoje.

Nicolas alisou o rosto de Miah com carinho. Aquele rostinho bonito, risonho e amado. E ele não sabia dizer se fora devido à mensagem de Marian para Artur, ou simplesmente porque há muito vinha desejando perguntar aquilo a Miah... Ele só sabia que aquele era o momento certo, tendo Marian, Elias e Mike como testemunhas. Nicolas segurou as mãos da repórter e, apertando-as delicadamente, perguntou:

— Você quer casar comigo, Miah?

— Claro, o Ed está lá embaixo. A câmera está com ele e... — Miah parou de falar e arregalou os olhos cor de mel, encarando Nicolas com uma expressão hilária de surpresa no rosto. — Você perguntou o quê?

— Se você quer se casar comigo. Na igreja, nós dois bem bonitinhos como manda o figurino.

— Arre égua! — gritou Mike, animado. Casamento representava comida farta, e a boca do policial já estava começando a salivar. — Miah, como você não gravou isso?

— Mamãe vai adorar a notícia — provocou Marian, sorrindo.

— Eu quero ser convidado de honra — completou Elias, alegre pelo momento.

— E então, Miah? Não vai responder nada? — quis saber Nicolas, ansioso pela resposta da namorada.

Miah sabia que, de alguma forma, talvez fosse errado aceitar. Ela sabia tudo sobre a vida de Nicolas, mas ele nada sabia sobre o que ela fizera no passado. A Miah de hoje não era a mesma de ontem. Hoje, ela nunca tiraria a vida de outra pessoa como fizera há alguns anos.

Nicolas não precisava saber de nada disso. Seu passado estava morto, como as vítimas daquele assassino que ela vira sair algemado do prédio. E nem mesmo as palavras da cigana da praia poderiam intimidá-la. O amor que a ligava a Nicolas era mais forte do que tudo isso.

— Eu aceito! — ela respondeu com voz firme. — Quero ser sua esposa. Quero me tornar Miah Bartole.

Nicolas riu e a tomou nos braços, beijando-a com volúpia, saboreando aqueles lábios macios aos quais já tinha se acostumado. E enquanto beijava Miah, ele jurou ter ouvido o tilintar de aço se chocando contra aço, como uma espada duelando com outra, como as armas utilizadas pelo inquisidor Sebastian em seus sonhos.

"Quero me livrar desses sonhos o quanto antes. Já estou até sonhando acordado", ele pensou.

No instante seguinte, Nicolas não ouviu mais nada, além do ritmo de seu coração em compasso com o de Miah.

Em breve, ela seria sua esposa, e o amor que os unia se solidificaria, tornando-se mais forte a cada dia. Se a vida ocultava alguns fatos, revelava outros. Entre eles, a existência do amor.

FIM DO SEGUNDO VOLUME...

© 2016 por Amadeu Ribeiro
© Image Source/Getty Images

Coordenadora editorial: Tânia Lins
Coordenador de comunicação: Marcio Lipari
Capa e projeto gráfico: Jaqueline Kir
Diagramação: Rafael Rojas
Preparação: Janaina Calaça
Revisão: Equipe Vida & Consciência

1ª edição — 1ª impressão
15.000 exemplares — abril 2016
Tiragem total: 15.000 exemplares

**CIP-BRASIL — CATALOGAÇÃO NA PUBLICAÇÃO
(SINDICATO NACIONAL DOS EDITORES DE LIVROS, RJ)**

R37b

    Ribeiro, Amadeu
    A beleza e seus mistérios, volume 2 / Amadeu Ribeiro. - 1. ed. - São Paulo : Vida & Consciência, 2016.
    424 p. ; 23 cm

    Sequência de: Segredos que a vida oculta
    Continua com: Amores escondidos

    ISBN 978-85-7722-489-0

    1. Ficção brasileira I. Título.

16-30138   CDD: 869.93
                                 CDU: 821.134.3(81)-3

Todos os direitos reservados. Nenhuma parte desta edição pode ser utilizada ou reproduzida, por qualquer forma ou meio, seja ele mecânico ou eletrônico, fotocópia, gravação etc., tampouco apropriada ou estocada em sistema de banco de dados, sem a expressa autorização da editora (Lei nº 5.988, de 14/12/1973).

Este livro adota as regras do novo acordo ortográfico (2009).

Vida & Consciência Editora, Gráfica e Distribuidora Ltda.
Rua Agostinho Gomes, 2.312 — São Paulo — SP — Brasil
CEP 04206-001
editora@vidaeconsciencia.com.br
grafica@vidaeconsciencia.com.br
www.vidaeconsciencia.com.br

Grandes sucessos de
Zibia Gasparetto

Com 17 milhões de títulos vendidos, a autora tem contribuído para o fortalecimento da literatura espiritualista no mercado editorial e para a popularização da espiritualidade. Conheça os sucessos da escritora.

Romances
pelo espírito Lucius

A verdade de cada um
(nova edição)

A vida sabe o que faz

Ela confiou na vida

Entre o amor e a guerra

Esmeralda (nova edição)

Espinhos do tempo

Laços eternos

Nada é por acaso

Ninguém é de ninguém

O advogado de Deus

O amanhã a Deus pertence

O amor venceu

O encontro inesperado

O fio do destino (nova edição)

O poder da escolha

O matuto

O morro das ilusões

Onde está Teresa?

Pelas portas do coração
(nova edição)

Quando a vida escolhe
(nova edição)

Quando chega a hora

Quando é preciso voltar
(nova edição)

Se abrindo pra vida

Sem medo de viver

Só o amor consegue

Somos todos inocentes

Tudo tem seu preço

Tudo valeu a pena

Um amor de verdade

Vencendo o passado

Crônicas

A hora é agora!
Bate-papo com o Além
Contos do dia a dia
Pare de sofrer

Pedaços do cotidiano
O mundo em que eu vivo
O repórter do outro mundo
Voltas que a vida dá (nova edição)

Coleção – Zibia Gasparetto no teatro

Esmeralda
Laços eternos
Ninguém é de ninguém

O advogado de Deus
O amor venceu
O matuto

Outras categorias

Conversando Contigo!
Eles continuam entre nós vol. 1
Eles continuam entre nós vol. 2
Eu comigo!
Momentos de inspiração

Pensamentos vol. 1
Pensamentos vol. 2
Recados de Zibia Gasparetto
Reflexões diárias

Conheça os sucessos da
Editora Vida & Consciência

Marcelo Cezar
pelo espírito Marco Aurélio

Acorde pra vida! (crônicas)
A última chance
A vida sempre vence
Coragem para viver
Ela só queria casar...
Medo de amar
Nada é como parece
Nunca estamos sós
O amor é para os fortes

O preço da paz
O próximo passo
O que importa é o amor
Para sempre comigo
Só Deus sabe
Treze almas
Um sopro de ternura
Você faz o amanhã
(nova edição)

Amadeu Ribeiro

A visita da verdade
Juntos na eternidade
O amor não tem limites

O amor nunca diz adeus
Reencontros
Segredos que a vida oculta vol. 1

Mônica de Castro
pelo espírito Leonel

A atriz
A força do destino
Apesar de tudo...
Até que a vida os separe
Com o amor não se brinca
De frente com a verdade
De todo o meu ser
Desejo – Até onde ele pode te levar? (pelos espíritos Daniela e Leonel)
Gêmeas
Giselle – A amante do inquisidor (nova edição)
Greta (nova edição)
Impulsos do coração
Jurema das matas
Lembranças que o vento traz
O preço de ser diferente
Segredos da alma
Sentindo na própria pele
Só por amor
Uma história de ontem
Virando o jogo

Ana Cristina Vargas
pelos espíritos Layla e José Antônio

Além das palavras (crônicas)
A morte é uma farsa
Em busca de uma nova vida
Em tempos de liberdade
Encontrando a paz
Intensa como o mar
O bispo (nova edição)
O quarto crescente (nova edição)
Sinfonia da alma

Rua Agostinho Gomes, 2.312 — SP
55 11 3577-3200

contato@vidaeconsciencia.com.br
www.vidaeconsciencia.com.br